American Dream Cars
1946–1972

by John Iafolla, Robert McMinn and Terrence J. Miller

1991 Edition

Published by: **EDMUND PUBLICATIONS CORPORATION**

Peter Steinlauf President		**John Bartlett** Publisher
Kelly Vineyard Director, Production and Operations	**William Badnow** Editor-in-Chief	**Katherine Yasenchak** New York Operations Manager

1740 Massachusetts Avenue, Boxborough, MA 01719 • Phone: (508) 264-9903

Copyright © 1990
by Edmund Publications Corporation
ALL RIGHTS RESERVED.
No part of this publication may be reproduced in any form or by any means, or stored in a database or retrieval system, without explicit prior written permission from the publisher.

Printed in the United States of America.

Photographs courtesy of: Automobile Quarterly, Hemmings Motor News and the Chrysler Corporation
Cover art by: The Saunders Company

Table of Contents

Introduction 4
American Dream Cars 6
American Collector Cars: 1946-1972 — A Fascinating Era 7
Post World War II: They Knew How To Make Cars 13
Needles In Haystacks 28
Getting Started: What Makes Sense For You 30
Reduce The Risks: American Dream Car Buying Tips 34
The Essential First Steps For Proud Owners 41
The Pick of the Glitter — Make By Make 43
    Ten Collector Car Sleepers 55
Market Prices 57
    Fastest Appreciating Cars By Make 60
    Fastest Appreciating Top Forty Cars 62
    Buick 63
    Cadillac 76
    Chevrolet 84
    Chrysler 100
    Crosley 113
    Dodge 114
    Edsel 127
    Ford 128
    Lincoln 144
    Mercury 148
    Metropolitan 159
    Oldsmobile 160
    Packard 173
    Plymouth 177
    Pontiac 189
    Shelby 202
For Further Reference 203

Introduction

Welcome to the first edition of Edmund Publication's exciting new series on the American dream cars—automobiles designed for and manufactured in the U.S. by General Motors, Ford, Chrysler, Packard, Crosley, Metropolitan and Shelby between 1946 through 1972.

While Edmund is nationally known for its consumer price books, American Dream Cars represents a major achievement for us. It is bigger and more elaborate than our publications covering prices of new domestic and foreign cars, vans, pickups and utility trucks, and used cars.

In addition to providing you with values for more than 95 percent of the collectible American cars in the period covered, this book provides you with information to help you begin or expand your own collection. It is written, therefore, for both beginner and experienced collectors.

American Dream Cars has been an idea of ours for quite some time. The availability of Automotive Investment Service's authoritative compilations of car prices has made it possible.

Preparing this book brought about a reunion of two people who used to work together. Bob McMinn and Terry Miller are former executives of the Automotive Parts & Accessories Association, which represents manufacturers, retailers, wholesalers and others engaged in bringing automotive products to the consumer.

McMinn has had a long and successful career in the automotive industry. He has worked at Ford, Chrysler and Renault and another automotive trade association. He helped introduce and supervise New Jersey's vehicle emissions inspection program. This interest in the environment culminated in a top-level position as chief financial officer for Conservation International.

McMinn has bought, worked on and sold a 1959 Plymouth Golden Commando, which he used for drag-racing, a 1966 271-horsepower Mustang, a 1966 Shelby GT 350 Mustang, a 1967 271-horsepower Ford Fairlane, a 1967 Ferrari 330GTC and an 1970 Olds 442 W-30. He currently owns a 1969 Porsche 911E, which he races in autocrosses and time trials.

Miller has been in the automotive industry since 1966 after a career as an award-winning newspaper reporter and feature photographer. He was with Goodyear Tire & Rubber Company, then became editor and publisher of an automotive trade magazine before joining the Automotive Parts & Accessories Association in 1972. He is now a marketing consultant to automotive firms and trade and professional associations.

The man responsible for supervising the collection of values for American Dream Cars is John Iafolla, president and founder of Automotive Investment Services, Inc., which publishes the leading computerized database of collectible cars of the postwar period. Iafolla combined a lifelong love of cars of this era with a strong computer background from his years at Prime Computer in creating this comprehensive database of car values.

For Edmund, American Dream Cars is a major advancement in a long (25-year) and gratifying history of serving the American car owner.

Chapter I

American Dream Cars:
The Exciting Road Ahead
For Beginners or Experienced Collectors

Remember your favorite dream car? Do you wonder what owning one just like it would cost? This book will help you get started.

Or do you already own one? Perhaps you are between collector cars. This book is for you as well as for novices. We will tell you what is popular and why, and what machines we think are better-than-average investments. Our tips on what to look for in a car also may save you hundreds or thousands of dollars. Novice or expert, this inexpensive book probably will provide you with a tremendous return on investment.

Welcome to American Dream Cars

Before we tell you what those popular and seductive vehicles are worth, we will describe them in general and in specific. If you don't have one now or want another one, we will tell you where to find them and how to buy them.

If you haven't even considered owning a collector car (is there such a person?), we will explain why many of your peers have. We will even guide you into a vehicle that fits your personality.

We also want to help assure that you obtain the best value for your money. We will tell you what the vehicle is worth under various conditions. And you will learn of other factors which have to be taken into account when determining what the vehicle is worth to YOU.

This Book Is Your Road Map

You will find out what to seek — and what to avoid.

Buying the car, you will discover, is just the start. There are ways to maximize your joys of ownership—this book will tell you what they are.

Finally, if we are successful, we will be merely whetting your appetite for even more information. We will list magazines, car clubs and other sources for continuing your Dream Car education.

Once we get you hooked, if you aren't already, you will find that the learning process is a school from which you will never graduate—or want to.

Chapter II

American Collector Cars: 1946-1972 — A Fascinating Era

The cars produced by American manufacturers immediately after World War II up through the early Seventies are noted for their sheer variety of sizes, styles and models as well as value and dependability. They represented an era — between World War II and the 1970's oil crisis — when the American auto industry was unchallenged in its domestic market.

Nostalgia plays a major role in determining desirability and value. Of particular interest to many collectors are some of the world's most interesting cars produced during that period by several manufacturers no longer with us.

Remember Packard, Metropolitan and Crosley? Their makers helped provide variety and vitality to the American automotive scene which is sadly lacking today or, at best, only partially replaced by the large variety of imported cars now available in our market.

Today, cars tend to appeal to the lowest common denominator, the result of intensive market research.

What makes one certain car stand out for one certain prospective buyer? The car for you may be one that provides you with fond memories of those days gone by. Perhaps it reminds you of a car your parents or relatives owned. It might be the first car that your family owned or, at least, the first one you remember. It may be your own first set of wheels. Maybe you salivate for some particularly memorable car from your past.

If those examples bring a specific car to mind, why not find one like it, buy it and enjoy it?

May Cost Less Than Luxury Car

An old expression concerning yachts is that if you have to ask how much one costs, you can't afford it. This does not apply to postwar American cars; at least, not to all of them. You will find that many of them are highly affordable. As with coins, stamps and objets d'art, the more collectors who want it and the fewer that are available, the more it will cost. But what may be your American Dream Car may not be sought by others.

Buying an old American car is surprisingly economical. For openers, forget having to sell or even refinance your home to afford one — most of the popular cars of the period sell for far less than the cost of a new luxury car.

Unlike that of a new luxury model, the price of your Dream Car has bottomed out on its depreciation cycle and is gaining in value. Particularly if you enhance its value — this book will provide you with tips on how to maximize your investment. If you maintain or improve the car's condition while you own it, it should be worth more when and if you sell it.

Older Cars Cost Little to Keep Up

There are other advantages in owning an American Dream Car. Have you noticed how complex, sophisticated and computerized new vehicles have become? Their predecessors were far easier to repair and maintain.

They had at least one other advantage — they provided the entire family with transportation that was both reliable and economical. Cars produced during the early years this book is covering HAD to be economical. The vast majority of Americans just could not afford to own costly methods for moving around. Those were the days when a New York subway or ferry ride was a nickel. If you couldn't spend the time traveling about, substituting the trip with a telephone call was a nickel, too. So, to be competitive, transportation required inexpensive fuel, repairs and maintenance. Cars of the era did not have good gas mileage.

Now that we have told you that you can justify buying an older car to save money and earn appreciation, it is time to acknowledge that thrift and investment generally are not the main reasons for collecting older cars.

While we can and did provide you with economic logic to help you justify purchasing an older car to your spouse, we both know that saving money and simplifying maintenance and repairs aren't your main reasons for buying an older set of wheels.

You want to buy an older car because you want to enjoy it. If you love cars as much as most Americans do, you have tasted the satisfaction of driving a car that you and many others admire, one that identifies you as an automotive enthusiast.

These Cars Find Fascinating Friends

And wouldn't it be pleasant to maintain and repair a vehicle without having to learn advanced electronics before popping the hood?

There is another important element to consider. Your vehicle will help find friends for you who share your interests.

There are thousands of car owners out there prepared to share your interest, often in the same model car that you own. Later, we will help you locate them.

You may find that you share more with your peers than a common interest in older cars. A fascination for cars generally starts early in your motoring life, often in your teens, maybe before you obtained your first driver's permit. You began to notice what kind of cars were on the road and probably formed some strong opinions as to which cars appealed to you the most.

Today, many years later, you still remember those cars and feel a genuine affection for any of those cars you happen to see pictured, parked or still being driven. While others may be enjoying a period movie for its stars or story, you may be excited by the cars being used.

Previous Generations
Felt the Same Way

It has been that way for other people. Drivers who grew up in the 1920s and 1930s went nuts over the classic Duesenbergs and Cadillac V-16s of their youth. Many years later, when they could afford to recapture their youth, they went out and found the cars of their early dreams, restored them, drove them—and started clubs with others who shared their enthusiasm.

Sound familiar?

Today, the prices of those cars have risen well into the six and even seven figures.

More recently, the teenagers of the 1960s have reached an age where they now can afford to indulge in some of their unfulfilled youthful fantasies. The result is today's boom in the prices of "Muscle Cars" from the late 1960s and early 1970s.

As an astute observer of the automotive scene, you undoubtedly can detect a pattern here. Each generation is nostalgic about the cars of its youth, the ones that were special when they first became interested in cars.

If past patterns hold true, the cars of the 1980s will find collectors in about 20 to 25 years, when today's youngsters begin to indulge those old feelings and begin making collections of their recollections.

Cars which will be popular with future collectors are the ones which are also desirable today and have styling, features or performance which set them apart from run-of-the-mill cars. For the most part, American cars of the early Eighties were pretty dull. However, among the Eighties cars which should become collectible in future years are:

1. Ford Mustang GT, or any Mustang with the 5.0 liter engine. These are the first high-performance U.S. cars of the Eighties. Ford was the first to turn away from the task of meeting fuel economy and emission requirements and begin offering performance machines aimed at enthusiasts. Less popular, but worth watching, are the "SVO" Mustangs, a high-performance turbocharged four-cylinder version, with modified suspension and four-wheel disc brakes to match the engine performance.

2. Pontiac Fiero, America's only mid-engined two-seater was produced from 1984 to 1989. Later versions with the 2.8 liter V-6 engine had decent performance and were decidedly more sporting than the first four-cylinder cars. The Fiero's body construction was a unique combination of steel framing with molded plastic panels, and it was assembled in a plant made specifically for this type of construction. With all its special features, the Fiero should become a popular collector car.

3. Corvette, 1984 and up. The early Eighties Corvettes were mere shadows of the performance cars produced in the late Sixties and early Seventies, but all this changed with the introduction of the 1984 models. Forged aluminum suspension components and outstanding cornering performance are features of the 1984 and later Corvette, along with an attractive body style. Just introduced in 1990 is the ZR 1 version with a twin overhead cam V-8 designed in cooperation with Lotus. This already has become a sought after collector car. Corvettes of all years have appealed to collectors, and the Eighties versions should keep this record intact.

4. Shelby GLH. The old master joined with Chrysler in the Eighties to produce special versions of some of Chrysler's bread-and-butter cars. The Shelby GLH is a hot-rodded version of the Dodge Omni, with higher output turbocharged four-cylinder engine and modified suspension. A very successful car in autocross competition—timed speed events—the GLH should be worth looking for. Incidentally, GLH is said to stand for "Goes Like Hell."

5. Buick Reatta. A two-seater luxury car with reasonable performance and attractive styling, this is one of the first General Motors cars to break out of the dullness "mode" that characterized GM in the Seventies and Eighties. Available in convertible and hardtop coupe body styles, the convertible should become a collector car.

6. Cadillac Allante. Cadillac's Italian designed and built effort to match the SL Series of Mercedes. Later versions with 200 horsepower V-8s should be as popular as most previous Cadillac convertibles.

Planning to Buy Low and Sell High?

If you are thinking of investing as well as collecting by buying low and selling high, now is the time to predict which cars will be desirable vehicles so that you can start obtaining them and salting them away.

Trying to guess which of today's cars will experience the most price appreciation is a game that everyone can play, but it has risks. It is an exercise in logic, luck and, sometimes, frustration. Keep in mind the factors which characterize the desirable collector cars of today. First of all, the particular car must stand out in some way from others of the same era. Exceptional styling, high performance and sometimes high selling price are examples of features leading to collectibility.

Exclusivity, meaning low availability of the particular car, when coupled with desirability, also can lead to high future prices. Thus, the 427-cubic-inch engined Camaro, produced in very limited numbers, is a higher-priced car today than the 350-cubic-inch engined cars which were produced in high volume. Yet Mustangs are very popular collector cars despite the fact nearly a half million were produced in the first year. Those Mustangs which were more rare when new are more valuable today. The Boss 429, a very rare version, commands top dollar today, while garden variety six-cylinder Mustangs are available at reasonable prices.

1946-1972 Era Cars
Have An Investment Track Record

On the other hand while there is guesswork in determining which 1980's cars will be worth collecting, many of the 1946 to 1972 cars covered in this volume are still priced within reach of the average enthusiast and can provide you with both immediate gratification and more predictable profit potential.

One source of this gratification is the distinctive features you will find in earlier cars which are nonexistent or uncommon in more recent models. One of these features is size, both of the exterior and interior. For sheer size, the luxury cars of the 1950s, 1960s and 1970s are hard to beat. Those were the days when gas prices, insurance rates, environmental concerns, traffic and parking were not major considerations.

If performance is important to you, the Muscle Cars of the 1960s and 1970s are difficult to beat, either in interest or on the drag strip. They set the standard by which their successors are judged.

Another factor in the popularity of cars of this period is that they had more steel than plastic. The cars of the late Forties, for example, were made of good, solid, honest materials.

Steel, Zinc Castings,
Unfastenable Fasteners

Many car owners are accustomed only to plastic instrument panels and weren't around in the Forties and Fifties when they were made from steel and zinc die castings.

Those were the days, too, when fasteners allowed you to disassemble and reassemble components; doing that today would destroy the parts or, at best, the fasteners.

Older car owners, however, can recall getting five usable tires and five wheels rather than today's lower-weight, less gas-consuming and, let's admit it, cheaper space-saving spare.

Furthermore, Detroit assembled them with care and concern, taking considerably more time to nut-and-bolt than today's computerized and robotized production permits in the name of cost reduction.

As an owner of today's car, you have been given reduced maintenance requirements such as less-frequent oil changes and tune-ups. Emissions are lower and fuel economy is higher.

That was then, this is now. Your price has been serviceability, and the solid enjoyment those older cars provided. Sadly, many car owners today don't know what they are missing.

Sharing Makes You
A Better Collector

Locking away a twenty-five-year-old car in a garage and only driving it on side streets when no one is around may be as pleasurable for some as it is for those art collectors who keep masterpieces locked away in vaults.

But that's not the way most collectors act.

You will be amazed at how quickly you can find yourself drawn into the activities of other enthusiasts. This can happen informally, such as when your car attracts other aficionados like a magnet, or through one of the many clubs that exist. Later on we will provide you with a comprehensive and exclusive list of clubs.

Joining a club specializing in your make of car is one of the best ways to learn where to get hard-to-find parts, locate competent specialty repair shops and share information. Club members also participate in car shows, tours, drag races and parades.

Owning, tinkering with and driving an interesting older car can be satisfying, sociable and surprisingly economical. If this appeals to you — what are you waiting for?

Chapter III

Post-World War II:
They Knew How To Make Cars

To help you appreciate the special cars of the 1946-1972 era, between World War II and the 1970 oil crisis, a little history is required. We will emphasize many of the innovative styles and engines of the period. Generally, the first car to incorporate an innovation has collector value.

When the United States was brought into World War II, the enemy was comprised of Japan, Germany and Italy. For the American automotive industry, the battle still rages with two of the old enemies. The peace lasted until the 1960s. Today, however, there is considerable fraternizing with the enemy — General Motors, Ford and Chrysler are importers of cars that they sell with their nameplates in the U.S. General Motors and Ford operate in Germany. And the enemy has landed on our shores — assembling Japanese cars in the U.S. but using a large majority of made-in-Japan parts.

For obvious reasons, America's car manufacturers were fully engaged in round-the-clock war production when World War II ended. Surprisingly little planning had gone into converting to producing cars again.

Meanwhile, after four years of overtime or military service, Americans had cash in their pockets and war bonds in their bureau drawers but relatively few opportunities to spend. Their prewar cars were now at least four years old and their tires were worn. The good news was that gasoline was no longer being rationed.

All of this combined to create pent-up demand. Rather than spending considerable time and money designing new cars, automobile manufacturers chose the fastest and most direct route. They dusted off the tooling for the last prewar models, made a few minor cosmetic changes and pushed them into the into the new-car showrooms.

Demand was so intense that dealers were taking cash deposits over and under the table to allow prospective buyers the honor of being on a waiting list.

First Post-World War II
Models Bow in '49

After these waiting lists had been trimmed dramatically and in most cases eliminated, the industry once again faced the problem of competition. The results were the first truly postwar designs for 1949 models. From then on, the manufacturers followed a three-year styling cycle — new body designs were introduced every third year and minor alterations were conducted during the intervening years. So the important years for significant new styles just after the war were 1949, 1952 and 1955.

While General Motors confidently continued this pattern as 1956 ended, Ford and Chrysler planners were slipping quietly into new cycles. The two companies surprised their major competitor by replacing their 1955 designs only two years later.

Their moves found GM trapped in its preparations for 1958 models. But in 1957, it geared for its own two-year styling program so that only a year after its 1958 models debuted, the company was back in the showrooms with truly new styles in 1959.

The one common denominator for all of the auto makers' new styles was bigger, the operative theory being that bigger was better and by the end of the Fifties, standard low-priced cars had become larger than most prewar luxury models.

In an intriguing display of unanimity, GM, Ford and Chrysler introduced a new type of automobile to the American public in 1960—the compact car. GM presented the Corvair, Ford its Falcon and the Valiant bowed in at Chrysler.

The Sixties Present
New Classes of Cars

In 1962, General Motors and Ford introduced a new level of mid-sized cars. GM put its new mid-sized cars in its mid-priced car lines, adding the Pontiac Tempest, Oldsmobile F-85 and Buick Special. Ford responded with the Fairlane for the Ford Division, and Meteor for Mercury. Since the 1962 models were the first of this size category, examples of these cars, as well as the compacts introduced in 1960, should be able to command a premium on the collector car market. Convertible versions of the Olds and Buick mid-size appear to be the best bets.

Two new classes were created two years later when Ford presented the Mustang, the first of the "Pony Car" classes, and Pontiac, one of GM's many divisions, introduced the GTO, the first of the "Muscle Cars."

This left prospective car owners facing a bewildering array of car sizes, models and options in a relatively short time after having had decades of comparatively few choices. In fact, the proliferation of models reached such a point by the Seventies that one manufacturer, Oldsmobile, could offer "Let us build one for you" as its slogan.

Now we will take a closer look at what the car manufacturers were doing during the 1946-1972 period and point out why collectors are interested in specific types of cars.

1946 to 1948

As noted earlier, most manufacturers chose to get back into production with only minor updates of their 1942 cars. Anyone who enjoys the quality, solidity and art deco qualities of the late prewar automobile can find those features in a 1946, 1947 or 1948 car.

Typically, these cars featured cast-iron side valve engines, manual three-speed transmissions and fenders separate from the bodies. Although motorists typically drove neither as far nor as fast as we do today, their cars required greasing and oil changes every 1,000 miles. Two cars which were exceptions to those side valve engines were Buick and Chevrolet, which had overhead valve in-line engines. They were like the others, though, in that their engines, too, were carry-over designs from before World War II.

Not all manufacturers stayed with their previous styling after the war.

Crosley, better known for its refrigerators and radios, had sold a few two-cylinder minicars in the late Thirties and early Forties. Their new contribution was a fresh-minted mini with a unique pressed steel engine which included an overhead camshaft and tiny (45 cubic inches) displacement.

Both Olds and Cadillac Had Truly Automatic Transmissions

At this time, true automatic transmissions were offered only by General Motors Oldsmobile and Cadillac divisions. They were given the name Hydramatic. Chrysler Corporation had various versions of its Fluid Drive, a fluid coupling backed up by what was essentially a manual transmission capable of making one automatic shift when the driver lifted his foot. A clutch still was required when shifting from low to high range or to select reverse.

Among models carried over from prewar years was the V-12-powered Lincoln Continental. One of the most beautiful and distinctive cars available, the car was much admired. Although the 1946-48 version was weighted down with more chrome, cluttering its formerly clean design, it nevertheless remained distinctive and continues to be valued.

As noted earlier, American manufacturers began introducing their first post-war designs by 1949.

1949 to 1955

Body styling began to evolve away from the conservative approach of the previous years. Fenders were merged into body sides, hoods were shortened, grilles spread chrome across the full width of the car front, and bumpers became larger and more important to the design. These powerful designs reflected America's postwar optimism.

While Ford and GM began touting the "longer, wider, lower" theme which so characterized American cars for the next quarter century, Chrysler presented more conservative, boxy designs with somewhat smaller outside dimensions but with ample headroom.

The 1949 body designs made the cars appear to be dramatically different. The appearance was contradicted by the running gear. Mechanical elements remained much as they had during the previous generation. Side valve in-line engines continued to predominate and manual transmissions were considerably more prevalent than automatics.

General Motors Gets Under The Hood

The course of the industry was altered in 1949 by General Motors. During the war, GM learned that overhead valve engines could tolerate higher compression ratios, offer better "breathing," and generally produce higher power levels than side valve engines of the same displacement. So it introduced overhead valve V-8 engines in Oldsmobile and Cadillac cars.

Their viability was enhanced by the growing availability of higher octane gasoline and better metallurgy. The new Rocket V-8 in Oldsmobile's lighter Oldsmobile 88 model caused a revolution that dethroned America's reigning performance king, the Ford V-8.

The obvious advantages forced other manufacturers to install overhead valve V-8s. Chrysler responded with its now famous "Hemi" in 1951. This engine was named for its hemispherical combustion chambers which permitted larger valves and more direct ports for better breathing and higher horsepower. The first hemi had a displacement of 331 cubic inches and was rated at 180 horsepower, twenty more than the similarly sized Cadillac and the highest in the industry.

Other makes began to join the engine revolution. Buick's V-8 debuted in 1953 and Ford installed overhead valve V-8s across the board in all of its Fords, Mercurys and Lincolns in 1954.

Overhead valve V-8s arrived with a vengeance in the low-priced field in 1955, when Chevrolet and Plymouth installed them under the hood. Pontiac and Packard bowed with their versions in 1955.

V-8 — The Standard In Only Five Years

In just five years, between 1950 and 1955, America virtually standardized on the overhead valve V-8 engine. The stalwart side valve in-line engines which had reigned supreme since the industry's earliest days became either extinct or soldiered on as economy engines, or as price leaders, as in the six-cylinder Plymouth.

Even where six-cylinder engines continued to be offered as the base price engine, as with Ford and Chevrolet, they were of the overhead valve type and did not sell in anywhere near the volume of the newly introduced and more powerful V-8s.

Finally, in 1960, even Plymouth replaced its side valve six with an updated overhead valve version. This relative uniformity of engine offerings, V-8s or sixes contrasts with the variety of engine types offered in the glory days of the early Thirties, when fours, sixes, eights, twelves and sixteens were available.

Styles: Wider, Lower, Longer

The body styles introduced by the Big Three in 1949 received facelifts in 1950 and 1951 and were replaced in 1952 with entirely new styles that continued the direction established by the 1949 models — wider, lower, longer.

By 1952, the hardtop coupes introduced by General Motors in the 1949 model year for its Cadillacs and Buicks had become one of the most popular body styles offered by Detroit. Its appeal lay in its use of convertible-like styling and pillar-less windows. Together, these features produced a sportier-looking vehicle than mere two- and four-door sedans.

The year 1955 meant the start of a new body cycle and all the Big Three models were new, with Chrysler's styling leading the way.

To combat sales that had suffered from practical but unexciting styling from 1949 through 1954, Chrysler made an impact in 1955 with cars which were dramatically longer, wider and lower than its predecessors and more in tune with the rest of the industry.

That was the year, too, when wrap-around windshields were introduced. GM's version was notable for the large "dogleg" in the front-door pillar. Because this "dogleg" intruded on the door opening space and made entry into the car more difficult, the windshields became known as knee-knockers.

Two-tone paint schemes, first introduced in the Twenties but abandoned in the Thirties reappeared in the Fifties and even uninhibited three-tone paint combinations showed up on some 1955 models to stun passers-by. These paint schemes are popular with collectors.

Foreign Cars Land
At American Ports

Since the late Forties, a growing swarm of English and German sports cars hurdled the Atlantic. The first American response to the invasion was the Crosley Hotshot of 1949-1952. This tiny sportster used the Crosley four-cylinder overhead cam engine in an open two-seat roadster body. Later versions even had some of the first disc brakes.

Chevrolet introduced the Corvette in 1953. The first version featured a fiberglass body mounted on a shortened version of the regular Chevrolet passenger car frame. Available only in white, with a mildly modified Chevrolet six-cylinder engine and two-speed Powerglide automatic transmission, the 1953-54 Corvettes were more suitable for boulevard cruising than sports car racing. The performance began to improve with the introduction in 1955 of Chevrolet's new overhead valve V-8, and by 1957, the Corvette had to be rated as a genuine sports car.

The 1957 edition could be ordered with a four-speed manual transmission, fuel-injected V-8 with 283 horsepower, stiffer suspension and better brakes. Not surprisingly, Corvettes began appearing in Sports Car Club of America (SCCA) races.

GM's exclusivity among the Big Three was short-lived, for 1955 was the year that Ford jumped in with its legendary two-seat Thunderbird. Following the pattern established by Chevrolet, the T-Bird started with a shortened passenger car frame and most of the driveline components already in use throughout the regular model line. The two-seater lasted only three years before Ford glued the name to a four-passenger luxury personal car to compete for a larger mass market.

Because of their relatively low production numbers and racy two-seat styling, the 1955-57 Thunderbirds have been popular collector cars for many years. The four-seat Birds have begun to be recognized for their attractive styling; their prices have been on the increase for the past several years. Four-seat Birds particularly being sought are the 1958-60 "Square Birds" and the 1961-63 versions.

Chrysler 300 Bows
For NASCAR Racing

Meanwhile, Chrysler introduced the first of its 300 Series cars on a different-size scale and for other marketing reasons. Originally intended as an entry in the blossoming NASCAR stock car wars and the Mexican Carrera Panamericana road race, where Lincoln had reaped much publicity, the Chrysler 300 combined a modified high output version of the company's largest hemi engine with the Windsor body shell—the lightest of its bodies.

Although the Mexican race was cancelled before the Chrysler ever had a chance to compete, the 300 was a stand-out in NASCAR races and became America's new performance champ.

Besides being a fascinating product for a certain type of car buff, the Corvette, T-Bird and "300" had a special significance — they showed manufacturers how to make money by designing cars for a relatively small market. This niche marketing approach by the industry was to play a much larger role in later years.

1956 to 1959

No major new body styling was introduced by the Big Three in 1956, a facelift year. But the popularity of the sports cars launched Chrysler, Ford and General Motors into the horsepower years. All began offering power packs, higher horsepower versions of their V-8s. Chrysler, for one, added more cubic inches and horsepower to its 300 to ensure it the top spot in rated output and then, for good measure, introduced the Dodge D-500, Plymouth Fury and DeSoto Adventurer. Common features shared by these models were engines with higher horsepower, improved handling and the Chrysler 300's special type of trim.

Tailfins, which peeked tentatively from behind Cadillacs in 1948, began to sprout boldly on the rear fenders of Chrysler products in 1956. Ford's response was to mold fins onto its Lincolns that same year.

The last "real" Packards were produced in 1956—and handsome cars they were. With an interconnected self-leveling torsion bar suspension system, smooth shifting Ultramatic transmission and a 354-cubic-inch overhead valve V-8, they were and still are extremely prized. Studebaker took over the remnants of Packard and produced some Packard-badged Studebakers in 1957 and 1958, but Americans really saw the end of the line for this venerable make, introduced early in the century, in 1956.

Ford and Chrysler broke out of the industry mold of three-year styling cycles in 1957 when they introduced new models after a run of only two years. The new models were predictably longer, lower, wider and heavier than the ones they replaced.

Chrysler Tailfins
Began Up Front

Chrysler added tremendous tailfins as a feature to the designs of all five of its car lines after 1956. On Chryslers, DeSotos and Dodges, fins began just aft of the front doors and rose steadily to the end of the rear fenders, giving the car's appearance a pronounced wedge shape. Chrysler's old Imperial was brought back as a separate car line with its own rather garish body styling which attempted to capture some of the flavor of the 1920s classic cars.

In Dearborn, new styling covered both the Ford and Mercury lines. While not as venturesome as the Chrysler approach, they still managed to create an impression of larger and more luxurious cars than the 1956 models. One innovation which died a relatively quick death (1957-59) was Ford's retractable hardtop. While styled to resemble a close-coupled hardtop coupe, the car's steel roof folded like a cloth-topped convertible. It stowed neatly beneath a metal tonneau cover, but left very little trunk room when folded.

The retractable's downfall was the complex electrical and hydraulic circuitry it required for the proper sequencing for its folding and stowing. As with other complex mechanisms, it was prone to misadjustment, misalignment and failure.

Because of its relative rarity, original high selling price and just plain novelty value, the retractable has garnered many collectors. Among all of the 1957-59 Fords—with the exception of Thunderbirds—the retractable commands high prices among collectors.

Ford, however, was not easily dissuaded. Despite the failures, much of the same circuitry, albeit in an improved form, showed up on the 1961 Lincoln four-door convertibles.

Yet another interesting product from Ford was the first of the Mercury Turnpike Cruiser models. A true classic of Fifties overstatement, the Turnpike Cruiser featured aircraft carrier-inspired styling, the biggest engines Ford could find to stuff in them, and a unique rearward-slanting roll-down rear window.

GM's only really new car in 1957 was the limited-production Cadillac Eldorado Brougham. It had a very special body with brushed stainless steel roof and a host of luxury features, including air suspension. The Brougham was swept away just two years later.

By contrast to 1957, 1958 was a slow sales year for all American car makers. Chrysler and Ford celebrated their 1957 successes by treading water with facelifts. GM, however, provided interest because it bounced back from being caught napping the year before by introducing completely new cars in 1958. The new X-form GM chassis had no perimeter chassis rails. This permitted lowered seating positions. Besides being considerably bulkier than their 1957 predecessors, the Buick and Olds versions were covered with what appeared to be tons of chrome and stainless steel.

Lower-Priced Autos
Given Larger Engines

A major breakthrough in 1958 was the introduction of the first larger engines for the low-priced field. Chevrolet, Ford and Plymouth introduced larger V-8s of about 350 cubic inches while retaining the existing sixes and 300-cubic-inch standard V-8s. While performance with these larger engines was good, it was hardly startling — low-priced cars now weighed close to 4,000 pounds, a typical weight for luxury cars only a few years earlier.

The year 1959 saw Ford and Chrysler lose their 1957 styling coup over General Motors. GM completely replaced its 1958 styling after a mere one-year run. Ford and Chrysler unveiled models with major facelifts but they clearly were not playing on a level field with the biggest competitor.

Every GM car line had much cleaner lines and far less chrome trim than during 1958. Lower beltlines allowed more glass area for a considerably lighter, airier look. Under new management, Pontiac was attempting to shed its "old man's car" image. Ever since the Thirties, Pontiac's styling included parallel strips of chrome running up the hood and down the trunk, a feature often referred to as the "skunk trunk" due to its resemblance to a skunk's stripes.

In 1959, not only did the "skunk trunk" chrome stripes disappear, Pontiac featured the widest track width in the industry, giving the car a more muscular, youthful appearance.

For 1950s Americans, Size Still Sizzled

Chrysler decided it was time to get the lead out, or at least some of the cast iron, so it phased out its famous but heavy and expensive hemi engine. It went to a "wedge" head engine with larger displacement, similar to the competitions'. The hemi had grown to 392 cubic inches over the years and its smaller DeSoto and Dodge derivatives had served Chrysler admirably since the early Fifties. However, the new realities of the automotive business of the late Fifties required a cold hard look at every penny being spent. An engine that was cheaper to produce served stockholders better.

The hemi was not dead. Dragster builders virtually standardized on it. In racing applications, with supercharging and other modifications and using racing fuels, it proved capable of producing more than 1500 horsepower. No wedge head engine had the breathing to match it. However, on the street where super-high rpm's are rarely used, the Hemi's competition was both cheaper and lighter.

1960 to 1965

An entirely new crop of compact cars greeted the new decade as all of the Big Three joined the small car wars. Ford's Falcon, Chevrolet's Corvair and Chrysler's Valiant were created to battle imports in a somewhat belated and half-hearted recognition of the growing market slice being captured by smaller foreign cars such as the wildly successful Volkswagen "Beetle", Renault Dauphine, and others.

Europeans happily drove into the wide-open market niche created by the Big Three's ever-increasing size and thirst for fuel. By 1960, Volkswagen and Renault each were selling more than 100,000 cars per year here.

Among the competition they faced here were Falcon and Valiant, shrunken versions of conventional U.S. design with in-line six-cylinder engines up front driving solid rear axles.

Corvair was more innovative. It offered a new design, a rear-mounted air-cooled aluminum flat six and integral four-speed transaxle. Of special interest was a feature familiar to Volkswagen owners — its swing arm independent rear suspension, endowing the Corvair with a rather lurid oversteer when drivers attempted to corner at really high speeds or high G forces.

David Meets Goliath
—And History Repeats

The Corvair's system was an Achilles heel of an otherwise very interesting car. But rather than Achilles, the system brought about a confrontation between Ralph Nader's David against General Motors' Goliath. The weakness, however, allowed Nader to earn a national reputation by attacking the Corvair's handling, its designer's integrity, and GM's corporate culture in general in his book, <u>Unsafe At Any Speed</u>. It was soon learned that GM had hired private detectives in an attempt to uncover personal information that would embarrass Nader. The resulting discovery and settlement provided Nader with funding for his Center for Public Interest.

Nader flourished, but not Corvair. Later versions of the Corvair, particularly the second generation from 1965 up, corrected the handling problem. It was too late. One perverse result of all the negative publicity, however, was that it turned the Corvair into a car enthusiast's statement. If you disliked Nader and his tactics, you bought and drove a Corvair in protest.

Venture "Promoted"
As Ford Falcon III

Nader wasn't alone in being watched by General Motors. The success in the compact car marketplace was the conventional Ford Falcon, which sold 400,000 units in its first year. While having problems with Corvair, many of them of its own creation, GM was keeping an eye on the Falcon. The company responded two years later with the Chevy II, a conventional vehicle with front engine and rear-wheel drive.

Chevy II's design showed little originality; the boxy styling was reminiscent of the Falcon. The II was so clearly derived from the Falcon, in fact, that industry wags called it the Falcon III.

But the public reacted favorably and, as expected, this more conventional car promptly began selling in much greater numbers than the more innovative Corvair. And, once again, the American public declined to reward a more venturesome auto maker.

Automotive history is rife with examples of the public turning its back on good and sometimes prophetic designs which ventured too far from the norm. The classic case is Chrysler's highly advanced line of Airflow cars introduced in 1934. With balloon tires for a comfortable ride, unit construction for lower weight, the engine moved forward to allow seating within the wheelbase and streamlined body shapes for higher speeds and improved fuel economy, the Airflow was a genuine precursor of what automobiles would become in the Eighties.

Unfortunately, the 1934 customer rebelled, and Chrysler was forced to retreat to more conventional designs in 1935.

Another instance is front-wheel drive. Now standard on a variety of American mainstream cars, front-wheel drive first appeared on the Christie car in the early 1900s and again on the Cord in 1929 and 1936. It was not widely accepted here until Oldsmobile's 1966 Toronado.

Already selling the Corvair, the introduction of the Chevy II provided Chevrolet with two entries in the compact car field. It also presented the company with a marketing problem — how to differentiate between them. GM decided to reposition the Corvair as a small sporty car to appeal to customers who were more European in their tastes. Thus, Corvairs with four carburetors, improved handling and turbocharged engines were introduced to bolster the sporty image needed to separate them from their more conventional stablemates.

Sixties See New Marketing Approach

Ford and Chrysler spun off clones of the Falcon and Valiant for their sister divisions. The Mercury version of the Falcon was named Comet and Dodge's version of Valiant was called Lancer.

This represented a change from Detroit's former way of doing business. In the Forties and Fifties, the dealers in cars like Oldsmobile and Dodge were expected to thrive while selling in one price range, as a Mercedes or Cadillac dealer does today. As the Sixties unfolded, the manufacturers were attempting to provide a full line of cars for each nameplate to give the dealers an opportunity to market to entry level buyers as well as their regular more-affluent customer base.

This new approach led to the introduction of mid-sized cars beginning in 1962.

General Motors' first generation of mid-sized cars were the Buick Special, Olds F-85 and Pontiac Tempest. Sized between compacts and standard-sized cars, these were technically interesting vehicles. While all three shared basic body shells, the drive trains were substantially different. Buick and Olds used small displacement aluminum V-8s and conventional drivelines, while the Pontiac had a large four-cylinder engine developed from half of the company's big car V-8.

The Pontiac Tempest had other unique features. Its curved flexible drive shaft between the engine and rear-mounted transaxle allowed the car to offer an independent rear suspension by using modified Corvair swing axle components. For, while offering the public an ever-expanding array of models, the manufacturers were cleverly retaining as many existing parts as possible and sharing them among various models to keep their production costs as low as possible.

This "parts bin engineering" may have reached its peak in the General Motors cars of the early to middle Eighties, where not only mechanical parts but body styling were shared between models offered by all five GM divisions. All of the "J" cars of the Eighties, from Chevrolet Cavalier to Cadillac Cimarron, were so identical as to be almost indistinguishable.

To the American auto purchaser, who grew up with the idea that higher priced cars offered more features and a degree of exclusivity for the extra money, this was finally too much. GM, which had enjoyed market penetration of more than 50 percent in the boom years of the Fifties and Sixties, saw its market share shrink to 35 percent as a result of public disenchantment with look-alike products.

Recent new cars from GM have begun to reverse the earlier trend by providing more differentiation in the products for each division. Whether the lost image can be retrieved and market share increased remains to be seen.

Fairlane, Mercury Meteor Join Ford Ranks in 1962

Also in 1962, Ford introduced the mid-sized Ford Fairlane and Mercury Meteor. These followed Ford's more conventional approach and so had no unusual technology.

For example, engines were an enlarged version of the original Falcon six cylinder and an all new thin-wall cast-iron V-8 of only 221 cubic inch displacement. This V-8 later grew to 260, 289, 302 and 351 cubic inches.

Today, that engine still is in use by Ford as its basic V-8 engine. Its greatest fame came when it was installed in the Cobra sports car by former racer Carroll Shelby.

While General Motors gave a facelift to its new-for-'59 body styles in 1960, that was a new body year for Chrysler and Ford. Chrysler's styling for its 1960 models proved to miss the mark and failed to pull enthusiastic prospects into showrooms. Sales suffered. The crisp but advanced styling which had made 1957 Chrysler products so popular was replaced by styling devices such as drop-centered bumpers which appeared bent, lowered belt lines on Plymouths which ended in swooping, somewhat asymmetrical fins, and strange reversed fins on the Dodge which were peaked near the rear door and tapered downwards to the rear of the car. Trim was scattered around the bodies rather haphazardly, producing a cluttered look on all but the cheapest, plainest models.

Chrysler Downsizes Its Bread-and-Butter Models

Responding to a sales downturn, Chrysler introduced new body styles in 1962 for its bread-and-butter Plymouth and Dodge divisions. By contrast, Ford and Chevrolet had returned to the three-year body change cycle and offered only mildly restyled cars in 1962.

Choosing to go even further astray from its past marketing approaches, Chrysler reduced the size of both Plymouth and Dodge. By 1965, the company corrected its errors and a truly mid-sized car, the Belvedere, came off the assembly lines while the Fury returned to the 119-inch wheelbase needed to be a competitor in the full-size field.

Ford Mustang Turns Into Wild Success

By the mid-Sixties, all of the Big Three were offering complete model lines of compact, mid-sized and full-sized cars.

To complete the most elaborate model line-ups ever seen, before or since, two more types were introduced. These were the "Pony Cars," exemplified by the Ford Mustang, and "Muscle Cars," such as the Pontiac GTO. Both of these trend-setting cars were introduced in 1964 and eventually led to imitations from all the other car makers.

Ford's Mustang, introduced in Spring 1964, was a runaway success. More than 417,000 cars found homes in the first year, despite the fact that nothing in the Mustang's mechanical makeup was new. All of its parts were provided from existing Ford models, primarily the Falcon.

What were new were the body styling, marketing approach and sheer variety of options available. A buyer desiring a Mustang could have anything from a six-cylinder hardtop economy car to a 271-horsepower, four-speed, sexy convertible.

Another model using the parts-juggling approach was Pontiac's GTO, which used Pontiac's 389-cubic-inch V-8, its biggest engine, in the Tempest, its smallest and lightest car. Like the Mustang, the GTO provided GM with a new marketing approach and GTO customers with a new level of performance. Also like the Mustang, it was a major success.

1966 To 1972

The Big Three continued to expand their full-line model offerings as the success of the four-seat Ford Thunderbird created a new range of personal luxury cars. General Motors' initial response was a detrimmed good-looking 1962 Pontiac Bonneville (with a new name), the Grand Prix. GM followed it in 1963 with the Buick Riviera.

In 1966, GM made a decision to commit to something special for the luxury personal car market. It introduced the first front-wheel drive American car since the 1930s, the Olds Toronado, then followed up in 1967 with its mechanical sibling, the Cadillac Eldorado.

Technological Superiority Doesn't Drive Sales

As it had periodically since 1946, with front-wheel drive General Motors was venturing into an area of new technology and, by dint of sheer marketing expertise, managed to sell enough cars to turn a profit. Ford, more conservative in the technical area, also continued to prosper by offering conventional cars, often in larger volumes than those produced by General Motors with higher technology.

Noting Ford's success in marketing cars with conservative and often less costly technology, GM's subsequent product offerings began to follow the same least common denominator approach. Sadly for car enthusiasts, the American mass market has consistently demonstrated that conventional, conservative automobiles which do not ask the public to accept any futuristic or high technology features or styling will consistently outsell their more advanced competitors.

This is not to say that high style or high tech cars are totally unacceptable in the marketplace, but that the risk and expense of introducing them is not matched by the sales they generate. It is, however, just this tendency toward conventional styling and technology that can make innovative cars more valuable.

Perhaps the most interesting cars produced in the mid-to late-Sixties were the various Pony and Muscle cars. Their performance and graphic styling seemed to be the factors most likely to motivate performance-orientated car buyers. The manufacturers produced a bewildering array of nameplates, options and power plants.

"Me-Too"-ism continued to predominate. Although the Mustang, with its borrowed parts, was far more a marketing success than a technological breakthrough, it soon had its imitators — Chevrolet's Camaro, Pontiac's Firebird, and Chrysler's Barracuda and Challenger.

General Motors Clones Its Own Muscle Cars

The same happened within GM. General Motors matched its own Pontiac GTO with its Chevrolet Malibu Super Sport, Buick Gran Sport and Olds 442. By 1970, each of these GM cars could be ordered with engines exceeding 450 cubic inches. Despite the increased weight, these were some of the fastest accelerating cars ever made available to the motoring public.

Not to be outdone in the horsepower race, Chrysler introduced an updated version of its hemi engine. First available for NASCAR and drag strip racing in 1964, the hemi was available by 1966 in a street version and could be had in several of Chrysler's car lines.

Virtually any of the Muscle Cars built in the late Sixties or early Seventies could outrun anything built in America between 1972 and the very late 1980s, when high performance returned on a much smaller scale with the Mustang GT and then the Camaro Z28 and now the Corvette ZR1.

Aside from performance, however, the Big Three continued to spend the late Sixties concentrating on the Fifties' theme — longer, lower, wider. The big cars produced during this period were genuinely big, with engines up to 460 cubic inches and finally peaking with Cadillac's 500 cubic inches. They also had huge interiors, with six-passenger sedans being the norm and station wagons rating up to nine passengers or, with seats folded, the ability to haul four-by-eight sheets of plywood flat on the floor.

New Small Cars

The second generation of small cars popped up in 1970, when Chevrolet introduced the Vega and Ford displayed the Pinto. While the 1960 small cars had been designed as smaller big cars, the Vega and Pinto were designed from the outset as four-cylinder "sub-compact" economy cars. They were a marketing response to the continuing onslaught of imported small cars. The emphasis now was on fighting the Japanese rather than, as in 1960, the Europeans.

Chrysler, not prepared to tool up for a small car, chose the approach of offering rebodied versions of its compact-sized cars. The Plymouth Duster and Dodge Demon used existing Chrysler Corporation engines, drive lines and trim in a lower-priced, lighter-weight body shell. These were followed in 1971 by a similar offering from Ford — the Maverick and its twin, the Mercury Comet. These "retro tech" vehicles, again used parts bin engineering.

Despite the low-cost approach to development, the Chrysler and Ford "retro tech" cars were surprisingly well accepted in the marketplace, and marched on for many years as basic transportation in a size preferred by many Americans. In later years, both cars were available with V-8 engines. While not really Muscle Cars, these lightweights can prove to be excellent performers when V-8 powered. The eight-cylinder versions would be the most collectable of Dusters, Demons, Mavericks and Comets by virtue of their relative rarity and performance potential.

Parts-Bin Engineering: Good and Bad

All four of these cars were extreme examples of parts bin engineering, a process of selecting components already in production for cars in the manufacturer's line and assembling them into a new market offering. This is a cheaper approach than starting from a clean sheet of paper and designing each component specifically for the car on which it will be used. It also permits higher volume production of the components and keeps unit costs low.

On the negative side, parts bin engineering produces components which are not really optimized for any particular car model. Thus, a part may be too heavy for the lighter vehicles on which it is used, or only marginally strong enough for the larger models. One example of this problem is the woefully inadequate drum brakes used on the first Pontiac GTOs. While suitable for the low performance predecessors to the GTO, they did not begin to match up to the speeds which the GTO could reach. Ford and Chrysler were also guilty of the same sort of mismatch brought on by parts bin engineering.

Commenting on car marketing during a talk to members of the Society of Automotive Analysts in 1990, researcher and Chrysler Corporation vice president Laurel Cutler said, "The Fifties and Sixties were so easy and comfortable."

So ended the Sixties and so the Seventies began, with America's auto industry positioned much as it had been a decade earlier. Each car line offered a wide range of options and BIG was still the customer's favorite word.

But, from 1946 to 1972, the American automotive industry had changed dramatically and, despite there being fewer manufacturers now in business, the number and variety of car models available to the public was far greater than it had been at the beginning of the era.

In 1946, the low-priced three... Ford, Chevrolet and Plymouth... were offered with one engine, one transmission (manual) and a handful of body styles, all on the same chassis. By 1972, the same three divisions were offering subcompact, compact, mid-sized, full-sized,

Pony Cars, Muscle Cars and personal luxury cars, each with a bewildering array of options, colors, body styles and mechanical components.

Automatic transmissions, air conditioning, power steering and brakes, power windows, day-night mirrors, seat belts, vinyl roofs, cruise control, am/fm stereo radios, and disc brakes had all become part of the average automobile in this era; most of them had been unheard of in 1946.

The entire post-war automotive era had been a market-driven and highly creative period, where the motto was "If it will sell, let's try it." By 1972, the customer really was king—and the king had a lot to choose from.

Just around the corner lay disaster for the industry—fuel shortages, insurance crises, increasing government control over vehicle emissions and fuel economy, and the high quality, price competitive vehicles from foreign producers. The happy-go-lucky days of three-tone paint jobs, acres of chrome and 400-horsepower engines were about to come to an abrupt—and painful—halt.

Chapter IV

Needles In Haystacks:
Where To Find Old Cars

While interesting cars from the postwar period are all around us, they are getting more scarce by the day. For most of the postwar era, America was the "disposable society." The watchwords were wear it out, use it up, throw it away, and get a new one. For most of the past four decades, the average car was scrapped before its tenth anniversary. For any given model year, fewer than ten percent reached their eleventh birthdays.

Fortunately, the most interesting automobiles, usually those that were the most expensive, often were recognized as "keepers" and survived at a higher rate than their less fortunate peers. A few far less expensive cars made the cut despite being perfectly ordinary just because it was considered special by an individual who cherished it for twenty or more years.

When the first antique car collectors began their searches in the Twenties and Thirties, unsuspecting farmers often gave away the "old junk" which was rusting away and cluttering their outbuildings. They were totally unaware of their junk's potential. Today, print and electronic media frequently feature information on older cars and few owners of collectibles are unaware of their possession's value.

But even today, the number of interesting old cars to be spotted on a drive through rural areas can make the trip worthwhile.

Newer "Old" Cars
Traded Through Ads

Cars from the recent past, such as the early Seventies, are unrestored and, in fact, still in daily use. There are many places you can look to find them.

NEWSPAPERS—Collectible cars continue to be traded through ads in big city and local newspapers. Increasingly, the larger dailies offer special sections in the automotive classified section for "Antiques, Classics and Sports Cars." Regular readers of these ads probably have noticed that some car dealers have set up specialty used car operations and offer some interesting cars for sale through the ads. Weekly local papers often carry cars in their classified ad sections; you might spot something there at a lower price than you would find it in a big-city newspaper.

CAR-TRADER MAGAZINES—A whole category of advertising-only auto trader magazines help hobbyists trade in old cars, motorcycles, boats, parts and accessories. Check your local newsstands and convenience stores, where you often will find them located near the checkout.

AUTO BUFF MAGAZINES—National automotive magazines also carry ads from individuals and dealers offering interesting cars for sale. Check the magazines most likely to carry the type of car you are looking for.

WORD-OF-MOUTH—Yet another major source for bringing your American Dream Machine out of hiding is word-of-mouth advertising. If you tell repair shop workers, auto parts retailers and your friends that you are an old-car nut, they may be able to steer you toward some interesting finds.

AUTOMOTIVE SHOWS—Visit old-car shows and talk with some of the exhibitors. They almost certainly can provide you with leads.

CAR CLUBS—If you are looking for something truly unique or rare, your best bet may be to make contact with the car club specializing in that particular car. A sampling of them is listed in this publication. The owners of these cars probably have a good idea as to where other cars are and which owner may be willing to sell. They also can provide you with some good tips on how to check out the authenticity and condition of cars you consider purchasing. A major reason for their banding together is to help each other locate hard-to-find replacement parts. For that and other reasons, you probably will want to become a member.

COLLECTOR CAR AUCTIONS—Increasingly, collector car auctions provide an excellent opportunity for old cars to find new owners. This is certainly the case for the highest-priced collector cars from the Twenties and Thirties and is growing as a method for the most-prized postwar cars. Attending an auction usually requires an admission fee and there often is an additional fee if you want to be a bidder. Cars presented for auction can usually be viewed (although sometimes not for long or in great detail) before the auction begins. For the most part, however, they are sold as-is, with no guarantee of condition or even originality.

By all means, attend auctions and, after you have reached an advanced stage in your automotive hobby, you may find yourself participating as both a buyer and seller. Meanwhile, if you are a beginner, use the auction as a learning event. But avoid being carried away by auction hysteria and the temptation to buy the first appealing but expensive car you see offered.

Once you have decided to become an old- or classic-car hobbyist, your curiosity will lead you to read more about them, talk with friends and generally become more attuned to the entire subject. By then, you will be spotting cars for sale wherever you travel. Your problem will be to select the right one for you. That leads us to our next chapter.

Chapter V

Getting Started:
What Makes Sense For You?

What kind of car appeals to you? Have you grown up with a yen for a sports car? Maybe muscle cars, or the cars that were new and attractive when you were a teenager.

Still another possibility is that you are fascinated with the amount of capital appreciation which old cars have enjoyed, and you want to become involved so that you can share in the capital gains. That isn't the wrong reason for being interested, but your enthusiasm for making money had better be accompanied by the knowledge and skills necessary to turn old cars into hard cash. In today's collector car market, it is very easy to lose money by buying the wrong car at the wrong price and spending too much to make it salesworthy.

If your main interest is making money, you will have to be well-informed as to the most desirable car models, able to determine accurately what condition a particular car is in, and have the ability to make your own repairs or find a professional willing to work at reasonable rates.

You may also need the patience and financial reserves to hold onto a particular car until the market moves up to your targeted selling price. While waiting, you may just find that you really like the car after all and enjoy it for its own sake, not just for the potential profit it represents.

Lust for a particular car is essential. In more ways than one, the car is your baby. If you are going to buy a car requiring you to make a commitment to considerably more effort and involvement than merely putting in gasoline and driving away, it had better be one that really has long-term appeal for you. If you select one that doesn't really appeal to you, you won't have the patience and determination to put up with all the problems it can present you.

Find A Vehicle That Fits Your Self-Image

One of the appealing aspects about settling in with your own personal American dream car is that you can select the car representing the image you have of yourself.

The range of products manufactured since 1946, encompassing high-end luxury to muscle power, is truly unmatched. Do not buy a muscle car if you really see yourself in a Lincoln.

Once you know what kind of car really lights your fire, more self-analysis is required. How good are your mechanical or body repair skills? Are your mechanical abilities good enough to let you tune the two 4-barrel carburetors on the Chevy 409 engine you want to acquire or will you have to hire someone to do it? That will add considerably to the cost of your purchase. So will having someone else repair the rusted-out rear quarter panels on your '66 Mustang and have it tied up for months in someone's body shop while being repaired at $45 per hour for labor.

What Do You Want To Do With It?

Can you use your own skills to keep down the cost of ownership by starting with a less than perfect car that needs restoration? Or will you be better off paying more for a car that is in excellent condition to begin with? Perhaps you DO have the skills necessary to make all the necessary repairs but you have neither the time nor the patience.

Which is your idea of fun with an old car — working on it or driving it? If the thought of digging in and getting grease on your hands appeals to you, then by all means get one that needs to be nursed back to health. "Sweat equity" often works for vehicles as well as houses by increasing the value of your property without a major financial outlay.

On the other hand, if your mental picture finds you driving through town with pedestrians pausing to do a double-take at your 1961 Corvette and its owner, aim for instant gratification by purchasing a ready-to-roll model.

How you plan to use the car can make a difference in what you choose to buy. If you plan to enter car shows, you want to look for a car which is eligible for the kind of shows you plan to enter and which has a history of doing well with the judges.

In most shows, the more accessory-laden the car, the more vibrant the color, the better you will do at attracting good scores from the judges. Clearly, a six-cylinder beige-painted 1952 Ford Mainline will not appeal to the judges as much as a 1954 Crestliner with all the accessories which Ford offered that year.

If you think you would enjoy entering nostalgia drag races, or vintage sports car races, a different type of car may be required. Even among Muscle Cars, some are more successful on the drag strip than others. If two Buick GS 455s are in the same class and one is an accessory-laden convertible while the other is a stripped hardtop, the lighter hardtop will get to the end of the quarter mile more quickly every time.

If participating in club driving events is in the cards, buy something big enough and sufficiently reliable to help you enjoy that type of event. Even though that 1954 Metropolitan may be the cutest car on the run, you and your companions will not arrive refreshed and enthused after 200 miles of back roads in such a tiny car.

You have a split personality and enjoy both working on your car and driving it? Or you lean one way but think you might enjoy doing both? Both scenarios are possible. Don't assume, though, that you will be able to fuse what you are to what you wish to be. But be honest with yourself before you spend the money for your first collector car.

Don't Run Out of Space

What facilities and space can you devote to your newly purchased American Dream Machine? Will your new toy occupy your only garage, requiring your spouse to scrape the windshield of the go-to-work Honda every time the temperature drops below 32? That isn't the best recipe for maintaining a happy household.

Maybe you can avoid the problem of displacing the family car, not to mention the family, by finding a garage space for rent near your home.

Or best of all, maybe you are in a position to build a good-sized hobby garage/shop right on your own property. If so, keep in mind that your collection (if you have the space, it will be more than one car, for sure!) needs to be kept in a dry and warm place to prevent corrosion. You will need the warmth, too, because you will be spending a fair amount of time in the garage.

If you can, add a twin post hydraulic lift to allow easy access to the underside of your car for oil changes, inspections, and maintenance activities. If you are serious about car shows, the bottom of your car better be just as clean and shiny as the top side, and having a lift makes this a lot easier to accomplish.

By all means, get yourself an air compressor with enough capacity to operate air-powered buffers, sanders, spray painting equipment and sandblasters.

Welding equipment also is a necessity for serious do-it-yourselfers; electric arc welding for frame repairs and tack or spot welding of sheet metal; and gas welding for body repairs, exhaust system work and freeing rusted fasteners.

A bench grinder is indispensable for sharpening the tools you will be working with and for buffing parts.

Advanced hobbyists may find the need for lathes, milling machines, etc., but these are more often used by inventive hot rodders to create their works of automotive art.

If you have no alternative, reconsider getting a car requiring total restoration because that can tie up every square foot of a two-car garage. But if you and your family are passionately into the hobby, use the space you have. Many trophy-winning show cars emerged from home workshops and two-car garages.

Aside from knowing what kind of car you really want and how well equipped you are to work on it, you need to determine your level of enthusiasm and how deeply you are able to get into the hobby. A little thinking now can save you considerable frustration and expense later.

Silky Show Cars
Don't Start from Sows' Ears

Making a silk purse out of a sow's ear is only a little more difficult than restoring some cars to Best of Show. The key is originality of equipment. Collector car auctioneer Rick Cole was asked by a member of the Washington Auto Press Association what installing a bigger and better engine in a classic car would do to the vehicle's value. "Destroy it," Cole responded.

Today's winning show cars are expected to have all the original trim, matching engine and chassis numbers and, if possible, the original factory build sheets (assembly line documents often left in or on the car), window stickers and owner's manuals! Some of these can be reproduced, but you are more likely to win trophies if you buy a car that is complete and close to show-ready.

An alternative is to start with a low-key approach and see how your enthusiasm develops. Putting your American Dream Car on the road in safe but not show-ready condition may be just as satisfying as the all-out show car approach. You may even end up enjoying it more—you won't be afraid to drive the car in all kinds of weather without the fear of hurting it. After all, cars are meant to be used and enjoyed, which you cannot do when you keep it locked in a humidity-controlled garage and push it into a trailer to get it to the occasional show.

Still another low-cost alternative route to the car of your dreams is to build it from a lesser model of the same make. If driving is your pleasure and you don't intend to compete for show trophies, you can retrofit a plain version with the mechanical parts from the upscale version.

As an example, all 1968-70 Olds Cutlasses can be fitted with the 455 engine used in the 442, and replacement parts are available to tune it to any horsepower level you feel you need. Please don't call the finished product a 442, although it will perform just like one and you will have just as much fun driving it... providing that you have added the suspension and brakes to balance the horsepower.

If this approach appeals to you, go to it. On the other hand, when you are shopping for your dream car, keep in mind that it may have been assembled this way and is not worth what an authentic original would be.

As you grow more involved in your hobby, you probably will want to invest more dollars and sweat equity into it. You can do this gradually, as you gain in knowledge and skill. But it won't be an easy process if you start with a car that is far from original or in really poor condition.

If you find yourself in the position of wanting to upgrade to a more desirable car, use your club contacts and whatever local automotive trader papers are available to put your old love up for sale and look for the new one.

Hopefully, the care and effort you have put into your first collector car will bring you some financial rewards as well as enjoyment. Do us all a favor and present the car honestly—problems and all. Isn't that the way you would want to be treated?

Chapter VI

Reducing The Risks:
American Dream Car Buying Tips

Now that you have analyzed your needs, wants and capabilities, it is time to begin looking for your own personal American Dream Car.

The greatest single piece of advice we can give you at this point is — be patient. Take a good look at the market before you leap into a purchase. Remember, it is much easier to dive into a pool than to dive out of it. Do your homework. Don't jump at the first opportunity unless you have completed your homework and have determined that it is a good deal.

Don't forget that the car you buy will have to be titled, registered and, in many states, safety and/or emissions inspected. Make sure the car can meet these requirements.

The best way to check out a car is the Mentor Method. Take along someone with direct knowledge of the type of car you are looking for. If you have made friends with the club members from a collectors club, try to get one of the club's technical experts to come with you when you look at the car.

Also, you may be able to arrange to have a professional mechanic check out the car and give you his report. This probably will have to be at his shop and require an appointment. Avoid any potential seller who objects to such a careful inspection.

The asking price should be consistent with the car's condition, as defined in this book. To determine whether it is worth what the owner wants, evaluate the car by inspecting it thoroughly. Note any items which will require repair or replacement. A car being sold as "ready to show" should have zero defects in appearance or function. And any that are present are sufficient to lower its condition and, of course, its price.

If you are buying a car which you plan to drive and restore, expect some defects. Just be sure that the price paid for it is low enough to allow you to make the necessary repairs without exceeding the market price for a car in excellent condition.

When inspecting a vehicle being offered for sale, eyeball the exterior, interior and underside, look under the hood at the engine, check the condition of the accessories, and

EXTERIOR

Try to schedule your car shopping for a bright, sunny day so that you can get a good look at the exterior of the car.

First, try to determine whether the body work is straight and free of ripples. Unusual body contours can be caused by poorly applied body filler. Any "fatness" to a particular curve is a strong indication that body repairs were poorly accomplished. A car that is 20 or more years old probably has required some body work, especially if it has spent part of its life in a northern climate or seashore area where rust is a constant enemy.

Previous body work does not mean the car should be eliminated from consideration, but it must have been well done or it will require an expensive redo.

Other indications of poor quality body work are paint overspray and dents or damage to structural parts, including hood braces, radiator support panels and other panels which are not visible from the outside of the car.

Notice, too, whether the exterior trim, wheel covers, emblems and the like not only are all present but correct for the particular model. For popular cars such as 1955 to 1957 Chevrolets, replacement trim items are generally available. Replacements for less frequently collected cars may be very difficult to find. Be prepared for the risk if you decide to purchase such a product. You also will be a good candidate for a car club, which shares parts and knowledge of where they may be found. A newly confirmed list of some of these clubs is in the Appendix. The most complete list available is published by Gale's Directory of Associations, widely available in the research sections of public libraries.

Its Identification Plates
Reveal Car's True Colors

The car should have its original paint color. This can be verified by referring to the vehicle identification plate. These plates normally carry a paint code which, when checked against the service manual, can tell you the car's original paint scheme. The paint may be weathered and dull, but any deviation from the original colors downgrades the car's value.

If the car's original finish was lacquer, such as General Motors used for many years, a careful compounding and buffing may restore the original gloss. The enamel paints as used by Ford and Chrysler do not respond as well to this treatment and may require repainting if badly weathered. Paint jobs of show quality are expensive. Depending on the amount of preparation required, a complete repaint job can run up to $3,500—and sometimes more.

INTERIOR

The interior of the car should be as original as the exterior. Make sure you are familiar with the type of carpet which was originally used and check to see that any replacement carpets are of the same type and quality.

If possible, and with the seller's permission, peel back the carpeting and look at the car's floor. This may indicate whether carpets and undermats have been replaced recently. It also can provide you with a clue as to whether the floor pans have required work, or if overspray is present, whether the car has had major body work.

Dampness under the carpets also can indicate water leaks and should cause you to look for the reason. Any unrepaired water leaks will lead to rapid corrosion of various body parts.

Interior die castings on older cars, and plastic pieces on later cars may be hard to find if they need replacing. Plastic and vinyl can be successfully recolored using aerosol vinyl paints or custom mixes available from paint supply houses. You can find replacement headliners (the interior side of the roof) at auto trim shops but the replacement itself may be expensive if interior moldings and fittings have to be removed as part of the job.

Steering wheels are difficult to restore if their surfaces are worn or chipped, and a universal replacement will detract from the car's value.

Upholstery and trim panels should be original as well as in good condition. Some companies, particularly Chrysler, used loose weave materials in the mid-Fifties that today are almost impossible to replace. Mark down the price if the originals are damaged.

Be careful that those aftermarket seat covers are not hiding a badly worn set of original upholstery. And if the door trim panels are stained, suspect water leaks and call for a close look at window channels and weatherstrips. While these items can be replaced, the cost to upgrade the car to perfect will jump.

OPERATING TESTS

Now that you are satisfied with the car's cosmetic condition, it's time to see how well it runs.

Ask the owner to start the car while you stand at the rear to observe the tailpipe(s). Does the car start easily? Some cars produced in the early 1970s when emission control devices made starting and warm-up a hit-or-miss proposition, can be excused for being a bit cold-blooded. Certain super-high-performance engines also were laggards. Aside from these, the car should start easily and settle into a smooth idle.

Note how well the car cranks over. This can indicate the condition of the battery and the starter motor.

If the car was run by the owner just before you arrived to check out the car, the engine should be idling at its normal hot idle speed. Conversely, if the car has just been started from cold, it should remain on fast idle for a short time. In either case, the idle should be regular and the car should emit little or no smoke when first started.

You probably know that blue smoke indicates oil is entering the combustion chambers. This can be caused by worn rings, leaky valve guides or stem seals. A small amount of blue smoke when first starting is not cause for alarm. However, a steady smoking when running, or big puffs when the engine is momentarily revved up, should alert you to the possibility of engine wear and the need for rebuilding.

Black Smoke Gets In Your Eyes?
Check Carburetor

Black smoke indicates that more fuel is reaching the combustion chambers than can be burned. This can be caused by an excessively rich choke setting or by other carburetion problems. If the black smoke persists after the car is warmed up and being driven, you can expect to need carburetor repairs or rebuilding. You most likely will find this type of problem on Muscle Cars and other high-performance vehicles where the repairs can be expensive because of the complexity of their multiple carburetor intake systems.

These high-performance cars also may have had more than their share of "fiddling" by their previous owners who may or may not have known what they were doing.

While the car is warming up, check its instruments and interior accessories. Do the temperature, oil, electrical and fuel gauges accurately indicate what's happening? Does the radio work? If the car has a power antenna, is that functioning? Also check the headlights, warning lights, turn-signal indicators and the like.

If the car is equipped with air conditioning, try it and note how quickly the car cools down. Try the power windows, power door locks and any other functional accessories.

TEST DRIVE

Once you have checked out all the interior accessories and gauges, it's time for a test drive. Expect the owner to want to drive the car first because he is familiar with how it operates and knows the local roads.

Ask the owner to drive you through local streets as the car warms up and then move on to an area where you can reach highway speeds. Observe how the car performs.

Is the engine running smoothly?
Does it pick up well from low speed?
Are there any indications of knocking or pinging?
Are there any unusual noises?
Does the transmission shift smoothly?
Does the clutch engage without slipping?
Does the car appear to hold a straight line easily? Or does it require constant steering corrections? Is the steering wheel aligned with the direction of travel? Or is it several degrees off when driving straight ahead?

At some point during the test drive, ask the owner to drive away from you while you watch from outside. See if the car is properly aligned. If the car does not appear to be moving parallel to the direction of the road, or the front wheels appear to be turned at an angle to the body while the car is moving in a straight line, it may have a badly bent chassis or misaligned rear axle.

Then ask if you can drive it to reconfirm for yourself how it performs. Be alert for brake pull, chatter and noise.

Try to determine whether the shock absorbers are still effective by driving through some bumps and noting how quickly the car stops bouncing.

Check the automatic transmission, if the car has one. If it is slow to engage reverse, it may merely need a new filter—one of the most overlooked maintenance items—or more fluid. It also may require more major work. A transmission which is slow to engage reverse and shows symptoms of slipping on full throttle downshifts probably requires major repairs. The more of these symptoms it has, the higher the likelihood.

You still are attracted to the car but have major misgivings about your ability to judge its condition? Arrange to pay a qualified mechanic to give you a detailed report on the car. Remember, you are paying a fee for an expert's opinion. If anything, he will err on the conservative side and make you aware of potentially expensive defects. He also may write up the car for more defects than actually are present in the hope of obtaining an order from you after you buy the car. (Try to avoid this by not making any commitment for repairs with the mechanic who performs the inspection. This is not the time to try for a lower price for his estimate by promising him the work!)

This kind of careful analysis is to the benefit of both you and the car's owner. Even if he doesn't sell to you, he will have a report card on his car's condition.

UNDER HOOD INSPECTION

After you return from the test drive, take the opportunity to open the hood and examine the engine compartment. Check for the presence of any oil or water leaks, or stains that indicate there have been leaks in the past.

Look at all the engine components, such as the air cleaner, hoses and filters, to see that they are in place. Is the wiring neat and well-routed, with all decals present and where they are supposed to be? Is that the right engine for the car model, or has it been switched?

With high-performance cars, it is important to look for signs of previous modifications and to determine whether it was used in racing. There might be holes in the firewall for extra gauge leads and wiring, holes in the inner fender wells where headers had been installed or evidence of traction bar installation.

Is that the original radiator? Is it functioning well or does it have damaged fins or perhaps a clogged core? The radiator should be uniformly hot across its surface. Any area which has not reached operating temperature indicates clogging, which will lead to overheating.

Depending on the model of car you are inspecting, you also will be able to get an idea of battery condition and a look at some steering and suspension components from the engine compartment.

Does the battery look new or is it old and corroded at the terminals? Are the hoses in good condition, or will they need replacement?

Does anything under the hood show signs of recent repair work? If so, ask the owner what was done and why. Look for indications of repaired accident damage, such as bent or damaged inner fender panels or radiator support panels.

Check the oil level and condition by pulling the dipstick after pulling it out once to clean it and putting it back in. Examine the oil's appearance. Most detergent oils will darken with use as the contaminants are absorbed into the oil. There should be no "milky" or grayish look about the oil, which would indicate that coolant or condensation is seeping into it.

If the car has an automatic transmission, now is the time to check the transmission fluid level and condition. The fluid should not be blackened but should retain its original color—usually a reddish tint. Sniff the fluid. Do you smell a burned odor? This indicates that the transmission may be slipping and overheating the oil.

UNDERCAR INSPECTION

If you can arrange to rent or borrow a lift at a local service station, look at the underside of the car while it's up in the air. If no lift is available, see if you can get the owner to jack it up and prop it securely on jack stands while you crawl under.

Fresh Undercoating — Sure Sign of Something to Hide

First, look at the overall condition of the underside of the car. Pay particular attention to evidence of rust, rust repairs or accident damage. Fresh undercoating often is used to hide a multitude of rust repair sins, so any evidence of new undercoating should be viewed with suspicion. Key areas for rust are floor pans, sills and lower fenders.

Special note for those hunting for a Corvette — their Fiberglas bodies don't rust but their steel frames often do—alarmingly so!

While you are under the car, look again for evidence of leakage from the radiator, engine, transmission and rear end. Also check the exhaust system for the condition of mufflers and pipes, recent repairs and/or dents and bent pipes. Replacing an entire dual exhaust system, from the manifolds back, is very expensive.

Next, inspect the suspension and steering components. Are they well-greased? Are the rubber seals in good condition? Are the suspension bushings cracked or squeezed out of position? Wiggle the tie-rod ends and steering linkage, particularly the idler arm. If loose, they will cause the steering to wander.

How about the brake lines and hoses? Are they all in place, secured, and not corroded, soft or leaking? How do the tires and wheels look? Any evidence of bent rims, tire damage or wheel-bearing grease leakage? Are the emergency brake operating linkages and cables all in place and operating?

Wiggle the drive shaft to look for play and slip in the universal joints. Some movement is normal, but if it is excessive and you also noted drive line clunks and noises during your road test, expect to make repairs in this area.

Inspect the fuel tank for signs of leakage or repairs. Rust holes in fuel tanks are relatively common and may require tank replacement.

Look carefully at the bumper support brackets, both front and rear. These often are left unrepaired after accident damage and could provide you with an indication of what sort of past life the car has had.

SUMMING UP

After you have completed your visual and functional inspection of the car, taking notes all the while, sum up your findings and see what it will cost to make the repairs and improvements which will put the car in the kind of condition you want.

The cost of the car plus the cost of repairs should not exceed the full value of a car in excellent condition. If it does, you aren't looking at a good deal. Keep your own objectives and limitations in mind — a car which can't be put in show condition at a reasonable price still may provide you with a satisfying ownership and driving experience. But don't pay a premium price for a non-premium car.

Beginning to Bargain

Discuss your findings honestly with the owner. Your intention is not to make him defensive about the car but to set the framework within which you are willing to bargain.

If you have spotted any misrepresentation as to what the car is, such as making a GTO out of a LeMans or installing a low-performance engine into a Muscle Car, leave without attempting to negotiate.

However, if you have determined the car is as it is supposed to be, decided it is within your cost guidelines and is what you want, and the owner has been truthful in presenting it to you, it's time to begin bargaining.

Assuming you are knowledgeable about the condition of the car, have the ability to repair its deficiencies, and really want to own it, you should be able to reach an agreed price.

As a final safeguard, you should have a look at the ownership documents for the car to assure that the seller actually owns it, and that the vehicle information on the documents actually matches those on the car.

Then it is time to discuss how the owner wishes to be paid and when you can pick it up. Congratulations—you have just become a car collector!

Chapter VII

The Essential First Steps For Proud Owners

Just as in a marriage, the first step is to make it legal by completing the paperwork — titling, registration, insurance and a safety inspection are necessary.

If you have been doing your homework, you probably have checked with your state motor vehicle agency already to see what you have to do to register and get title to your new collectible.

Most states offer some form of antique or collector car license plates, usually at rates below those of regular registrations. If you choose to take advantage of these programs, make sure that they don't include limitations on the use of the vehicle unless they do not affect your plans.

You should check out the safety and emission inspection regulations to see what you will be faced with. Some states exempt cars over a certain age from emissions inspection, some require all cars to be inspected and some areas have no inspection whatever for any cars. If you live in an area with restrictive emissions inspections, check to see that your car is capable of passing the tests. The previous owner should, of course, be able to show proof that the car has complied with state regulations recently.

Most states require all cars to pass safety inspections, without exceptions, so you will have to bring your car up to current standards before using it.

Here's Where Your Notes Come In Handy

If you followed our instructions, you made very careful notes when inspecting the car and have an excellent idea as to what will be necessary to bring it up to the level of condition you have established as your goal. After all, regardless of whether your state has an inspection program, you want to maintain your car in safe condition.

The key active safety items are brakes, steering and suspension; all should be returned to excellent functional condition. The lights and the turn signal system must be working properly so that you can see and be seen far enough at night to operate safely.

The exhaust systems must be leak free and quiet.

The glass should be free of cracks, stone chips and discoloration. Tires should have adequate tread depth and be without age cracks or bruises that would seriously weaken them.

The car's shock absorbers should allow you to maintain control of the vehicle on rough roads. Inspection regulations in some states may require you to repair major body rust.

After the car is ready for inspection and safe driving, you can start working on the appearance and performance repairs. But safety and legality come first.

What To Do, Where To Go
For Dream Car Insurance

Insurance is another aspect of legality. Part of your pre-purchase homework should have been a discussion with your insurance agent. If you are planning to use the car as regular transportation, or at least on a frequent basis, you probably want to insure it on your regular policy.

If you are planning to use the car on a limited basis or only for shows and car club events, you may be satisfied with a collector car policy. These policies often are available at reduced rates for the liability coverage, since you are agreeing to restrict the use of the car. If your dream car is really valuable, you will want to emphasize the damage and loss provisions of the policy to protect your investment. A "stated value" policy allows you to insure the vehicle for its true value, which usually will be much higher than shown in any of the standard used car guides used by insurance companies. In some cases, you may have to obtain an expert appraisal to establish this value to the satisfaction of the insurance company.

What should you do if you aren't happy with the policies your regular insurance carriers offer? Simple — talk to other collectors and see what they have been able to locate. One reason for joining a collector car club, you may recall our mentioning earlier, is that many are formed with information sharing as a major purpose.

Now That The Car
Is Legal—Enjoy!

Once the car has a legal title and is registered, inspected and insured, it's time to begin enjoying it.

To keep your enjoyment up—and your disappointment level down—begin driving the car before tearing into the serious restoration work. Driving it will also help you to determine what repairs and restoration it will need to satisfy your objectives. Starting on a restoration from the frame up before you have gotten to know the car and have some fun with it could easily cause you to lose interest before completing the project.

Always try to learn more about your collectible. When you go to car shows, take the time to meet with other owners of your model. Ask them to share their experiences with you.

Don't be afraid to ask questions. Car owners are almost always delighted to talk at length about their favorite toy.

CHAPTER VIII

The Pick Of The Glitter
—Make By Make

Almost any American Dream Car manufactured during the period of 1946 and 1972 is now rare enough to be interesting, but some are more desirable than others. The general rule of thumb for rating the collector value of cars is rarity and uniqueness.

Convertibles, for example, are always in demand. And so are special body styles such as the wood-bodied Ford and Chrysler products. Cadillacs, Lincolns and other luxury cars were sought after when new and, by virtue of their relatively low production volumes, still are rare and sought after today.

Orphans, models which are no longer produced, have their own special appeal. Examples are Packard and Edsel. Muscle cars have their own devotees because they represent a level of performance no longer offered today.

Also more popular with collectors are cars which represent the first or last of a particular feature or style. Thus, the earliest Mustang from 1964 may be more valuable than the 1967s.

The following list, by make, is an attempt to highlight some of the most interesting and collectible cars from the period. They are not just the most expensive. Some may be under-valued now. Use it as a guide to determine which are the best investments.

But if your heart is set on finding a four-door plain sedan just like the one you used to have in 1956, then that—to you—is the most attractive collector car.

Don't let anyone talk you out of it.

BUICK

1949 Roadmaster 2-Door Hardtop
First postwar Buick style and first year for a true hardtop. It also had pre-war mechanicals. The 2-door hardtop was referred to as "Riviera" style.

1953 Skylark Convertible
This limited production convertible had lower windshield height than standard convertibles, a dropped belt-line and beautiful chrome-plated wire wheels.

1961-1963 Special
The first small Buick, its convertibles are the most popular among collectors. Its small aluminum V-8 lives on today in Rovers.

1963-1965 Riviera
This was Buick's answer to the four-seat Thunderbird and its entry in the personal luxury car niche. It had very restrained styling for a General Motors car of the era.

1971-1973 Riviera
One of the biggest fastback designs around, its tapering roof line was reminiscent of the boat-tailed speedsters of the 1930s.

1965-1972 GS
Buick's own Muscle Car, it was a good one. It offered engines up to 455 cubic inches in later versions in Stage I, II or III, depending on how serious you were about drag racing.

CADILLAC

1949 Cadillac
This was the first year for the new overhead valve V-8 and also the first year for the two-door hardtop.

1953 Eldorado Convertible
Very rare, it was similar to Buick's 1953 Skylark. It had a dropped belt line and low windshield version of the standard convertible.

1957-1958 Eldorado Brougham
The Brougham's most notable styling feature was the brushed stainless steel roof on its four-door hardtop body style. It also had air suspension and a standard Cadillac drive train. Not many were produced and it was very high-priced when new. It still is.

1959 Eldorado Biarritz Convertible
This is the definitive Cadillac convertible. Long, low and decorative, with plenty of power and every accessory known to man in 1959. The low production volumes also make this a most desirable collector car. Fins, chrome, gold anodized trim — take one Biarritz, cruise out to the Las Vegas Strip and you've got it made.

1967-72 Eldorado
This was Cadillac's companion to the front-wheel-drive Olds Toronado. Crisp and restrained in its styling, by 1971 it offered engines of up to 500 cubic inches.

CHEVROLET

1949-1952 Fleetline

Offering fastback styling in two- and four-door sedans and a standard six-cylinder drive line, this was Chevrolet's first post-war styling change. The Powerglide transmission came along in 1950.

1953-1972 Corvette

From its first model to its latest, the Corvette is America's definitive sports car. With very high performance once the six-cylinder was dropped, the car was adaptable to anything from drag racing to rallying. It has taken many large books to describe all of the Corvette's permutations and possibilities. The car is always popular and generally gaining in value, although prices for some may have peaked.

1955-1957 Chevrolet

These were the first postwar V-8 Chevys, the engine which history has shown to be the performance champ of the low-priced field. There are lots of body styles available; the convertibles and 2-door hardtops are the most pleasing. Fuel injection and four-speed manual transmissions were introduced in 1957.

1958 Impala

This is a one-year-only body style and was the first year for the 348-cubic-inch V-8. A classic Fifties approach to design, this Impala had busy styling and a mushy ride.

1961-1969 Corvair

The first generation (1960-64) was cute but had some well publicized problems. The convertibles, four-carburetor and turbo-charged models are the most desirable. The second generation (1965-and-up) fixed the problems and featured revised—and very attractive—styling. Throughout its life, the Corvair was a unique American car with a flat six air-cooled engine located in the rear.

1961-1964 Chevrolet

Any with 409 engines provided Chevrolet with its top-of-the-line performance package before Muscle Cars were invented. The 409 was available in almost all the big Chevy body styles.

1965-1967 Malibu SS 396

This was Chevrolet's Muscle Car equivalent to the Pontiac GTO. The big 396 was a different design from the 409, and had better breathing. This is a stout performer, but a clean, unmodified 396 is hard to find.

1967-1969 Camaro

This is the Chevy Pony Car. Its Z-28 with 290 horsepower and 302-cubic-inch engine is probably the most desirable collector car of the early Camaros. From 1967 on, the Camaro also was available with the "big block" 396.

1968-1970 Chevelle SS

This was the successor to the Malibu as Chevy's Muscle Car. Heavier than the Malibu, the 1970 had a 454-cubic-inch version that is capable of moving any load.

1970-1971 Monte Carlo

This was the stretched, personal luxury version of the Chevelle designed to compete in the personal luxury coupe niche. Engine sizes ranged up to 454.

1971-1972 Camaro

Offering the second generation body for Chevy's Pony Car, this had more emphasis on handling.

CHRYSLER

1946-1950 Town and Country

The collectibles are the special edition wood-trimmed, steel-bodied cars. The first generation (1946-1948) was available in sedan and convertible versions, while the 1949 was limited to a convertible and the 1950 had only a two-door hardtop.

1951-1958 New Yorkers and Imperials

Any style with the first generation hemi head engine is a mechanically interesting car. Earlier versions were conservatively styled and pumped the horsepower through less than sporty transmissions. Chrysler corrected the styling problem in 1955 but still offered only a two-speed automatic. The three-speed Torqueflite transmission and a bigger 354 hemi were produced in 1956. The last models with the hemi and the befinned "forward look" styling were manufactured in 1957 and 1958.

1955-1958 Chrysler 300

The 300 Series cars combined Chrysler's biggest V-8 engine in modified form with a lighter-weight body shell, high-performance suspension and luxurious interiors. Already deservedly popular with collectors, production was limited and survivors are expensive.

1957-1966 Imperial

The Chrysler Imperial was produced and marketed as a separate make during these years and shared mechanical components with the Chryslers but had its own bodies. Styling of the 1957-1963 models was "Exner Baroque," (named for Virgil Exner, a noted car designer) with gunsight taillights, free-standing headlamps, and other classic touches.

CROSLEY

1949-52 Hotshot
The Hotshot was a two-seat roadster with overhead cam engine and spot disc brakes on the later-year models. It was cheap fun then—and now.

DODGE

1949-1951 Wayfarer Roadster
This Dodge had true roadster styling, seating for two, and side curtains. Although minimal in performance with its flathead six, it had an interesting body style.

1956-1959 Dodge D-500 Option Package
Here was Dodge's variation on the performance car theme. The 1957 styling was perhaps the most radical of that year's Chrysler cars. The D-500 was produced with hemi engines in 1956 and 1957 and wedge engines in 1958 and 1959.

1962 Ramcharger
This car had a package which included a maximum performance 413-cubic-inch engine in the new-for-1962 smaller and lighter body style. It was manufactured in several body styles to suit various drag-racing classes.

Dodge Hemis
In 1964, Chrysler produced an updated 426-cubic-inch version of the hemi engine, stuffed it into Plymouths and Dodges, and started cleaning up in NASCAR racing. The competing manufacturers complained that the hemi was not a production engine, and Chrysler responded in 1966 by making it an option in production, thus keeping it legal for racing. Any 1966-71 Dodge with the hemi engine is a collector car, as relatively few were produced, and nothing else on the road carries as much glamour and reflected racing glory.

1968-1969 Dart GTS
With a high-performance 340 cubic inch engine and matching suspension, it was a real sleeper in the performance car ranks. The term "sleeper" is used here to imply performance which exceeded the competitor's expectations, as well as "sleeper" in the sense of being underpriced on the collector car market.

1970-1971 Challenger R/T
The R/T was the Dodge "Pony Car." Heavier than Mustangs and Camaros, it was available with big block high-performance engines, including the second generation hemi.

EDSEL

All Edsels are orphans, since Ford dropped the line after only three model years, 1958-1960. It was available in four series — Citation, Corsair, Pacer and Ranger. Citation and

Corsair shared Mercury's body and mechanicals, while Pacer and Ranger used Ford bodies and engines. Styling was unique to Edsel, with the open-mouthed grille being the most memorable element. Mechanical parts are mostly interchangeable with other Ford products and thus widely available. Convertibles and hardtops are the most desirable for collectors.

FORD

1946-1948 Sportman

These wooden-bodied convertibles were very unusually and attractively styled. These "woodies" used standard Ford mechanical parts, a plus.

1949 Convertible

Ford's first postwar body redesign appeared in 1949, along with many revisions and updates to the venerable flathead V-8. The convertibles are attractive and were considered performance cars in their day.

1950 Custom Deluxe Crestliner

This is a special trim version of the standard two-door sedan, featuring chartreuse-and-black two-toning outlined by chrome trim and vinyl roof cover.

1954 Crestline Deluxe Skyliner

This Ford model was a two-door hardtop with clear Plexiglas insert in the front half of its top. It was the first year for Ford's new overhead valve V-8 engine and ball-jointed front suspension. The new engine and suspension make the 1954 Fords a year for firsts and, when coupled with the clear plastic roof section, the Crestliner becomes doubly collectible.

1955-57 Thunderbirds

These were the well-liked, attractively styled two-seater Birds. They had "sporty" rather than sports car handling. A supercharged version was offered in 1957, but few were assembled. Long popular with collectors, prices may already have peaked.

1958-1960 Thunderbirds

These are now known as the "Square Birds." The second generation of Birds moved to four-seat capacity, unit body construction and big block V-8 power. They were attractive—in an overdone sort of way.

1957-1959 Ford Fairlane 500 Skyliner

Its retractable hardtop was ingenious but not easy to repair or maintain. With a folding all-metal hardtop, its unique style was offered by no other manufacturer.

1960 Ford Galaxie 2-Door Hardtop with 360-HP Engine

The 1960 Ford featured new and attractive styling, with lighter-looking roofs and more glass area. In mid-year, Ford introduced the 360-horsepower version of the 352-cubic-inch engine. The combination of new styling and a genuine high-performance powertrain makes this one collectible. The 360 Horse engine also was available in other body styles, but these were not as attractive and are not as collectible.

1961-1964 Thunderbird

This was the first major restyle of the four-seat Thunderbird, first introduced in 1958. The new bodies featured a more pointed look and continued the deep center console and wrap-around dashboard from the earlier four seaters. Engines offered included a three two-barrel carburetor version of the 390-cubic-inch Ford engine. Offered in hardtop, landau (vinyl roofed hardtop) and convertible body styles, along with a special version (in 1963 and 1964) of the convertible called the Sports Roadster. Sports Roadsters used a fiberglass tonneau cover over the rear seat to produce a two-passenger look and came standard with chrome-plated real wire wheels. These Birds are gaining in popularity with collectors, with the relatively rare Sports Roadster pulling down the highest prices.

1963-1/2 Ford and Falcon

In the spring of 1963, Ford introduced two mid-year models, one reflecting the need for more muscle on the racetrack and the other in response to the success of Chevrolet's sporty Corvair. The first new model was a revised "fastback" roofline on the Galaxie 500 Hardtop, needed to improve its aerodynamics for NASCAR racing. At the same time, the 406-cubic-inch performance engine was superseded by the bigger 427. These changes bore immediate results on the racetrack as Ford's winning percentage picked up.

The second mid-year model was the Falcon Sprint, offered in hardtop and convertible. This added bucket seats, a V-8 engine and a new more-sloping hardtop roofline to the rather conservative Falcon, and was intended to provide a sportier small car to Ford's line.

Both of these cars were significant at the time, and make good collector cars today.

1964 Mustang

Here was the original Mustang, the car which created the Pony Car class. It was available initially in April 1964 with convertible and hardtop bodies with 260-cubic-inch, V-8 or six-cylinder power. A fastback body style was added later in 1965 and the engine jumped to 289 cubic inches. The V-8s are the most desirable, and the 271-horsepower 289 version are the hardest to find.

Despite the vast numbers of Mustangs produced, they have become extremely popular as collector cars. Even six-cylinder versions are beginning to command collector prices. When shopping for a Mustang, though, watch out for rust.

1965-1970 Shelby Mustangs

In 1965, race driver and Cobra creator Carroll Shelby produced modified Mustangs. The 1965 GT-350 was developed around the standard Mustang Fastback, and intended for use in Sports Car Clubs of America production racing. With 306 horsepower rather than the stock 271, stiff suspension and no back seat, this was an all-out race car. In 1966, Shelby produced convertible versions as well, but the race-bred hardness of the car began to soften. From 1968 through 1970, a big block version, the GT 500, was added to the line. Later cars featured fiber glass hoods and rear spoilers to differentiate them from standard Mustangs.

Any car with Carroll Shelby's name on it is a collector car. Among the Shelby Mustangs, the 1965 GT 650 is the purest race car of all the Shelbys and commands a high price. The later big block (428 cubic inch) GT 500s also are gaining in price.

1966 Fairlane 500 GT

The GT was Ford's answer to the Pontiac GTO. A mid-sized car with big block power, its engine was 390 cubic inches. The package also included upgraded suspension and brakes. Decorative features included bucket seats. Also available in 1966 Fairlanes and Mustangs was the 289 cubic-inch, 271-horsepower four-barrel engine with a solid lifter cam.

1968-1969 Mustang

In 1967, Ford dropped the 390-cubic-inch big block V-8 into the Mustang. Although not a super performer, it offered considerable torque. In 1969, to qualify for TransAm racing, the 302-cubic-inch engine was made available in a complete package called the Boss 302. This engine had completely different cylinder heads from the run-of-the-mill 302 and was designed to be a high RPM screamer. The Boss 429 was introduced that same year to qualify for drag racing. Rarer than the Boss 302, the Boss 429 also had a very special engine with very wide cylinder heads which required major modifications to the Mustang's engine compartment sheet metal.

LINCOLN

1946-1948 Continental

The Continental was a uniquely styled, very-expensive-when-new car with a V-12 engine. Both the convertible and hardtop versions are attractive and desirable but with somewhat more chrome than the pre-war design on which they are based.

1954 Capri

This car introduced Lincoln's overhead valve V-8. Winner of the Carrera Panamericana Road Race, it had excellent performance and attractive styling. The two-door hardtops are preferred to sedans, with the convertibles the most preferred of all. This 1954 Lincoln's combination of handling, performance and styling was unmatched by the competition's luxury cars, making these among the most collectible of Lincolns.

1956-1957 Continental Mark II

The Mark II represented the second coming of the classic Continental. It featured a new and restrained body, unique to this series, as well as excellent quality control and a high degree of careful hand fitting. Although not as crisp and sporting as the first-generation Continentals, it nevertheless is rare and sought after.

1956-57 Premiere

Lincoln was experiencing a bit of split personality when these cars were produced. On the one hand, the 1954-55 Lincolns had been the performance star of the luxury car field, with race wins and magazine raves in their favor. On the other hand, the luxury car customers were snapping up more Cadillacs than Lincolns, and Cadillac was anything but sporty. Thus, in 1956-57, the Premiere grew fins and added several inches of girth and several hundred pounds of weight to compete more on Cadillac's turf. At the same time, the good handling and performance of the earlier cars was retained—engine displacement actually was increased to maintain the performance. As a collector car, these Lincolns probably are a little under-appreciated. As a driver's car, they are better than the comparable Cadillacs and Imperials, although Imperial has a slight edge in straight-line performance.

1958-1960 Premiere and Continental

These were not from the form-follows-function school of styling. The behemoths resemble rolling architecture more than automobiles. Heavy and gadget-laden and with poor fuel economy, these cars are among the best examples of Detroit excess, and that alone makes them collectable.

1961-1963 Lincoln Continental

Available only in four-door hardtop and four-door convertible body styles, these handsome and restrained-looking cars were the antithesis of their overblown predecessors. They were so attractive that the basic styling was retained throughout the Sixties with only mild facelifts. Highly collectible.

1968 Continental Mark III

Lincoln introduced this as an attempt to capitalize on the original Continental and Mark II. An immediate hit in the luxury car field, it probably was not as good a car nor anywhere near as limited in production as the first Continentals and the Mark II. Nevertheless, it was a very big commercial success and has its devotees among collectors today.

MERCURY

1949-1951 Mercury

The 1949 two-door sedan was Mercury's first postwar body design and, unlike the 1941-1948 Mercury, its body shell was shared with Lincoln rather than Ford. It looks low and menacing—even without the "chopped top" applied by so many 1950s customizers. If you can find a 1949-50 2-door today that hasn't been customized, it is a desirable collector piece. Having a starring role with James Dean in Rebel Without A Cause helps promote their collectability and gives you a talking point if you own one.

1954-1955 Sun Valley

This was the Mercury version of Ford's Skyliner. It had a hardtop with plexiglass insert in the front half. The year 1954 was the first for Mercury's new overhead valve V-8 and balljoint front suspension.

1967-1968 Cougar

The Cougar was Mercury's Mustang and had a longer wheelbase than the Mustang and hidden headlights. All Mustang V-8s were available on the Cougar, as were performance suspensions. A good alternative to the Mustang, it is usually less expensive in today's market.

METROPOLITAN

Powered by a British four-cylinder engine from the same family as the MG, this car was produced in 1954 first as a Nash and continued after the merger of Nash and Hudson. Styling was Fifties "cute."

OLDSMOBILE

1949 Olds Futuramic 88

1949 was the second year of Olds' new styling but the first for the new overhead valve V-8. The first of the big-engined small cars, this was the early 1950's quickest car and promptly became a favorite at the nation's racetracks. Convertibles are the preferred body style.

1961-1966 Starfire

First available as a convertible only and later as a two-door hardtop. Special styling and Oldsmobile's largest V-8 were part of the package. Big, beautiful and a good performer, the Starfire is a good collector car which has been somewhat overshadowed in the marketplace by later Olds Muscle Cars.

1962-1963 F-85 Jetfire

The compact Olds had an aluminum V-8 engine and, in this model, one of the first turbocharger applications. It had excellent performance but questionable reliability.

1964-1972 Olds 442

With a big V-8 in a mid-sized body, this was Oldsmobile's Muscle Car. Its performance peaked with the 1970 455-cubic-inch W-30 model. Not as gaudy as some of the competition, the 442 always was a well-balanced car with handling to match the straight-line performance.

1966-1967 Toronado

The 1966 Toronado represented the return of front-wheel drive in America. Oldsmobile's personal luxury car, it was designed to compete with Thunderbird and Riviera. The unique styling of the 1966-1967 models emphasized the front-wheel drive layout of the car and is preferred by collectors over later restyled versions.

PACKARD

1946-1948 Custom and Super Clippers

Here were the continuation of the very smoothly styled prewar Clippers. The Custom and Super models used the big 356 cubic-inch straight eight and gave excellent performance for the time.

1953-1956 Caribbeans

Caribbeans were very posh convertibles. They were offered with the straight eight in 1953-1954 and restyled and V-8-powered in 1955. The new-for-1955 cars included elaborate torsion bar suspension, with interconnection and self-leveling.

PLYMOUTH

1956-1957 Fury

The Fury was Plymouth's first performance car. The 1956 model was offered only in white with gold anodized aluminum trim. As with other Chrysler Corporation performance cars (Chrysler 300, Dodge D-500), this was a complete package, with suspension, brakes and tires upgraded to match the engine. The 1957 model, with new styling and revised chassis with torsion bar suspension, was particularly attractive.

1964-1966 Barracudas

These had fastback styling on the Valiant's platform. A high-performance 273 cubic inch V-8 was offered as an option.

1966 Hemi Satellite

The Satellite was a new intermediate-sized Plymouth. It had the second-generation hemi engine with an under-rated 425 horsepower.

1968-1970 Roadrunner

This was your bargain basement, minimum-cost Muscle Car, using intermediate Belvedere body, minimal trim and Chrysler's biggest engines, from 383 cubic inches up to the 426 hemi. The Roadrunner horn and decals were part of the package.

1970 'Cuda and Hemi 'Cuda

Cudas were Plymouth's answer to the Mustang. It arrived five years late but was available with Chrysler's biggest power plant, the Hemi, or in the AAR version, with a high performance 340-cubic-inch three two-barrel carburetor engine.

Sidelight: Collector car auctioneer Rick Cole predicts the 1970-71 'Cuda convertible 440 "six-pack" will sell in the $75,000 to $175,000 range. Calling it "the top-of-the-line model in Plymouth's 'Rapid Transit System' of the early 1970s," Cole says that the limited number produced, "combined with 'rocket-like' performance, makes this the ultimate Muscle Car."

PONTIAC

1957-1958 Bonneville

This was first offered in 1957 as a limited production convertible and was expanded the following year to include a hardtop version. A few were made in 1958 with fuel injection.

1962-1964 Grand Prix

This version was brought out to compete in the Thunderbird personal luxury car niche. It offered attractive and restrained styling, beautiful cast aluminum wheels, and the option of a 421-cubic-inch V-8.

1961-1963 Tempests

One of the three mid-priced intermediates introduced for Buick, Olds and Pontiac in 1961, the Tempest was unique in offering a slant four (half of the Pontiac V-8) and flexible curved drive shaft leading to rear-mounted transaxle.

1964-1967 GTO

The GTOs generally were credited with being the first of the Muscle Cars, using Pontiac's big car V-8 in an intermediate body shell. Its Tri-Power option (three two-barrel carburetors) was the most popular engine.

1967-1969 Firebirds

Firebirds were Pontiac's Pony Car, sharing their bodies with the Chevrolet Camaro but with their own engine line-up, including the now-rare overhead camshaft in-line six.

Ten Collector
Car Sleepers

Finally, here is our list of **Ten Collector Car Sleepers**. One caveat — they are in no particular order.

(1) 1948 Cadillac Convertible... Last of the flathead V-8s in a new postwar body style. Still featured the prewar quality — leather, pot metal rather than plastic, nice little touches like the gas filler door under the taillight.

(2) 1950 Olds 88 Futuramic Club Coupe... The first big overhead valve V-8 in a lightweight body, and is the lightest of the 88s.

(3) 1954 Mercury Sun Valley Hardtop... Love that clear plastic roof, and the overall styling is great.

(4) 1957 Chrysler New Yorker... 392 cubic inches of hemi power, the world's largest fins, and luxury to boot. The 300 Series has reached astronomical prices, but the New Yorker gives you most of the same features without the high price. Watch out for rust and water leaks.

(5) 1961 Pontiac Catalina with tri-power (3 two-barrel carburetors)... This was a real drag strip performer in the days when everyone raced the full-sized cars and Muscle Cars had yet to be invented. Available with beautiful cast aluminum wheels, four-speed transmission, and light airy styling of the roofline.

(6) 1963-1964 Falcon Sprint Convertible... Overshadowed by its popular stablemate, the Mustang, the Sprint caries the same 260-or 289-cubic-inch lightweight V-8 and makes a delightful daily driver.

(7) 1970 Buick GS 455... Not the most popular of Muscle Cars, it's already pretty expensive. These things really go and you get Buick assembly quality at no extra cost.

(8) 1968-69 Dodge Dart GTS... Small in size, light in weight and very strong 340-cubic-inch V-8. Not as popular as GM's and Ford's comparable products, the GTS is a better performer and should appreciate as Muscle Cars continue to get more scarce.

(9) 1961-62 Cadillac Series 62 Convertible... Not as over-decorated as the Biarritz convertibles, and produced in higher volumes, so the price never will appreciate as much, either. Nonetheless, the cleaner styling makes these very nice alternatives at a lower price.

(10) 1967-68 Mercury Cougar XR-7... Mustang's bigger brother and arguably a better-looking car. Available with 390-cubic-inch V-8 engine before Mustang had it. Also available with leather seating. Destined to appreciate more than run-of-the-mill Mustangs but costs less now.

And one to grow on — **1965-66 Corvair Corsa Convertible**... Technically the best Corvair and the styling is attractive, too. Has not yet appreciated to the level that its features should support.

Market Prices:

About This Price Data

The price data in this book is supplied by Value Track™, by Automobile Investment Services, the most comprehensive data base available on the classic car market. These prices, supplied by Automobile Investment Services, have been carefully researched, compiled and statistically analyzed, and are accurate as of the date of publication. However, neither the publisher nor Automobile Investment Services assumes any responsibility for errors of omission or commission or future changes in the marketplace.

Methodology

The price data contained in this book is the result of thousands of hours of research on all areas of the collector car marketplace — wholesale, retail, auctions, dealers, private parties, regional and national classifieds, clubs, shows, and other hobby sources. A wide range of sources is needed to get a clear picture of the entire market. All data collection and compilation is computer assisted. This allows us to draw upon a huge statistical base — assuring accurate values that you can rely on.

It is important to keep in mind that the values you see here represent market values — not book values, not appraised values, not asking prices and not auction results.

Please note that certain small manufacturers and models are excluded, such as Kaiser, DeSoto and Studebaker, because the market interest in them does not allow adequate statistical analysis.

How to Use the Price Statistics

1.) Determine the exact make, year, model, line and body style. For example: 1963 Chevrolet (year and make), Chevelle (model), Malibu SS (line), 2dr Convertible (style).
2.) Have the car inspected. (See Chapter VI for tips on how to inspect a car and what to look for.) Based upon the inspection of the car, determine what its relative condition is on a scale of 1 to 5 (1 = Best, 5 = Worst; see the Condition Guide below).
3.) Look up the year and make of the car in the following section of this book. The section is in alphabetical order by car make. Within each make, the listings are in year order, oldest first.

4.) Find the line in the listings for the car's exact model, line and body style. The current market value of the basic car is listed in one of the columns under the Relative Condition, depending on the actual condition of this car. For example, if, upon inspection, the relative condition of the 1965 Chevelle Malibu SS 2-door convertible is judged to be a 2, its base value is $12600.

5.) Determine the size of the car's engine and check for an Engine Options box which may be at the end of the price listings for that car make and year. If there is a box and your car's engine is listed, add or subtract the percentage of the basic car value listed under the Relative Condition by the amount indicated. For example, if the Malibu has a 6-cylinder engine, then the Engine Options box instructs us to deduct 25% from the $12600 base price: 25% of $12600 = $3150. $12600 - $3150 = $9450 total market value for that car. If the Malibu has a 283 cubic inch, 220 horsepower engine, then the Engine Options box indicates a 10% addition to the base price: 10% of $12600 = $1260. $12600 + $1260 = $13860 theoretical market value for that car in that condition. If there were no Engine Options box for that make and year, or if the engine in the car is not listed in the Engine Options box, then the price listed under the Relative Condition column, $12,600, is the market value.

6.) Consider whether the car has any special flaws or additional features not covered in the Condition Guidelines which would be likely to affect its market value. For example, if our Malibu needs a new set of tires, which will cost $300, and $250 worth of repairs to the suspension, we should subtract these costs from our estimate of the actual value of the car. (See the Sample Work Sheet below.)

7.) Use the market value you have arrived at by adding up (or subtracting) the factors in paragraphs 4, 5, and 6 as a starting point for price negotiations for the particular car in question. Don't forget to take into account both the trends in the classic car marketplace as well as the actual condition of the car. Remember that the market values computed from the statistics in this book are only a guide. In the end, only the buyer and seller can negotiate the actual value of any individual car.

Sample Classic Car Value Calculation Work Sheet:			
1965 Chevrolet Chevelle Malibu SS 2 dr convertible, 6 cylinder, Relative Condition 2			
Listed Current Market Value:			$12600
Engine Options:	283-220 hp +10%	$12600 x .10 = $1260	+1260
Other Factors:	Needs 4 New Tires	4 x $100 = $400	-400
Other Factors:	Suspension Repairs		-250
Final Estimated Value:			$13210

Condition Guide

An important factor in determining the correct value for an automobile is to assign a realistic condition grade. Many owners sometimes get carried away or overly enthusiastic when describing their car as "mint." Most nice, older automobiles owned by the casual hobbyist as a weekend driver are about a strong #3 grade. This is still a good, solid, presentable car — but no means "mint." To be truly "mint" or #1 grade, a car has to be detailed in, out and under, have gorgeous paint, drive as new and have virtually no imperfections. It is, in short, almost a new car. When you apply these standards, the number of so called mint cars drops substantially.

In addition, you should keep in mind that the values associated with each condition grade are for stock original cars — no modifications that alter the way the car was delivered from the factory.

To help you determine the correct condition grade to apply, use the condition key below.

#1 EXCELLENT: A nearly perfect original or a very well (and expensively) restored vehicle. Any flaws are trivial and everything works as new. All parts are original or are excellent reproductions. Vehicle should perform as it did when new.

#2 VERY GOOD: A very presentable vehicle inside and out showing minimal wear. Some detailing is apparent, such as under hood and trunk, and the paint should sparkle and have few imperfections. Motor should be smooth and quiet, and the vehicle should drive extremely well.

#3 GOOD: Body and interior show some wear but, overall, the car is still presentable inside and out. May not be detailed, has a scratch here and ding there, but paint overall should have a respectable finish. Should not have any rust. Vehicle runs and drives well but may need minor mechanical attention.

#4 FAIR: Runs and drives OK but needs substantial work (both cosmetic and mechanical) to bring to a #3 grade. May have some surface rust, but is still basically a solid car.

#5 POOR: Needs complete restoration. May or may not run and be driveable but in any case is not a roadworthy vehicle. May have rust but not to the point of affecting the structural integrity of the vehicle. A complete car only for the ambitious among us.

Engine Options Abbreviations

The engine options boxes contain a number of abbreviations for the size (in cubic inches of displacement) and power ratings of various engines for that make and model year in that section. For example, 327-250hp means a 327 cubic inch engine rated at 250 horsepower.

The notation (FI) stands for Fuel Injection.

A parenthesis containing a number followed by an "x", a number and a "v" indicates the number of carburetors and valves. For example, (3x2v) stands for a three 2-valve carburetors.

Fastest Appreciating Cars By Make
For Cars in #1 Relative Condition Only

Fastest Appreciating Buicks:	1/87-7/90
1. 1958 Limited convertible	269%
2. 1958 Limited 2-Door hardtop	184%
3. 1958 Roadmaster convertible	182%
4. 1958 Century convertible	156%
5. 1954 Skylark convertible	137%
6. 1971 GS 455 convertible	136%
7. 1972 GS 455 convertible	134%
8. 1970 Gran Sport GSX hardtop	131%
9. 1958 Special convertible	130%
10. 1953 Skylark convertible	129%

Fastest Appreciating Chryslers	1/87-7/90
1. 1961 300 hardtop	193%
2. 1960 300 hardtop	190%
3. 1960 Crown Imperial convertible	188%
4. 1957 Crown Imperial convertible	184%
5. 1959 Crown Imperial convertible	175%
6. 1960 300 convertible	174%
7. 1958 Crown Imperial convertible	171%
8. 1959 300 hardtop	167%
9. 1959 300 convertible	164%
10. 1957 300 hardtop	158%

Fastest Appreciating Cadillacs	1/87-7/90
1. 1962 Eldorado Biarritz convertible	348%
2. 1959 Series 62 convertible	296%
3. 1959 Eldorado Biarritz convertible	295%
4. 1961 Eldorado Biarritz convertible	294%
5. 1962 Series 62 convertible	288%
6. 1960 Eldorado Biarritz convertible	286%
7. 1963 Eldorado Biarritz convertible	232%
8. 1961 Series 62 convertible	232%
9. 1964 Eldorado convertible	217%
10. 1960 Series 62 convertible	203%

Fastest Appreciating Dodges	1/87-7/90
1. 1970 Challenger T/A hardtop	188%
2. 1970 Challenger R/T convertible	147%
3. 1969 Charger 500 hardtop	146%
4. 1970 Charger Daytona hardtop	143%
5. 1961 Polara convertible	127%
6. 1971 Challenger R/T hardtop	126%
7. 1968 Coronet R/T convertible	122%
8. 1970 Challenger R/T hardtop	119%
9. 1970 Challenger convertible	114%
10. 1971 Challenger convertible	113%

Fastest Appreciating Chevrolets	1/87-7/90
1. 1969 Impala SS convertible	165%
2. 1970 Chevelle SS convertible	160%
3. 1968 Chevelle SS convertible	152%
4. 1953 Corvette roadster	148%
5. 1969 Chevelle SS convertible	144%
6. 1958 Impala convertible	143%
7. 1959 Impala convertible	138%
8. 1960 Impala convertible	138%
9. 1966 Corvette roadster	135%
10. 1969 Impala SS 2-dr. hardtop	135%

Fastest Appreciating Fords	1/87-7/90
1. 1969 Mustang Boss 429 fastback	362%
2. 1970 Mustang Boss 429 fastback	354%
3. 1971 Mustang Boss 351 fastback	183%
4. 1969 Torino Talladega fastback	171%
5. 1958 Fairlane 500 Skyliner retractable	161%
6. 1963 Thunderbird convertible	154%
7. 1962 Thunderbird convertible	153%
8. 1959 Galaxie Skyliner retractable	153%
9. 1958 Fairlane 500 convertible	152%
10. 1966 Galaxie 500 7-litre convertible	150%

Fastest Appreciating Cars By Make
For Cars in #1 Relative Condition Only

Fastest Appreciating Lincolns	1/87-7/90
1. 1957 Premiere 2-Door hardtop	127%
2. 1957 Premiere convertible	113%
3. 1953 Capri convertible	108%
4. 1954 Capri convertible	107%
5. 1952 Capri convertible	102%
6. 1954 Capri 2-Door hardtop	94%
7. 1955 Capri convertible	86%
8. 1958 Continental Mark III convertible	84%
9. 1949 Cosmopolitan convertible	84%
10. 1956 Premiere convertible	83%

Fastest Appreciating Packards	1/87-7/90
1. 1955 Carribean convertible	119%
2. 1956 Carribean convertible	115%
3. 1953 Carribean convertible	106%
4. 1954 Carribean convertible	98%
5. 1949 Custom 8 convertible	77%
6. 1956 400 2-door hardtop	75%
7. 1950 Custom 8 convertible	73%
8. 1950 Super 8 Deluxe convertible	69%
9. 1954 Packard 8 convertible	66%
10. 1955 400 2-door hardtop	65%

Fastest Appreciating Mercurys	1/87-7/90
1. 1959 Parklane convertible	197%
2. 1957 Turnpike Cruiser convertible	177%
3. 1969 Cyclone CJ hardtop	142%
4. 1970 Cyclone Spoiler hardtop	131%
5. 1956 Monterey 2-dr. hardtop	126%
6. 1959 Monterey convertible	124%
7. 1953 Monterey convertible	117%
8. 1952 Monterey convertible	115%
9. 1970 Cyclone hardtop	111%
10. 1954 Monterey convertible	107%

Fastest Appreciating Plymouths	1/87-7/90
1. 1970 Cuda AAR hardtop	257%
2. 1970 Cuda convertible	206%
3. 1970 Superbird hardtop	184%
4. 1968 GTX convertible	183%
5. 1969 GTX convertible	183%
6. 1971 Cuda convertible	172%
7. 1967 GTX convertible	165%
8. 1970 Cuda hardtop	159%
9. 1969 Road Runner convertible	157%
10. 1970 Barracuda convertible	156%

Fastest Appreciating Oldsmobiles	1/87-7/90
1. 1961 Starfire convertible	219%
2. 1958 98 convertible	179%
3. 1958 98 2-dr. hardtop	176%
4. 1962 Starfire convertible	171%
5. 1959 98 convertible	170%
6. 1958 Super 88 convertible	162%
7. 1956 Super 88 convertible	140%
8. 1968 442 2-dr. sedan	137%
9. 1960 98 convertible	136%
10. 1960 Super 88 convertible	136%

Fastest Appreciating Pontiacs	1/87-7/90
1. 1958 Bonneville convertible	301%
2. 1958 Bonneville hardtop	216%
3. 1958 Star Chief 2-door hardtop	146%
4. 1957 Bonneville convertible	143%
5. 1964 GTO convertible	143%
6. 1965 GTO convertible	135%
7. 1970 GTO Judge hardtop	127%
8. 1964 GTO hardtop	126%
9. 1965 GTO hardtop	126%
10. 1966 GTO convertible	126%

Fastest Appreciating Top Forty Cars — All Makes
For Cars in #1 Relative Condition Only

Value-Track's Top Forty (1/87 Through 7/90)	$ Increase	% Increase	Current Price
1. 1969 Ford Boss 429 Mustang fastback	$39,200	362%	$50,025
2. 1970 Ford Boss 429 Mustang fastback	39,400	354%	$50,525
3. 1962 Cadillac Eldorado Biarritz convertible	31,850	348%	$41,000
4. 1959 Cadillac Series 62 convertible	47,250	296%	$63,225
5. 1958 Pontiac Bonneville convertible	43,600	295%	$58,350
6. 1959 Cadillac Eldorado Biarritz convertible	69,225	295%	$92,650
7. 1961 Cadillac Eldorado Biarritz convertible	30,875	294%	$41,375
8. 1965 Shelby GT350 fastback	55,425	292%	$74,425
9. 1962 Cadillac Series 62 convertible	22,000	288%	$29,625
10. 1960 Cadillac Eldorado Biarritz convertible	61,150	286%	$82,525
11. 1958 Buick Limited convertible	36,675	269%	$50,300
12. 1970 Plymouth Cuda AAR hardtop	16,400	257%	$22,775
13. 1969 Shelby GT500 convertible	53,000	252%	$74,000
14. 1970 Shelby GT500 convertible	52,500	241%	$74,300
15. 1970 Shelby GT350 convertible	43,275	235%	$61,675
16. 1963 Cadillac Eldorado Biarritz convertible	21,750	233%	$31,100
17. 1961 Cadillac Series 62 convertible	20,675	232%	$29,575
18. 1969 Shelby GT350 convertible	41,000	227%	$59,000
19. 1961 Oldsmobile Starfire convertible	17,175	219%	$25,025
20. 1964 Cadillac Eldorado convertible	21,075	217%	$30,800
21. 1958 Pontiac Bonneville 2-dr. hardtop	22,150	213%	$32,550
22. 1970 Plymouth Cuda convertible	15,025	206%	$22,300
23. 1968 Shelby GT350 convertible	39,050	205%	$58,050
24. 1960 Cadillac Series 62 convertible	30,425	203%	$45,400
25. 1959 Cadillac Series 62 2-dr. hardtop	13,275	202%	$19,825
26. 1968 Shelby GT500 KR convertible	50,975	200%	$76,475
27. 1959 Mercury Parklane convertible	13,725	197%	$20,675
28. 1958 Cadillac Series 62 convertible	22,250	194%	$33,700
29. 1961 Chrysler 300 hardtop	18,200	193%	$27,625
30. 1957 Pontiac Bonneville convertible	39,525	193%	$60,025
31. 1960 Chrysler 300 hardtop	18,675	190%	$31,925
32. 1960 Chrysler Crown Imperial convertible	19,425	188%	$33,325
33. 1970 Dodge Challenger T/A hardtop	14,075	188%	$21,575
34. 1957 Chrysler Crown Imperial convertible	19,700	184%	$34,050
35. 1970 Plymouth Superbird hardtop	27,100	184%	$41,825
36. 1958 Buick Limited 2-dr. hardtop	10,100	183%	$15,600
37. 1971 Ford Mustang Boss 351 fastback	15,375	183%	$23,750
38. 1968 Plymouth GTX convertible	16,075	183%	$24,875
39. 1969 Plymouth GTX convertible	15,800	183%	$24,450
40. 1958 Buick Roadmaster convertible	19,625	182%	$30,425

BUICK

MODEL	LINE	STYLE	Relative Condition: Worse ↔ Better				
			⑤	④	③	②	①
1946							
Special		4dr Sedan	950	1900	3375	4875	6800
Special		2dr Sedan	950	1900	3575	4950	6650
Super		4dr Sedan	975	1975	3500	5125	6925
Super		2dr Sedan	1150	2200	4000	5625	8025
Super		2dr Convertible	3250	6350	11225	15725	22525
Roadmaster		4dr Sedan	1200	2450	4150	6100	8700
Roadmaster		2dr Sedan	1250	2525	4375	6325	9050
Roadmaster		2dr Convertible	4475	8675	15000	21450	28875
1947							
Special		4dr Sedan	975	1950	3375	4775	6750
Special		2dr Sedan	1050	2150	3775	5225	7425
Super		2dr Sedan	1075	2250	3850	5350	7575
Super		4dr Sedan	925	1950	3475	4975	7050
Super		2dr Convertible	3575	6850	12100	17200	23375
Roadmaster		4dr Sedan	1275	2450	4250	6025	8550
Roadmaster		2dr Sedan	1275	2500	4575	6375	8925
Roadmaster		2dr Convertible	4550	8750	15450	22125	30325
1948							
Special		4dr Sedan	950	1975	3425	4825	6800
Special		2dr Sedan	1050	2200	3850	5325	7425
Super		2dr Sedan	1125	2275	4025	5550	7875
Super		4dr Sedan	1000	2000	3475	5025	7025
Super		2dr Convertible	3825	7375	13300	18200	24725
Roadmaster		4dr Sedan	1150	2325	4100	5775	8100
Roadmaster		2dr Sedan	1250	2600	4425	6175	8875
Roadmaster		2dr Convertible	5125	10325	17875	24025	33000
1949							
Special		4dr Sedan	975	2075	3600	5000	7100
Special		2dr Sedan	1100	2350	4125	5775	8250
Super		2dr Sedan	1150	2400	4300	6025	8575
Super		2dr Convertible	3300	6950	12250	16850	24075
Roadmaster		4dr Sedan	1225	2550	4425	6325	8950
Roadmaster		2dr Sedan	1350	2775	5175	7625	10800
Roadmaster		2dr Hardtop	3025	5500	10250	14325	21100
Roadmaster		2dr Convertible	4575	9000	16225	22600	31800
1950							
Special	Business Coupe	2dr Sedan	800	1600	2800	3925	5625
Special		2dr Sedan	875	1725	3025	4225	5975
Special		4dr Sedan	850	1725	2900	4100	5825

BUICK

MODEL	LINE	STYLE	5	4	3	2	1
1950							
Special		4dr Fastback	925	1900	3300	4425	6275
Special Deluxe		2dr Sedan	900	1825	3200	4425	6350
Special Deluxe		4dr Sedan	875	1725	3025	4325	6150
Special Deluxe		4dr Fastback	925	1950	3450	4825	6775
Super		4dr Sedan	900	1875	3325	4725	6575
Super		2dr Sedan	925	1950	3475	5025	7175
Super		2dr Hardtop	1425	2925	5000	6850	9700
Super		2dr Convertible	2625	5375	9950	13950	19150
Roadmaster		2dr Convertible	3450	6750	11675	16375	23650
Roadmaster		2dr Hardtop	2000	3950	7150	9675	12950
Roadmaster		2dr Sedan	1275	2675	4825	6450	9200
Roadmaster		4dr Sedan	950	2000	3600	5025	7100
1951							
Special		4dr Sedan	775	1475	2650	3775	5375
Special		2dr Sedan	800	1500	2725	4000	5650
Special		2dr Hardtop	1000	2025	3875	5400	7400
Special	Business Coupe	2dr Sedan	825	1650	2925	4225	6025
Special Deluxe		2dr Hardtop	1225	2600	4550	6250	8725
Special Deluxe		2dr Sedan	825	1550	2900	4175	5850
Special Deluxe		4dr Sedan	775	1475	2650	3750	5375
Special Deluxe		2dr Convertible	2225	4800	9375	12800	17950
Super		2dr Convertible	3000	5825	11000	15150	20375
Super		2dr Hardtop	1425	2750	5025	7125	10150
Super		4dr Sedan	1050	2125	3975	5525	7650
Super		2dr Sedan	1150	2325	4075	5825	8350
Roadmaster		4dr Sedan	1225	2500	4725	6725	8950
Roadmaster		2dr Hardtop	1600	3325	5925	7975	11150
Roadmaster		2dr Convertible	3400	6350	11450	16175	23625
1952							
Special		4dr Sedan	700	1475	2575	3775	5375
Special		2dr Hardtop	1000	2175	3700	5425	7600
Special Deluxe		4dr Sedan	775	1575	2700	3725	5375
Special Deluxe		2dr Sedan	800	1625	2825	3950	5675
Special Deluxe		2dr Hardtop	1300	2625	4675	6575	9100
Special Deluxe		2dr Convertible	2725	5350	10000	14300	19850
Super		2dr Convertible	2925	6150	11000	15675	21400
Super		4dr Sedan	950	2000	3575	5025	7075
Super		2dr Hardtop	1450	2800	5100	7600	10650
Roadmaster		2dr Hardtop	1625	3300	6400	8700	11975

BUICK

MODEL	LINE	STYLE	5	4	3	2	1
1952							
	Roadmaster	4dr Sedan	1125	2250	4000	5600	7950
	Roadmaster	2dr Convertible	3425	7450	13150	17425	25100
1953							
	Special	4dr Sedan	725	1400	2525	3575	5200
	Special	2dr Sedan	725	1500	2725	3800	5550
	Special	2dr Hardtop	1200	2325	4225	6125	8675
	Special	2dr Convertible	2475	5075	9675	13375	18475
	Super	2dr Convertible	2675	5500	10175	14700	21125
	Super	4dr Sedan	800	1700	3000	4200	6000
	Super	2dr Hardtop	1225	2525	4950	6875	9200
	Roadmaster	4dr Sedan	925	1825	3400	4950	6875
	Roadmaster	2dr Hardtop	1625	3400	6500	8575	11925
	Roadmaster	2dr Convertible	4075	8100	14275	19850	27575
	Skylark	2dr Convertible	10000	17325	28100	37575	48600
1954							
	Special	2dr Convertible	2900	6000	10475	14700	20600
	Special	2dr Hardtop	1425	2875	5500	7400	10275
	Special	2dr Sedan	725	1475	2675	3700	5200
	Special	4dr Sedan	675	1275	2225	3300	4650
	Century	4dr Sedan	750	1550	2950	4000	5525
	Century	2dr Hardtop	1750	3700	7200	9500	13875
	Century	2dr Convertible	3500	7250	13200	17950	24725
	Super	2dr Convertible	3025	6425	11975	15975	22575
	Super	2dr Hardtop	1425	3075	6000	8075	11125
	Super	4dr Sedan	725	1475	2800	3925	5550
	Roadmaster	4dr Sedan	900	1800	3400	4675	6675
	Roadmaster	2dr Hardtop	1850	3775	7150	9950	13450
	Roadmaster	2dr Convertible	4100	8100	14875	20775	28675
	Skylark	2dr Convertible	9700	15700	26125	34700	43725
1955							
	Special	4dr Sedan	600	1225	2275	3250	4625
	Special	4dr Hardtop	950	1825	3500	4975	6950
	Special	2dr Sedan	700	1300	2600	3650	5175
	Special	2dr Hardtop	1400	2700	4900	7025	9850
	Special	2dr Convertible	2700	5300	10825	13725	18700
	Century	4dr Sedan	600	1350	2525	3625	5125
	Century	4dr Hardtop	1050	2225	4275	6100	8275
	Century	2dr Hardtop	1600	3525	7325	10125	13550
	Century	2dr Convertible	3475	6725	12175	16800	22950

65

BUICK

MODEL	LINE	STYLE	Relative Condition: Worse ↔ Better				
			❺	❹	❸	❷	❶
1955							
	Super	4dr Sedan	675	1450	2550	3550	5100
	Super	2dr Hardtop	1575	3125	5875	7950	11125
	Super	2dr Convertible	3275	6525	11875	14250	20350
	Roadmaster	4dr Sedan	775	1575	3050	4325	6000
	Roadmaster	2dr Convertible	4050	8650	15025	21000	28175
	Roadmaster	2dr Hardtop	2000	4150	8075	10825	14750
1956							
	Special	4dr Sedan	600	1225	2275	3225	4650
	Special	2dr Sedan	600	1325	2575	3625	5125
	Special	4dr Hardtop	925	1850	3550	4975	6950
	Special	2dr Hardtop	1425	2825	5075	7050	9950
	Special	2dr Convertible	2875	6450	12150	16425	23125
	Super	4dr Sedan	675	1400	2575	3550	5100
	Super	2dr Convertible	3300	6525	12375	14825	21600
	Super	4dr Hardtop	1000	2000	4150	5825	7925
	Super	2dr Hardtop	1575	3275	6050	8100	11900
	Century	4dr Hardtop	1025	2275	4350	6325	8400
	Century	2dr Hardtop	1850	3675	7800	11175	14875
	Century	2dr Convertible	3500	6950	13200	18350	24725
	Roadmaster	4dr Sedan	875	1700	3225	4500	6325
	Roadmaster	4dr Hardtop	1100	2650	4925	6775	8925
	Roadmaster	2dr Hardtop	1975	4250	8025	11200	16075
	Roadmaster	2dr Convertible	4125	8600	15250	21225	28250
1957							
	Special	4dr Sedan	600	1100	2050	3050	4300
	Special	4dr Hardtop	775	1450	2700	3825	5375
	Special	2dr Sedan	650	1225	2375	3375	4700
	Special	2dr Hardtop	1250	2475	4400	6300	8825
	Special	2dr Convertible	2650	5775	10375	14500	19450
	Century	4dr Sedan	600	1200	2325	3275	4575
	Century	4dr Hardtop	850	1750	3500	4900	6750
	Century	2dr Hardtop	1700	3625	6450	8725	12025
	Century	2dr Convertible	4025	7825	14075	18850	24750
	Super	4dr Hardtop	850	1725	3425	4725	6375
	Super	2dr Hardtop	1575	3025	5775	8125	11175
	Super	2dr Convertible	3275	6900	11925	16750	23000
	Roadmaster	4dr Hardtop	975	2075	4000	5625	7775
	Roadmaster	2dr Hardtop	1900	4150	8125	10875	15050
	Roadmaster	2dr Convertible	4250	8675	15075	20100	28450

BUICK

MODEL	LINE	STYLE	5	4	3	2	1
1958							
Special		4dr Sedan	550	1175	2325	3125	4525
Special		2dr Sedan	650	1275	2525	3350	4750
Special		4dr Hardtop	675	1475	2650	3750	5250
Special		2dr Hardtop	1250	2575	4750	6725	9000
Special		2dr Convertible	3325	6250	11175	15375	20525
Century		4dr Sedan	625	1225	2325	3350	4675
Century		4dr Hardtop	875	1650	3075	4350	6025
Century		2dr Hardtop	1400	3125	5675	8000	10475
Century		2dr Convertible	3450	6800	12975	18400	24425
Super		4dr Hardtop	775	1700	3000	4075	5750
Super		2dr Hardtop	1400	2875	5150	7475	10350
Roadmaster		4dr Hardtop	1200	2250	3875	5450	7575
Roadmaster		2dr Hardtop	2225	4350	8025	10800	15150
Roadmaster		2dr Convertible	5000	10175	16400	22225	30425
Limited		4dr Hardtop	1400	2975	5325	7200	9325
Limited		2dr Hardtop	2600	5250	9100	12475	15600
Limited		2dr Convertible	8075	15100	28275	39175	50300
1959							
Lesabre		4dr Sedan	525	1075	1975	2925	4050
Lesabre		2dr Sedan	550	1100	2075	3050	4300
Lesabre		4dr Hardtop	700	1350	2625	3725	5100
Lesabre		2dr Hardtop	925	2100	4025	5650	7400
Lesabre		2dr Convertible	2600	4925	8900	11875	17075
Invicta		4dr Sedan	575	1125	2175	3125	4350
Invicta		4dr Hardtop	725	1525	2975	4275	5650
Invicta		2dr Hardtop	1025	2175	4250	6050	8300
Invicta		2dr Convertible	3100	5500	10025	13925	19075
Electra		4dr Sedan	750	1425	2725	3750	5350
Electra		4dr Hardtop	975	1900	3500	4950	7000
Electra		2dr Hardtop	1375	2900	5025	6925	9475
Electra 225		4dr Sedan	900	1800	3275	4700	6600
Electra 225		4dr Hardtop	1175	2225	4100	5650	8075
Electra 225		2dr Convertible	4100	7325	12550	17300	24000
1960							
Lesabre		2dr Sedan	575	1150	2050	2975	4300
Lesabre		4dr Sedan	525	1100	2000	2850	4050
Lesabre		4dr Hardtop	700	1325	2575	3650	5025
Lesabre		2dr Hardtop	950	2075	4000	5750	7150
Lesabre		2dr Convertible	2475	4850	8575	11700	16125

BUICK

MODEL	LINE	STYLE	Relative Condition: Worse ↔ Better				
			❺	❹	❸	❷	❶
1960							
Invicta		4dr Sedan	575	1150	2225	3250	4475
Invicta		4dr Hardtop	725	1550	3000	4175	5575
Invicta		2dr Hardtop	1050	2150	4325	6250	8225
Invicta		2dr Convertible	3075	5450	10075	13675	19500
Electra		4dr Sedan	750	1425	2750	3775	5325
Electra		4dr Hardtop	975	1925	3575	4875	6925
Electra		2dr Hardtop	1325	2900	5275	7050	9400
Electra 225		4dr Sedan	900	1825	3225	4675	6575
Electra 225		4dr Hardtop	1175	2250	4125	5725	8050
Electra 225		2dr Convertible	4025	7350	12900	18300	24350
1961							
Special		4dr Sedan	525	1050	1825	2475	3500
Special		2dr Sedan	625	1150	2050	2625	3750
Special	Skylark	2dr Hardtop	825	1600	3000	4250	5875
Lesabre		4dr Sedan	525	1100	2100	2900	3950
Lesabre		2dr Sedan	550	1225	2200	3175	4200
Lesabre		4dr Hardtop	700	1325	2350	3375	4800
Lesabre		2dr Hardtop	800	1650	3200	4375	6150
Lesabre		2dr Convertible	1925	3925	7500	10050	14100
Invicta		4dr Hardtop	750	1475	2550	3725	5200
Invicta		2dr Hardtop	975	2000	3675	5200	7475
Invicta		2dr Convertible	2300	4475	8050	11300	15725
Electra		4dr Sedan	675	1425	2500	3475	5025
Electra		4dr Hardtop	750	1550	2725	3800	5600
Electra		2dr Hardtop	1100	2450	4400	6075	8325
Electra 225		4dr Sedan	700	1400	2650	3725	5300
Electra 225		2dr Convertible	2725	5500	10300	14275	19875
1962							
Special		4dr Sedan	500	1000	1900	2700	3800
Special		2dr Sedan	525	1125	2025	2850	4125
Special		2dr Convertible	1225	2425	4050	5775	8050
Skylark		2dr Hardtop	700	1550	3200	4500	6075
Skylark		2dr Convertible	1500	3025	5425	7325	9825
Lesabre		2dr Sedan	525	1050	1825	2650	3850
Lesabre		4dr Sedan	500	1000	1725	2525	3675
Lesabre		4dr Hardtop	600	1300	2200	3125	4400
Lesabre		2dr Hardtop	725	1500	2725	3850	5525
Invicta		4dr Hardtop	725	1425	2550	3600	5150
Invicta		2dr Hardtop	825	1700	3100	4325	6200

BUICK

MODEL	LINE	STYLE	Relative Condition: Worse ↔ Better				
			❺	❹	❸	❷	❶
1962							
Invicta	Wildcat	2dr Hardtop	925	1900	3550	4850	6825
Invicta		2dr Convertible	1900	3650	6500	8950	12775
Electra 225		4dr Sedan	600	1200	2225	3050	4100
Electra 225		4dr Hardtop	700	1450	2800	4025	5575
Electra 225		2dr Hardtop	900	1900	3300	4600	6525
Electra 225		2dr Convertible	1750	3450	6425	9100	12950
ENGINE OPTIONS: Special: 215-155hp +10%							
1963							
Special		4dr Sedan	500	1000	1875	2700	3525
Skylark		2dr Hardtop	825	1750	3125	4400	6000
Skylark		2dr Convertible	1175	2250	4000	5725	8075
Lesabre		4dr Sedan	500	1050	1850	2675	3725
Lesabre		4dr Hardtop	600	1225	2100	2950	4225
Lesabre		2dr Sedan	475	1050	1900	2725	3800
Lesabre		2dr Hardtop	625	1325	2250	3100	4400
Lesabre		2dr Convertible	1125	2375	4150	5850	8475
Wildcat		4dr Hardtop	625	1450	2475	3450	4975
Wildcat		2dr Hardtop	775	1650	3000	4150	5750
Wildcat		2dr Convertible	1400	2850	5050	7075	9925
Electra 225		4dr Sedan	500	1025	1975	2775	3850
Electra 225		4dr Hardtop	700	1375	2475	3500	5050
Electra 225		2dr Hardtop	825	1650	2875	4075	5725
Electra 225		2dr Convertible	1425	3025	5300	7250	10250
Riviera		2dr Hardtop	1300	2750	4600	6275	9750
ENGINE OPTIONS: 425-340hp +12%(Riviera); Special: 215-155hp +10%							
1964							
Special		4dr Sedan	400	900	1625	2350	3325
Special		2dr Sedan	425	950	1725	2450	3450
Skylark		4dr Sedan	500	1025	1800	2600	3600
Skylark		2dr Hardtop	650	1325	2575	3550	4900
Skylark		2dr Convertible	1025	2175	3875	5500	7550
Lesabre		4dr Sedan	500	1025	1800	2525	3600
Lesabre		4dr Hardtop	525	1125	1925	2750	3850
Lesabre		2dr Hardtop	600	1150	2075	3000	4200
Lesabre		2dr Convertible	1025	2200	4000	5700	7900
Wildcat		4dr Sedan	525	1025	1850	2675	3750
Wildcat		4dr Hardtop	600	1150	2125	3000	4100
Wildcat		2dr Hardtop	700	1425	2650	3625	5000

BUICK

MODEL	LINE	STYLE	Relative Condition: Worse ↔ Better				
			❺	❹	❸	❷	❶
1964							
Wildcat		2dr Convertible	1100	2475	4475	6375	8700
Electra 225		4dr Sedan	525	1025	1950	2775	3900
Electra 225		4dr Hardtop	600	1150	2125	2975	4250
Electra 225		2dr Hardtop	775	1425	2650	3700	5300
Electra 225		2dr Convertible	1275	2600	4825	6950	9750
Riviera		2dr Hardtop	1125	2325	4125	5975	8100
ENGINE OPTIONS: 6cyl -15%; 425-360hp +12%(Riviera)							
1965							
Special		4dr Sedan	350	750	1350	1900	2875
Special		2dr Sedan	350	775	1450	2000	3000
Special		2dr Convertible	800	1625	2925	4125	5850
Skylark		4dr Sedan	500	1000	1800	2600	3575
Skylark		2dr Sedan	500	1050	1900	2825	3825
Skylark		2dr Hardtop	750	1575	2850	4025	5650
Lesabre		4dr Sedan	400	850	1525	2075	3050
Lesabre		4dr Hardtop	425	950	1625	2275	3175
Lesabre		2dr Hardtop	500	1025	1900	2700	3775
Lesabre		2dr Convertible	1000	2150	3850	5250	7375
Wildcat		4dr Sedan	425	925	1650	2400	3400
Wildcat		4dr Hardtop	525	1100	1950	2850	4000
Wildcat		2dr Hardtop	675	1475	2675	3800	5225
Wildcat		2dr Convertible	1100	2400	4300	6125	8250
Electra		4dr Sedan	500	1000	1825	2550	3625
Electra		4dr Hardtop	525	1050	2000	2875	4100
Electra		2dr Hardtop	625	1425	2500	3525	5025
Electra		2dr Convertible	1250	2725	4975	6900	9400
Riviera		2dr Hardtop	1200	2500	4475	6225	8775
Riviera	GS	2dr Hardtop	1625	3375	5950	8525	11600
Skylark	GS	2dr Hardtop	1175	2225	4200	5925	8375
Skylark	GS	2dr Sedan	1050	2025	3725	5325	7625
Skylark	GS	2dr Convertible	1700	3250	5775	8200	11300
ENGINE OPTIONS: 6cyl -15%							
1966							
Special		4dr Sedan	350	675	1075	1700	2600
Special		2dr Sedan	375	775	1175	1825	2725
Special		2dr Hardtop	400	825	1575	2225	3250
Special		2dr Convertible	825	1750	3150	4325	6250
Skylark		4dr Hardtop	425	875	1550	2200	3225

BUICK

MODEL	LINE	STYLE	❺	❹	❸	❷	❶
1966							
Skylark		2dr Sedan	400	800	1500	2100	3000
Skylark		2dr Hardtop	550	1125	2150	2900	4225
Skylark		2dr Convertible	1050	2200	4000	5675	7650
Skylark	GS	2dr Sedan	975	2025	3625	5075	7175
Skylark	GS	2dr Hardtop	1150	2350	4400	6150	8600
Skylark	GS	2dr Convertible	1500	3075	5725	8075	11325
Lesabre		4dr Sedan	350	750	1350	1900	2700
Lesabre		4dr Hardtop	400	850	1525	2150	3050
Lesabre		2dr Hardtop	425	950	1650	2300	3400
Lesabre		2dr Convertible	975	2000	3600	5025	7150
Wildcat		4dr Sedan	425	850	1450	2100	3000
Wildcat		4dr Hardtop	500	950	1675	2325	3250
Wildcat		2dr Hardtop	525	1175	2075	3025	4175
Wildcat		2dr Convertible	1225	2600	4600	6575	8800
Electra 225		4dr Sedan	500	1025	1800	2600	3600
Electra 225		4dr Hardtop	575	1100	2000	2825	4000
Electra 225		2dr Hardtop	600	1300	2300	3100	4500
Electra 225		2dr Convertible	1300	2800	4850	6925	9475
Riviera		2dr Hardtop	825	1825	3525	4675	6550
Riviera	GS	2dr Hardtop	1400	2650	4850	7025	9200
ENGINE OPTIONS: 6cyl -15%							
1967							
Special		4dr Sedan	350	750	1450	2075	2975
Special		2dr Sedan	375	750	1450	2100	3000
Special		2dr Hardtop	425	875	1550	2300	3300
Skylark		4dr Sedan	425	850	1550	2175	3175
Skylark		4dr Hardtop	525	950	1675	2400	3425
Skylark		2dr Sedan	425	900	1575	2350	3350
Skylark		2dr Hardtop	575	1200	2200	3075	4200
Skylark		2dr Convertible	1050	2250	4250	5875	7925
Gran Sport 340		2dr Hardtop	975	2100	3600	5075	7275
Gran Sport 400		2dr Hardtop	1425	2725	4950	7000	9700
Gran Sport 400		2dr Sedan	1150	2375	4125	5700	8050
Gran Sport 400		2dr Convertible	1775	3750	6725	9000	11925
Lesabre		4dr Sedan	375	750	1450	2075	2975
Lesabre		4dr Hardtop	425	825	1525	2150	3150
Lesabre		2dr Hardtop	500	925	1625	2350	3325
Lesabre		2dr Convertible	975	2075	3600	5075	7125
Wildcat		4dr Hardtop	500	925	1700	2350	3325

BUICK

MODEL	LINE	STYLE	Relative Condition: Worse ↔ Better					
			❺	❹	❸	❷	❶
1967							
Wildcat		2dr Hardtop	575	1100	1950	2725	4000
Wildcat		2dr Convertible	1175	2550	4900	6675	8875
Electra 225		4dr Sedan	425	950	1550	2250	3250
Electra 225		4dr Hardtop	525	950	1775	2525	3525
Electra 225		2dr Hardtop	525	1125	2175	3050	4200
Electra 225		2dr Convertible	1225	2650	4875	6800	9025
Riviera		2dr Hardtop	825	1850	3350	4750	6625

ENGINE OPTIONS: 6cyl -15%

1968							
Special		2dr Sedan	350	800	1375	1900	2750
Special		4dr Sedan	350	750	1350	1900	2700
Skylark	Custom	4dr Sedan	400	800	1450	2075	2975
Skylark		4dr Hardtop	425	950	1650	2300	3225
Skylark		2dr Hardtop	600	1050	1950	2700	3850
Skylark		2dr Convertible	975	2025	3775	5250	7325
Gran Sport	GS 350	2dr Hardtop	825	1600	3075	4325	6025
Gran Sport	GS 400	2dr Hardtop	1075	2450	4925	7750	10800
Gran Sport	GS 400	2dr Convertible	1650	3800	7050	9375	13800
Lesabre		4dr Sedan	350	725	1400	2000	2900
Lesabre		4dr Hardtop	425	900	1625	2250	3150
Lesabre		2dr Hardtop	500	1025	1800	2600	3600
Lesabre		2dr Convertible	850	1775	3225	4550	6425
Wildcat		4dr Sedan	400	850	1525	2150	2975
Wildcat		4dr Hardtop	500	925	1625	2200	3275
Wildcat		2dr Hardtop	525	1050	2000	2900	4050
Wildcat		2dr Convertible	1075	2425	4150	6325	8175
Electra 225		4dr Sedan	425	925	1700	2325	3325
Electra 225		4dr Hardtop	500	1025	1775	2500	3500
Electra 225		2dr Hardtop	550	1225	2250	3250	4150
Electra 225		2dr Convertible	1175	2425	4400	6450	8700
Riviera		2dr Hardtop	875	1750	3100	4450	6200
Riviera	GS	2dr Hardtop	1250	2500	4425	6100	8425

ENGINE OPTIONS: 6cyl -15%

1969							
Special		4dr Sedan	350	750	1300	1900	2700
Special		2dr Sedan	350	750	1350	1975	2875
Skylark		4dr Sedan	400	800	1400	2000	2800
Skylark		4dr Hardtop	425	875	1575	2225	3150

BUICK

MODEL	LINE	STYLE	5	4	3	2	1
1969							
Skylark		2dr Hardtop	550	1075	1950	2875	4050
Skylark		2dr Convertible	975	2075	3625	5125	7225
Gran Sport	GS 350	2dr Hardtop	825	1800	3325	4850	6775
Gran Sport	GS 400	2dr Hardtop	1075	2450	4925	7750	10800
Gran Sport	GS 400	2dr Convertible	1650	3800	7050	9375	13800
Lesabre		4dr Sedan	350	750	1400	1900	2800
Lesabre		4dr Hardtop	400	850	1525	2075	2975
Lesabre		2dr Hardtop	425	925	1625	2250	3150
Lesabre		2dr Convertible	900	1750	3200	4700	6600
Wildcat		4dr Sedan	400	800	1525	2150	3050
Wildcat		4dr Hardtop	425	950	1625	2275	3175
Wildcat		2dr Hardtop	525	975	1800	2500	3550
Wildcat		2dr Convertible	1050	2050	3950	5350	7450
Electra 225		4dr Sedan	425	850	1525	2125	3025
Electra 225		4dr Hardtop	500	1025	1800	2525	3500
Riviera		2dr Hardtop	875	1800	3150	4425	6325
Riviera	GS	2dr Hardtop	1150	2275	4000	5625	7800

ENGINE OPTIONS: 6cyl -15%; Gran Sport: 400-360hp(Stage 1) +40%

MODEL	LINE	STYLE	5	4	3	2	1
1970							
Skylark		4dr Sedan	350	750	1300	1900	2700
Skylark		2dr Sedan	375	750	1350	1975	2800
Skylark		2dr Hardtop	525	1000	1800	2475	3550
Skylark	Custom	4dr Sedan	400	800	1500	2100	3100
Skylark	Custom	4dr Hardtop	425	925	1625	2250	3250
Skylark	Custom	2dr Hardtop	550	1125	2200	3075	4225
Skylark	Custom	2dr Convertible	1025	2225	4025	5875	7575
Gran Sport	GS 350	2dr Hardtop	1050	1875	3475	4925	6900
Gran Sport	GS 455	2dr Hardtop	1525	3175	5825	8075	10850
Gran Sport	GS 455	2dr Convertible	2050	4350	8250	12800	16725
Gran Sport	GSX	2dr Hardtop	2350	4800	8325	11425	15325
Lesabre		4dr Sedan	350	750	1350	2000	2800
Lesabre		4dr Hardtop	425	925	1525	2150	3050
Lesabre		2dr Hardtop	500	925	1625	2350	3325
Lesabre		2dr Convertible	925	1875	3175	4375	6125
Wildcat		4dr Hardtop	500	875	1600	2300	3175
Wildcat		2dr Hardtop	500	1025	1800	2525	3500
Wildcat		2dr Convertible	925	1925	3600	4950	6950
Electra 225		4dr Sedan	500	925	1625	2350	3325
Electra 225		4dr Hardtop	500	1025	1900	2600	3600

BUICK

MODEL	LINE	STYLE	Relative Condition: Worse ↔ Better				
			⑤	④	③	②	①
1970							
Electra 225		2dr Hardtop	600	1100	1975	2800	3875
Electra 225		2dr Convertible	950	1975	3800	5075	6950
Riviera		2dr Hardtop	625	1425	2525	3575	4950
Riviera	GS	2dr Hardtop	850	1750	3075	4200	6000
ENGINE OPTIONS: 6cyl -15%; Gran Sport: 455-360hp(Stage 1) +35%							
1971							
Skylark		4dr Sedan	350	775	1600	2325	3125
Skylark		2dr Sedan	400	825	1700	2525	3325
Skylark		2dr Hardtop	500	1075	2000	2850	3925
Skylark		2dr Convertible	1075	2100	3825	5325	7375
Gran Sport	GS 350	2dr Hardtop	1000	1825	3325	4700	6425
Gran Sport	GS 350	2dr Convertible	1500	3150	6050	8150	10475
Gran Sport	GS 455	2dr Hardtop	1550	3000	5650	7550	10650
Gran Sport	GS 455	2dr Convertible	2275	4450	8750	12475	17075
Lesabre		4dr Sedan	350	750	1400	1975	2800
Lesabre		4dr Hardtop	400	800	1450	2075	2875
Lesabre		2dr Hardtop	425	850	1550	2100	3000
Lesabre		2dr Convertible	775	1600	2925	4150	5950
Centurion		4dr Hardtop	425	850	1450	2075	2975
Centurion		2dr Hardtop	450	900	1550	2175	3100
Centurion		2dr Convertible	800	1575	3000	4475	6250
Electra 225		4dr Hardtop	425	875	1550	2100	2950
Electra 225		2dr Hardtop	450	950	1650	2300	3225
Riviera		2dr Hardtop	650	1475	2825	4025	5725
ENGINE OPTIONS: 6cyl -15%; Gran Sport: 455-330hp(Stage 1) +30%							
1972							
Skylark		4dr Sedan	350	750	1350	1900	2600
Skylark		4dr Hardtop	425	925	1525	2150	3050
Skylark		2dr Hardtop	550	1100	2150	2900	4125
Skylark		2dr Sedan	400	800	1500	1925	2700
Skylark		2dr Convertible	950	1925	3450	4975	7025
Gran Sport	GS 350	2dr Hardtop	1000	1750	3300	4325	6275
Gran Sport	GS 350	2dr Convertible	1250	2800	5250	6775	9550
Gran Sport	GS 455	2dr Hardtop	1450	2675	5175	7000	9775
Gran Sport	GS 455	2dr Convertible	2225	4025	8425	11875	15900
Lesabre		4dr Sedan	350	750	1350	1975	2700
Lesabre		4dr Hardtop	425	850	1525	2150	3100
Lesabre		2dr Hardtop	500	925	1700	2350	3425

BUICK

MODEL	LINE	STYLE	Relative Condition: Worse ↔ Better				
			❺	❹	❸	❷	❶
1972							
	Lesabre	2dr Convertible	750	1525	2775	4000	5725
	Centurion	4dr Hardtop	425	850	1450	2075	3100
	Centurion	2dr Hardtop	500	1025	1900	2600	3600
	Centurion	2dr Convertible	775	1575	3025	4225	6075
	Electra 225	4dr Hardtop	500	1025	1800	2525	3600
	Electra 225	2dr Hardtop	500	1100	1900	2700	3775
	Riviera	2dr Hardtop	650	1425	2825	4100	5625

CADILLAC

MODEL	LINE	STYLE	5	4	3	2	1
1946							
61		4dr Sedan	1775	3725	6275	8625	12450
61		2dr Sedan	1800	3775	6550	9200	13100
62		4dr Sedan	1850	3800	6625	9200	13100
62		2dr Sedan	2025	3975	7200	9850	13950
62		2dr Convertible	5325	10475	17975	24900	33725
60S		4dr Sedan	2200	4475	7975	11475	16525
75		4dr Sedan	2550	5050	8800	12475	17925
1947							
61		4dr Sedan	1775	3675	6500	9050	12825
61		2dr Sedan	1800	3750	6700	9300	13250
62		4dr Sedan	1800	3750	6625	9175	13100
62		2dr Sedan	2025	3925	7375	10325	14750
62		2dr Convertible	5200	10175	18000	25200	35475
60S		4dr Sedan	2175	4325	7775	11100	15975
75		4dr Sedan	2500	4875	8800	12525	17875
1948							
61		4dr Sedan	2325	4800	8225	12150	17275
61		2dr Sedan	2575	5175	9375	12900	18400
62		4dr Sedan	2525	5000	9025	12375	17675
62		2dr Sedan	2725	5550	10100	13800	19400
62		2dr Convertible	5950	11925	21000	27075	37475
60S		4dr Sedan	2775	5550	9600	13525	19200
75		4dr Sedan	2300	4725	8250	11725	17000
1949							
61		4dr Sedan	1850	3975	6875	9850	14550
61		2dr Sedan	1925	4025	7125	10150	15000
62		4dr Sedan	1950	4200	7775	10950	15350
62		2dr Sedan	2125	4425	8075	11550	16075
62		2dr Convertible	4850	9750	18750	26250	37050
	Coupe Deville	2dr Hardtop	4150	8200	14100	19300	27325
60S		4dr Sedan	2200	4400	8025	11850	16925
75		4dr Sedan	2325	4700	8575	12250	16875
1950							
61		4dr Sedan	1625	3150	5575	7675	10475
61		2dr Hardtop	1900	3800	6675	9525	13650
62		4dr Sedan	1725	3325	5800	7800	11350
62		2dr Hardtop	2150	4225	7750	10700	15150
62		2dr Convertible	4750	9800	18000	25900	35625
	Coupe Deville	2dr Hardtop	2325	4575	8100	12000	17000

CADILLAC

MODEL	LINE	STYLE	Relative Condition: Worse ↔ Better				
			❺	❹	❸	❷	❶
1950							
60S		4dr Sedan	1800	3600	6400	8975	13150
75		4dr Sedan	2075	4000	7375	10325	15175
1951							
61		4dr Sedan	1550	3025	5300	7375	10475
61		2dr Hardtop	1900	3775	6600	9275	13225
62		4dr Sedan	1525	3125	5525	7725	11150
62		2dr Hardtop	2150	4300	7825	10700	15325
62		2dr Convertible	4600	9725	17475	24900	34850
Coupe Deville		2dr Hardtop	2325	4750	8375	12350	17325
60S		4dr Sedan	1800	3650	6575	9300	13150
75		4dr Sedan	1975	4050	7325	10250	14875
1952							
62		4dr Sedan	1500	3000	5400	7950	11025
62		2dr Hardtop	2225	4400	7725	11375	16075
62		2dr Convertible	5100	10200	18425	26825	35725
Coupe Deville		2dr Hardtop	2450	4900	8550	12850	17825
60S		4dr Sedan	1725	3575	6325	9050	13025
75		4dr Sedan	1825	3950	6975	10000	14250
1953							
62		4dr Sedan	1550	3100	5525	7750	11150
62		2dr Hardtop	2275	4450	7975	11600	16400
62		2dr Convertible	4800	9650	17550	25525	35425
Coupe Deville		2dr Hardtop	2475	5000	8875	12700	18200
Eldorado		2dr Convertible	15950	26900	38475	52125	69950
60S		4dr Sedan	1750	3450	6325	9000	13025
75		4dr Sedan	1825	3750	6775	9625	13850
1954							
62		4dr Sedan	1325	2650	4650	6600	9575
62		2dr Hardtop	2250	4475	8350	11800	16250
62		2dr Convertible	5025	10275	19200	26875	36700
Coupe Deville		2dr Hardtop	2600	5175	9000	13100	18575
Eldorado		2dr Convertible	10775	19325	31625	44275	60475
60S		4dr Sedan	1625	3150	5775	8075	11475
75		4dr Sedan	1650	3350	5900	8475	12025
1955							
62		4dr Sedan	1425	2900	5025	7175	10275
62		2dr Hardtop	2100	4425	8200	11600	15975
62		2dr Convertible	5325	11050	20025	29100	39350
Coupe Deville		2dr Hardtop	2525	5000	9000	12950	18125

CADILLAC

MODEL	LINE	STYLE	5	4	3	2	1
1955							
Eldorado		2dr Convertible	8200	15125	26700	36775	52100
60S		4dr Sedan	1725	3400	6100	8875	12650
75		4dr Sedan	1775	3650	6625	9400	13625
ENGINE OPTIONS: 331-2x4v +10%							
1956							
62		4dr Sedan	1450	3000	5175	7500	10650
62		2dr Hardtop	2150	4450	8250	11450	16175
62		2dr Convertible	5550	11525	20600	28550	39225
Coupe Deville		2dr Hardtop	2300	4925	8900	12725	17850
Sedan Deville		4dr Hardtop	1700	3500	6100	8450	11800
Eldorado	Seville	2dr Hardtop	4175	8175	14125	19800	28850
Eldorado	Biarritz	2dr Convertible	8475	15625	27600	37225	50300
60S		4dr Sedan	1725	3375	6100	8900	12625
75		4dr Sedan	1700	3425	6425	9150	13100
ENGINE OPTIONS: 365-2x4v +10%							
1957							
62		4dr Hardtop	1400	2975	5125	7350	10450
62		2dr Hardtop	2050	4250	7925	11175	15525
62		2dr Convertible	5925	11125	18750	28875	39000
Coupe Deville		2dr Hardtop	2375	5075	9075	13675	18475
Sedan Deville		4dr Hardtop	1500	3225	5725	8250	11875
Eldorado	Seville	2dr Hardtop	4025	7900	13925	19500	27875
Eldorado	Biarritz	2dr Convertible	8375	15100	26100	38925	49225
Eldorado	Brougham	4dr Hardtop	6225	14625	24550	32975	41150
60S		4dr Hardtop	1850	3700	6375	9200	13300
75		4dr Sedan	1700	3450	6250	9000	12900
ENGINE OPTIONS: 365-2x4v +10%							
1958							
62		4dr Hardtop	1325	2950	5150	7600	10525
62		2dr Hardtop	1775	3925	7100	10100	13650
62		2dr Convertible	4775	10050	17650	25175	33700
Coupe Deville		2dr Hardtop	1975	3975	7725	11000	15975
Sedan Deville		4dr Hardtop	1575	3300	5900	8475	11550
Eldorado	Seville	2dr Hardtop	3550	7250	13000	17550	24725
Eldorado	Brougham	4dr Hardtop	6650	13575	22825	30325	40075
Eldorado	Biarritz	2dr Convertible	7025	13775	23950	33525	45750
60S		4dr Hardtop	1725	3650	6450	9550	13050

CADILLAC

MODEL	LINE	STYLE	5	4	3	2	1
1958							
75		4dr Sedan	1775	3575	6200	8950	12400
ENGINE OPTIONS: 365-3x2v +10%							
1959							
62		2dr Hardtop	2875	5675	10025	14000	19825
62		2dr Convertible	8300	17650	31225	44475	63225
62	4 Window	4dr Hardtop	1675	3525	6275	8825	12675
62	6 Window	4dr Hardtop	1575	3200	5800	8100	12325
Coupe Deville		2dr Hardtop	3250	6875	12150	18150	25550
Sedan Deville	4 Window	4dr Hardtop	1775	3825	6900	9525	13875
Sedan Deville	6 Window	4dr Hardtop	1725	3450	6225	8625	12600
Eldorado	Biarritz	2dr Convertible	22175	34650	51100	67450	92650
60S		4dr Hardtop	2725	5400	9575	13375	18575
Eldorado	Brougham	4dr Hardtop	4650	9025	15825	22150	31300
Eldorado	Seville	2dr Hardtop	6300	11225	19800	27000	37925
75		4dr Sedan	2450	5150	10175	14875	19875
ENGINE OPTIONS: 390-3x2v +10%							
1960							
62		2dr Hardtop	2225	4525	7975	11275	16100
62		2dr Convertible	5900	12625	21600	30575	45400
62	4 Window	4dr Hardtop	1225	2625	4625	6550	9500
62	6 Window	4dr Hardtop	1250	2500	4525	6300	9450
Coupe Deville		2dr Hardtop	2800	5975	10325	15775	22650
Sedan Deville	4 Window	4dr Hardtop	1525	3200	5575	7800	11025
Sedan Deville	6 Window	4dr Hardtop	1550	2975	5250	7350	10700
Eldorado	Brougham	4dr Hardtop	4650	9025	15825	22150	31300
Eldorado	Biarritz	2dr Convertible	18025	29150	43700	56675	82525
60S		4dr Hardtop	2475	4825	8500	11975	17250
Eldorado	Seville	2dr Hardtop	5225	10500	18000	24925	33750
75		4dr Sedan	2225	4550	9150	12800	19000
ENGINE OPTIONS: 390-3x2v +15%							
1961							
62		2dr Hardtop	1325	2775	4825	6850	9950
62		2dr Convertible	4800	9975	17475	22125	29575
62	4 Window	4dr Hardtop	1100	2200	4175	5950	8275
62	6 Window	4dr Hardtop	1075	2200	4050	5750	8125
Coupe Deville		2dr Hardtop	1575	3350	5875	8600	12200
Sedan Deville	Town Sedan	4dr Hardtop	1100	2200	4000	5800	8150

CADILLAC

MODEL	LINE	STYLE	Relative Condition: Worse ↔ Better				
			❺	❹	❸	❷	❶
1961							
Sedan Deville	4 Window	4dr Hardtop	1100	2325	4150	6250	8550
Sedan Deville	6 Window	4dr Hardtop	1075	2275	4025	5925	8325
Eldorado	Biarritz	2dr Convertible	5600	10850	19975	29225	41375
60S		4dr Hardtop	1275	2550	4575	6625	9275
75		4dr Sedan	1275	2550	4525	6725	9700
1962							
62	Town Sedan	4dr Hardtop	1100	2300	4125	6000	8500
62	4 Window	4dr Hardtop	1125	2375	4150	6150	8700
62	6 Window	4dr Hardtop	1100	2200	3975	5825	8325
62		2dr Hardtop	1450	2850	5100	7125	10350
62		2dr Convertible	4925	9800	16725	22550	29625
Coupe Deville		2dr Hardtop	1675	3300	5925	8550	12200
Sedan Deville	4 Window	4dr Hardtop	1250	2500	4350	6200	9075
Sedan Deville	6 Window	4dr Hardtop	1225	2500	4325	6200	8925
Park Avenue		4dr Hardtop	1325	2625	4600	6625	9475
Eldorado	Biarritz	2dr Convertible	6025	12125	21825	31450	41000
60S		4dr Hardtop	1375	2775	4825	6975	10000
75		4dr Sedan	1375	2775	4800	6675	10375
1963							
62		2dr Hardtop	1175	2350	4200	5825	8300
62		2dr Convertible	2700	5150	8775	12525	18925
62	4 Window	4dr Hardtop	1000	2100	3775	5200	7425
62	6 Window	4dr Hardtop	1000	2075	3600	5000	7075
Coupe Deville		2dr Hardtop	1400	2950	5175	7500	10600
Sedan Deville	4 Window	4dr Hardtop	1150	2300	4000	5775	8050
Sedan Deville	6 Window	4dr Hardtop	1150	2150	3850	5300	7700
Park Avenue		4dr Hardtop	1200	2300	4150	5725	8200
Eldorado	Biarritz	2dr Convertible	3975	7625	14400	21350	31100
60S		4dr Hardtop	1225	2575	4475	6425	9025
75		4dr Sedan	1325	2650	4550	6425	9225
1964							
62		2dr Hardtop	1300	2575	4650	6425	9150
62	4 Window	4dr Hardtop	1075	2150	3750	5225	7375
62	6 Window	4dr Hardtop	1075	2025	3700	5050	7100
Coupe Deville		2dr Hardtop	1450	3025	5275	7375	10425
Sedan Deville	4 Window	4dr Hardtop	1075	2175	4025	5525	7750
Sedan Deville	6 Window	4dr Hardtop	1100	2175	3950	5575	7825
Deville		2dr Convertible	2850	5575	9775	14025	19900
60S		4dr Hardtop	1325	2650	4675	6800	9575

CADILLAC

MODEL	LINE	STYLE	Relative Condition: Worse ↔ Better				
			❺	❹	❸	❷	❶
1964							
Eldorado		2dr Convertible	4025	8250	14675	22000	30800
75		4dr Sedan	1275	2625	4700	6475	9350
1965							
Calais		4dr Sedan	725	1450	2500	3575	5150
Calais		4dr Hardtop	750	1575	2650	3825	5450
Calais		2dr Hardtop	900	1675	3050	4200	6000
Sedan Deville		4dr Hardtop	1025	1975	3550	5025	6325
Sedan Deville		4dr Sedan	750	1575	2750	3825	5400
Coupe Deville		2dr Hardtop	1000	2075	3775	5450	7600
Deville		2dr Convertible	1750	3700	6775	9775	14000
Fleetwood 60S		4dr Sedan	1125	2225	3900	5425	7700
60S	Brougham	4dr Sedan	1200	2325	4100	5750	8075
Eldorado		2dr Convertible	2375	4600	8325	12550	18150
75		4dr Sedan	1050	2125	3650	5175	7800
1966							
Calais		4dr Sedan	725	1475	2625	3700	5250
Calais		4dr Hardtop	750	1575	2750	3825	5400
Calais		2dr Hardtop	850	1700	2875	4150	5875
Coupe Deville		2dr Hardtop	950	1900	3450	5175	7300
Sedan Deville		4dr Sedan	750	1575	2750	3825	5400
Sedan Deville		4dr Hardtop	850	1600	3025	4400	6125
Deville		2dr Convertible	1725	3550	6750	9350	13525
Eldorado		2dr Convertible	2325	4650	8200	11775	16825
60S		4dr Sedan	825	1750	3050	4325	6525
Fleetwood Brougham		4dr Sedan	925	1875	3275	4575	6825
75		4dr Sedan	1000	2025	3500	4975	7425
1967							
Calais		4dr Hardtop	700	1375	2475	3600	5150
Calais		2dr Hardtop	800	1500	2625	3850	5500
Coupe Deville		2dr Hardtop	850	1750	3150	4350	6350
Sedan Deville		4dr Hardtop	800	1625	2950	4150	5950
Deville		2dr Convertible	1275	2750	5700	7725	10725
Eldorado		2dr Hardtop	1300	2625	4575	6350	8975
60S		4dr Sedan	825	1625	2850	4000	5725
Fleetwood Brougham		4dr Sedan	925	1725	3075	4325	6175
75		4dr Sedan	900	1800	3150	4500	6500

CADILLAC

MODEL	LINE	STYLE	Relative Condition: Worse ↔ Better				
			❺	❹	❸	❷	❶
1968							
	Calais	4dr Hardtop	675	1450	2600	3600	5150
	Calais	2dr Hardtop	775	1550	2850	4000	5475
	Sedan Deville	4dr Sedan	700	1475	2575	3675	5225
	Sedan Deville	4dr Hardtop	800	1625	2950	4225	5825
	Coupe Deville	2dr Hardtop	900	1775	3225	4525	6625
	Deville	2dr Convertible	1225	2750	5600	7550	10675
	Eldorado	2dr Hardtop	1175	2225	4075	5700	8025
	60S	4dr Sedan	775	1575	2775	3900	5725
	Fleetwood Brougham	4dr Sedan	900	1750	3000	4200	6100
	75	4dr Sedan	900	1775	3225	4425	6575
1969							
	Calais	4dr Hardtop	550	1075	1900	2675	3825
	Calais	2dr Hardtop	625	1150	2075	2975	4325
	Coupe Deville	2dr Hardtop	750	1400	2625	3775	5525
	Sedan Deville	4dr Hardtop	675	1375	2425	3525	5025
	Sedan Deville	4dr Sedan	525	1175	2025	2950	4175
	Deville	2dr Convertible	1300	2725	5200	7300	10550
	Eldorado	2dr Hardtop	775	1675	2925	4100	6050
	60S	4dr Sedan	600	1325	2275	3200	4725
	Fleetwood Brougham	4dr Sedan	725	1350	2400	3450	4975
	75	4dr Sedan	700	1400	2425	3475	5075
1970							
	Calais	4dr Hardtop	500	1025	1900	2700	3775
	Calais	2dr Hardtop	600	1200	2075	2925	4275
	Coupe Deville	2dr Hardtop	725	1525	2650	3825	5625
	Sedan Deville	4dr Sedan	500	1100	1950	2750	4075
	Sedan Deville	4dr Hardtop	650	1275	2275	3525	4875
	Deville	2dr Convertible	1350	2825	5225	7250	10325
	Eldorado	2dr Hardtop	750	1600	2775	3850	5675
	60S	4dr Sedan	600	1275	2250	3150	4625
	Fleetwood Brougham	4dr Sedan	700	1400	2400	3425	4875
	75	4dr Sedan	675	1350	2425	3450	5200
1971							
	Calais	4dr Hardtop	525	1050	1825	2575	3675
	Calais	2dr Hardtop	600	1125	2125	2975	4175
	Coupe Deville	2dr Hardtop	650	1400	2525	3475	4925
	Sedan Deville	4dr Hardtop	650	1175	2175	3075	4375
	Fleetwood Brougham	4dr Sedan	625	1275	2200	3100	4425
	Eldorado	2dr Hardtop	550	1125	2075	2925	4325

CADILLAC

MODEL	LINE	STYLE	Relative Condition: Worse ↔ Better				
			❺	❹	❸	❷	❶
1971							
	Eldorado	2dr Convertible	1125	2725	5200	7250	10400
	75	4dr Sedan	675	1350	2425	3425	4850
1972							
	Calais	4dr Hardtop	525	1050	1925	2650	3775
	Calais	2dr Hardtop	600	1225	2125	2975	4275
	Coupe Deville	2dr Hardtop	725	1375	2475	3475	4925
	Sedan Deville	4dr Hardtop	625	1225	2200	3050	4250
	Fleetwood Brougham	4dr Sedan	600	1225	2225	3050	4350
	Eldorado	2dr Hardtop	525	1125	2000	2825	4125
	Eldorado	2dr Convertible	1125	2550	4950	7025	9875
	75	4dr Sedan	675	1350	2425	3425	4950

CHEVROLET

MODEL	LINE	STYLE	Relative Condition: Worse ↔ Better				
			⑤	④	③	②	①
1946							
Stylemaster	Business Coupe	2dr Sedan	825	1700	3075	4325	6200
Stylemaster	Sport Coupe	2dr Sedan	825	1700	3150	4550	6425
Stylemaster	Town Sedan	2dr Sedan	750	1525	2775	3950	5625
Stylemaster	Sport Sedan	4dr Sedan	725	1500	2700	3850	5450
Fleetmaster	Sport Coupe	2dr Sedan	925	1850	3400	4925	6950
Fleetmaster	Town Sedan	2dr Sedan	800	1650	2900	4150	5900
Fleetmaster	Sport Sedan	4dr Sedan	800	1550	2800	3900	5675
Fleetmaster		2dr Convertible	2400	5400	9150	13875	18875
Fleetline	Aero	2dr Sedan	1025	2025	3700	5350	7675
Fleetline	Sportmaster	4dr Sedan	975	1875	3425	5025	7175
1947							
Stylemaster	Business Coupe	2dr Sedan	850	1700	3075	4325	6225
Stylemaster	Sport Coupe	2dr Sedan	875	1775	3175	4525	6325
Stylemaster	Town Sedan	2dr Sedan	775	1550	2750	3975	5600
Stylemaster	Sport Sedan	4dr Sedan	750	1450	2650	3800	5425
Fleetmaster	Sport Coupe	2dr Sedan	900	1825	3400	4875	6925
Fleetmaster	Town Sedan	2dr Sedan	800	1600	2825	4000	5775
Fleetmaster	Sport Sedan	4dr Sedan	775	1525	2750	3875	5525
Fleetmaster		2dr Convertible	2375	5300	9050	13875	18725
Fleetline	Aero	2dr Sedan	1000	2000	3675	5175	7525
Fleetline	Sportmaster	4dr Sedan	950	1875	3550	4975	7325
1948							
Stylemaster	Business Coupe	2dr Sedan	850	1750	3050	4375	6275
Stylemaster	Sport Coupe	2dr Sedan	875	1800	3125	4425	6375
Stylemaster	Town Sedan	2dr Sedan	750	1550	2825	4000	5700
Stylemaster	Sport Sedan	4dr Sedan	750	1550	2825	4000	5700
Fleetmaster	Sport Coupe	2dr Sedan	900	1825	3275	4875	6825
Fleetmaster	Town Sedan	2dr Sedan	800	1600	2900	4150	6000
Fleetmaster	Sport Sedan	4dr Sedan	800	1600	2900	4150	6000
Fleetmaster		2dr Convertible	2450	5575	9400	14525	19050
Fleetline	Sportmaster	4dr Sedan	925	1850	3325	4775	7025
Fleetline	Aero	2dr Sedan	1000	2000	3700	5325	7725
1949							
Styleline Special		4dr Sedan	725	1400	2450	3675	5350
Styleline Special		2dr Sedan	725	1425	2550	3725	5425
Styleline Special	Sport Coupe	2dr Sedan	800	1650	3125	4500	6375
Styleline Special	Business Coupe	2dr Sedan	725	1550	2775	4025	5725
Fleetline Special		4dr Sedan	775	1550	2775	4025	5825
Fleetline Special		2dr Sedan	800	1600	2825	4050	5925

CHEVROLET

MODEL	LINE	STYLE	Relative Condition: Worse ↔ Better				
			❺	❹	❸	❷	❶
1949							
Styleline Deluxe		4dr Sedan	725	1400	2700	3900	5625
Styleline Deluxe		2dr Sedan	850	1550	2975	4325	6300
Styleline Deluxe	Sport Coupe	2dr Sedan	975	1975	3675	5225	7400
Styleline Deluxe		2dr Convertible	2375	4700	8725	13000	18000
Fleetline Deluxe		4dr Sedan	800	1775	3150	4500	6550
Fleetline Deluxe		2dr Sedan	825	1800	3250	4600	6600
1950							
Styleline Special		4dr Sedan	675	1350	2450	3600	5300
Styleline Special		2dr Sedan	700	1375	2525	3650	5375
Styleline Special	Sport Coupe	2dr Sedan	800	1700	3125	4375	6375
Styleline Special	Business Coupe	2dr Sedan	750	1575	2825	4025	5725
Fleetline Special		4dr Sedan	750	1575	2800	4075	5900
Fleetline Special		2dr Sedan	775	1625	2950	4225	6075
Styleline Deluxe		4dr Sedan	725	1500	2750	3875	5675
Styleline Deluxe		2dr Sedan	750	1650	2975	4175	6000
Styleline Deluxe	Sport Coupe	2dr Sedan	950	2000	3675	5100	7250
Styleline Deluxe	Bel Air	2dr Hardtop	1425	2875	5225	7375	10450
Styleline Deluxe		2dr Convertible	2300	4400	7975	11400	16550
Fleetline Deluxe		4dr Sedan	775	1725	3175	4450	6250
Fleetline Deluxe		2dr Sedan	800	1750	3175	4525	6500
1951							
Styleline Special		4dr Sedan	650	1450	2525	3600	5200
Styleline Special		2dr Sedan	650	1425	2650	3650	5325
Styleline Special	Sport Coupe	2dr Sedan	800	1650	2975	4400	6250
Styleline Special	Business Coupe	2dr Sedan	725	1550	2775	4025	5675
Fleetline Special		4dr Sedan	750	1575	2925	4100	6000
Fleetline Special		2dr Sedan	775	1700	3125	4500	6375
Styleline Deluxe		4dr Sedan	700	1575	2800	3925	5700
Styleline Deluxe		2dr Sedan	750	1650	2950	4200	6050
Styleline Deluxe	Sport Coupe	2dr Sedan	900	1925	3500	5000	7150
Styleline Deluxe	Bel Air	2dr Hardtop	1375	2850	5250	7475	10575
Styleline Deluxe		2dr Convertible	2600	4975	8975	13100	18275
Fleetline Deluxe		4dr Sedan	900	1750	3350	4775	6875
Fleetline Deluxe		2dr Sedan	900	1825	3500	4850	6975
1952							
Styleline Special		4dr Sedan	700	1475	2575	3775	5350
Styleline Special		2dr Sedan	700	1500	2675	3750	5400
Styleline Special	Sport Coupe	2dr Sedan	825	1750	3175	4450	6250
Styleline Special	Business Coupe	2dr Sedan	775	1650	3000	4175	5775

CHEVROLET

MODEL	LINE	STYLE	❺	❹	❸	❷	❶
1952							
Styleline Deluxe		4dr Sedan	700	1525	2775	4025	5550
Styleline Deluxe		2dr Sedan	725	1575	2925	4225	6050
Styleline Deluxe	Sport Coupe	2dr Sedan	925	2000	3650	5125	7100
Styleline Deluxe	Bel Air	2dr Hardtop	1400	3025	5425	7850	11000
Styleline Deluxe		2dr Convertible	2550	4900	9125	12925	18275
Fleetline Deluxe		2dr Sedan	900	1850	3400	4775	6875
1953							
150		4dr Sedan	675	1400	2525	3500	4975
150		2dr Sedan	675	1400	2550	3525	5025
150	Club Coupe	2dr Sedan	700	1475	2625	3725	5350
150	Business Coupe	2dr Sedan	675	1375	2575	3650	5250
210		4dr Sedan	700	1525	2750	3825	5400
210		2dr Sedan	700	1575	2800	3975	5750
210	Club Coupe	2dr Sedan	800	1675	3125	4450	6325
210		2dr Hardtop	1275	2625	4600	6625	9775
210		2dr Convertible	2250	4325	8100	11400	16575
Bel Air		4dr Sedan	800	1625	2975	4350	6175
Bel Air		2dr Sedan	825	1775	3225	4650	6750
Bel Air		2dr Hardtop	1450	3100	5600	8000	11475
Bel Air		2dr Convertible	2825	5725	10425	14850	21825
Corvette		2dr Convertible	18900	30200	49700	66125	78825
1954							
150		4dr Sedan	675	1375	2500	3475	4950
150		2dr Sedan	675	1400	2550	3550	5100
210		4dr Sedan	700	1475	2750	3825	5400
210		2dr Sedan	725	1550	2850	4100	5850
210	Del Ray	2dr Sedan	1050	2250	4075	5525	7850
Bel Air		4dr Sedan	825	1600	3075	4325	6175
Bel Air		2dr Sedan	900	1775	3350	4700	6975
Bel Air		2dr Hardtop	1500	3300	5725	8425	11900
Bel Air		2dr Convertible	3050	6650	11450	16425	23550
Corvette		2dr Convertible	8125	14125	26125	34775	44775
1955							
150		4dr Sedan	775	1725	3175	4300	6125
150		2dr Sedan	850	1800	3225	4575	6475
210		4dr Sedan	900	1850	3425	4775	7000
210		2dr Sedan	1050	2300	4200	5775	8100
210	Del Ray	2dr Sedan	1400	3225	5900	8300	11650
210		2dr Hardtop	2050	4450	8025	12150	16750

CHEVROLET

MODEL	LINE	STYLE	Relative Condition: Worse ↔ Better				
			❺	❹	❸	❷	❶
1955							
Bel Air		4dr Sedan	975	2200	4000	6025	8425
Bel Air		2dr Sedan	1475	3100	5700	8025	11500
Bel Air		2dr Hardtop	3075	6850	12825	17725	25950
Bel Air		2dr Convertible	5825	11200	18200	25650	36900
Bel Air	Nomad	2dr Station Wagon	3100	6325	10925	14600	21425
Corvette		2dr Convertible	9500	17750	32250	43375	52625

ENGINE OPTIONS: 6cyl -15%; 265-180hp +15%

1956							
150		4dr Sedan	775	1600	2900	4325	6000
150		2dr Sedan	875	1775	3200	4625	6600
210		4dr Sedan	825	1850	3275	4675	6600
210		2dr Sedan	1100	2450	4300	6000	8475
210	Del Ray	2dr Sedan	1475	3050	5700	8150	11625
210		4dr Hardtop	1250	2525	4100	6150	8550
210		2dr Hardtop	2250	4525	8075	11025	16025
Bel Air		4dr Sedan	975	2100	4000	5650	7950
Bel Air		4dr Hardtop	1325	2825	5050	7475	10300
Bel Air		2dr Sedan	1375	2925	5250	7500	10300
Bel Air		2dr Hardtop	3550	6925	12375	17075	24850
Bel Air		2dr Convertible	5325	10525	17850	25850	35300
Bel Air	Nomad	2dr Station Wagon	2425	4700	9050	13400	20900
Corvette		2dr Convertible	6450	12625	21175	30050	39250

ENGINE OPTIONS: 6cyl -15%; 265-205hp +15%; 265-225hp(2x4v) +22% **Corvette:** 265-225hp +20%; 265-240hp +30%

1957							
150		2dr Sedan	1000	2075	3800	5200	7450
150		4dr Sedan	800	1750	3150	4475	6250
210		4dr Sedan	900	2100	4000	5725	7775
210		4dr Hardtop	1325	2925	5325	7675	10225
210		2dr Sedan	1500	3025	5250	7475	10550
210	Del Ray	2dr Sedan	1700	3650	6625	8850	12525
210		2dr Hardtop	2450	5100	9475	13700	18925
Bel Air		4dr Sedan	1200	2600	4900	6675	9475
Bel Air		4dr Hardtop	1700	3425	6450	9200	14050
Bel Air		2dr Sedan	1450	3250	6525	9050	13075
Bel Air		2dr Hardtop	3600	7825	13850	19750	27575
Bel Air		2dr Convertible	7925	14675	25225	34300	43825
Bel Air	Nomad	2dr Station Wagon	3250	6375	11225	16125	22925

CHEVROLET

MODEL	LINE	STYLE	Relative Condition: Worse ↔ Better				
			❺	❹	❸	❷	❶

1957

Corvette		2dr Convertible	7950	14925	24350	33175	44850

ENGINE OPTIONS: 6cyl -15%; 283-220hp +15%; 283-245hp(2x4v) +25%; 283-250hp(FI) +40%; 283-270hp(2x4v) +35%; 283-283hp(FI) +50% **Corvette:** 283-245hp(2x4v) +15%; 283-250hp(FI) +30%; 283-270hp(2x4v) +25%; 283-283hp(FI) +35%

1958

Del Ray		4dr Sedan	575	1225	2125	3100	4425
Del Ray		2dr Sedan	625	1250	2200	3400	4725
Biscayne		4dr Sedan	575	1225	2175	3075	4550
Biscayne		2dr Sedan	625	1350	2425	3400	4925
Bel Air		4dr Sedan	700	1550	2650	3750	5450
Bel Air		4dr Hardtop	875	1725	3200	4650	6625
Bel Air		2dr Sedan	775	1675	3125	4400	6375
Bel Air		2dr Hardtop	1600	3300	6225	8925	12500
Impala		2dr Hardtop	2950	6175	11300	16925	23000
Impala		2dr Convertible	6075	11775	19450	27975	36875
Corvette		2dr Convertible	6500	12050	19750	26550	35250

ENGINE OPTIONS: 6cyl -20%; 348-250hp +10%; 348-280hp(3x2v) +20%; 348-315hp(3x2v) +25%; 283-250hp(FI) +50%; 283-283hp(FI) +60% **Corvette:** 283-245hp(2x4v) +12%; 283-270hp(2x4v) +25%; 283-250hp(FI) +30%; 283-290hp(FI) +30%

1959

Biscayne		2dr Sedan	625	1250	2150	3000	4300
Biscayne		4dr Sedan	575	1200	2075	2900	4150
Bel Air		4dr Sedan	575	1200	2125	2950	4250
Bel Air		2dr Sedan	650	1425	2375	3400	4825
Bel Air		4dr Hardtop	750	1400	2475	3575	5275
Impala		4dr Sedan	725	1375	2475	3625	5175
Impala		4dr Hardtop	1075	2225	3900	5375	7775
Impala		2dr Hardtop	2125	4675	7950	11825	17225
Impala		2dr Convertible	4200	7900	13950	19900	28800
Corvette		2dr Convertible	6050	11425	19075	24900	34125

ENGINE OPTIONS: 6cyl -25%; 348-250hp +5%; 348-280hp(3x2v) +25%; 348-315hp(3x2v) +35% **Corvette:** 283-245hp(2x4v) +12%; 283-270hp(2x4v) +25%; 283-250hp(FI) +30%; 283-290hp(FI) +30%

1960

Corvair		4dr Sedan	425	950	1650	2400	3425
Corvair		2dr Sedan	525	1050	1875	2775	4000
Corvair	Monza	2dr Sedan	725	1550	2750	3900	5500
Biscayne		4dr Sedan	575	1200	2100	2900	4100
Biscayne		2dr Sedan	600	1225	2100	2950	4125

CHEVROLET

MODEL	LINE	STYLE	Relative Condition: Worse ↔ Better				
			❺	❹	❸	❷	❶

1960

MODEL	LINE	STYLE	❺	❹	❸	❷	❶
Bel Air		4dr Sedan	700	1300	2300	3125	4500
Bel Air		2dr Sedan	725	1350	2400	3350	4825
Bel Air		4dr Hardtop	750	1475	2625	3675	5250
Bel Air		2dr Hardtop	925	1875	3400	4875	7100
Impala		4dr Sedan	750	1550	2700	3900	5650
Impala		4dr Hardtop	950	1825	3525	4850	6850
Impala		2dr Hardtop	1900	3825	7325	10400	14825
Impala		2dr Convertible	3525	7100	12150	18325	26750
Corvette		2dr Convertible	6025	11525	19350	25225	34225

ENGINE OPTIONS: 6cyl -25%; 348-250hp +5%; 348-305hp +15%; 348-280hp(3x2v) +25%; 348-320hp +25%; 348-335hp(3x2v) +35% **Corvette:** 283-245hp(2x4v) +12%; 283-270hp(2x4v) +20%; 283-275hp(FI) +30%; 283-315hp(FI) +30%

1961

MODEL	LINE	STYLE	❺	❹	❸	❷	❶
Corvair		4dr Sedan	425	925	1550	2350	3350
Corvair		2dr Sedan	525	1050	1850	2675	3825
Corvair	Monza	2dr Sedan	725	1375	2475	3500	5175
Corvair	Monza	4dr Sedan	525	1025	1850	2675	3775
Biscayne		4dr Sedan	475	975	1875	2750	3825
Biscayne		2dr Sedan	525	1150	2025	2875	4200
Bel Air		4dr Sedan	550	1125	2025	2900	4100
Bel Air		2dr Sedan	600	1200	2200	3075	4525
Bel Air		4dr Hardtop	650	1300	2550	3450	4950
Bel Air		2dr Hardtop	1000	2175	3850	5550	8000
Impala		4dr Sedan	625	1350	2350	3325	4850
Impala		2dr Sedan	725	1600	2800	3925	5650
Impala		4dr Hardtop	800	1700	2975	4300	6150
Impala		2dr Hardtop	1450	3050	6050	8050	11025
Impala		2dr Convertible	2800	5250	9475	13825	19525
Corvette		2dr Convertible	6050	11050	18425	25575	36150

ENGINE OPTIONS: 6cyl -20%; 348-250hp +10%; 348-305hp +15%; 348-280hp(3x2v) +30%; 348-340hp +30%; 348-350hp(3x2v) +40%; 409-360hp +55% **Corvette:** 283-245hp(2x4v) +12%; 283-270hp(2x4v) +20%; 283-275hp(FI) +30%; 283-315hp(FI) +30%

1962

MODEL	LINE	STYLE	❺	❹	❸	❷	❶
Corvair		2dr Sedan	575	1100	2025	2850	3950
Corvair		4dr Sedan	425	925	1650	2350	3400
Corvair	Monza	4dr Sedan	575	1125	2050	2900	4075
Corvair	Monza	2dr Sedan	675	1450	2575	3600	5300
Corvair	Monza	2dr Convertible	850	1825	3375	4700	6525

CHEVROLET

MODEL	LINE	STYLE	Relative Condition: Worse ↔ Better				
			❺	❹	❸	❷	❶
Corvair	Monza Spyder	2dr Sedan	875	1875	3325	4650	6525

1962

MODEL	LINE	STYLE	5	4	3	2	1
Corvair	Monza Spyder	2dr Convertible	1150	2325	4250	6125	8425
Chevy II	100	4dr Sedan	500	1025	1825	2625	3625
Chevy II		2dr Sedan	500	1100	1875	2725	3725
Chevy II	Nova	4dr Sedan	525	1050	1925	2650	3725
Chevy II	Nova	2dr Sedan	525	1125	2050	2875	3975
Chevy II	Nova	2dr Hardtop	925	1850	3325	4525	6150
Chevy II	Nova	2dr Convertible	1150	2500	4325	6075	8350
Biscayne		4dr Sedan	500	1050	1825	2650	3775
Biscayne		2dr Sedan	650	1400	2325	3425	4750
Bel Air		2dr Hardtop	1375	3000	5175	7500	10325
Bel Air		2dr Sedan	825	1650	2925	4450	5975
Bel Air		4dr Sedan	525	1100	1900	2775	3925
Impala		4dr Sedan	600	1225	2150	3100	4375
Impala		4dr Hardtop	800	1525	2700	3975	5600
Impala		2dr Hardtop	1325	2725	5775	7900	11000
Impala		2dr Convertible	2300	4600	8250	12500	17250
Impala	SS	2dr Hardtop	1700	3725	6725	9850	13725
Impala	SS	2dr Convertible	2725	6050	10375	14675	20100
Corvette		2dr Convertible	6750	11150	19825	26200	36675

ENGINE OPTIONS: 6cyl -20%; 327-250hp +5%; 327-300hp +10%; 409-380hp +70% 409-409hp(2x4v) +105%
Corvette: 327-340hp +12%; 327-360hp(FI) +30%

1963

MODEL	LINE	STYLE	5	4	3	2	1
Corvair		2dr Sedan	525	1025	1850	2600	3700
Corvair		4dr Sedan	500	1000	1725	2450	3475
Corvair	Monza	4dr Sedan	650	1300	2325	3250	4550
Corvair	Monza	2dr Sedan	775	1625	2875	3975	5575
Corvair	Monza	2dr Convertible	975	2025	3525	4925	7025
Corvair	Monza Spyder	2dr Sedan	950	1950	3525	4900	7050
Corvair	Monza Spyder	2dr Convertible	1200	2625	4600	6725	9450
Chevy II		4dr Sedan	500	1025	1900	2700	3775
Chevy II		2dr Sedan	525	1100	2025	2950	4050
Chevy II	Nova	4dr Sedan	525	1100	2000	2900	4000
Chevy II	Nova	2dr Hardtop	875	1775	3225	4475	6125
Chevy II	Nova	2dr Convertible	1200	2400	4300	5775	8000
Chevy II	Nova SS	2dr Hardtop	1175	2325	3825	5200	7375
Chevy II	Nova SS	2dr Convertible	1575	3200	5250	7200	9875
Biscayne		4dr Sedan	500	1050	1825	2575	3675
Biscayne		2dr Sedan	525	1100	1900	2800	3950

CHEVROLET

MODEL	LINE	STYLE	5	4	3	2	1
Bel Air		4dr Sedan	525	1025	1900	2650	3750

1963

MODEL	LINE	STYLE	5	4	3	2	1
Bel Air		2dr Sedan	525	1125	2075	2825	4100
Impala		4dr Sedan	600	1225	2150	3050	4375
Impala		4dr Hardtop	775	1500	2750	3925	5650
Impala		2dr Hardtop	1300	2850	5200	7450	10000
Impala		2dr Convertible	2250	4575	8000	11650	15675
Impala	SS	2dr Hardtop	1750	3825	6700	9975	14450
Impala	SS	2dr Convertible	2675	5925	10650	15475	20525
Corvette		2dr Convertible	6175	11350	19275	27000	36050
Corvette		2dr Hardtop	6525	13025	21550	27675	38500

ENGINE OPTIONS: 6cyl -25%; 327-300hp +10%; 409-340hp +25%; 409-400hp +70%; 409-425hp(2x4v) +105% **Corvette:** 327-340hp +8%; 327-360hp(FI) +25%

1964

MODEL	LINE	STYLE	5	4	3	2	1
Corvair		4dr Sedan	500	1025	1825	2575	3675
Corvair		2dr Sedan	525	1125	1975	2800	3925
Corvair	Monza	4dr Sedan	575	1100	2050	2950	4025
Corvair	Monza	2dr Sedan	775	1650	2925	4100	5850
Corvair	Monza	2dr Convertible	1175	2475	4375	6175	8650
Corvair	Spyder	2dr Sedan	950	1975	3525	4925	7050
Corvair	Spyder	2dr Convertible	1400	2825	5100	7000	10075
Chevy II		4dr Sedan	500	1000	1700	2500	3600
Chevy II		2dr Sedan	525	1025	1825	2625	3725
Chevy II	Nova	4dr Sedan	550	1075	1900	2675	3750
Chevy II	Nova SS	2dr Hardtop	1050	2100	3850	5400	7400
Chevy II	Nova	2dr Hardtop	775	1550	2700	3800	5400
Chevelle		4dr Sedan	400	725	1275	1800	2800
Chevelle		2dr Sedan	450	825	1450	2150	3175
Chevelle	Malibu	4dr Sedan	450	925	1700	2450	3475
Chevelle	Malibu	2dr Hardtop	1350	2675	4800	6950	9625
Chevelle	Malibu	2dr Convertible	1850	3450	6150	9025	13150
Chevelle	Malibu SS	2dr Hardtop	1650	3275	6050	8600	11900
Chevelle	Malibu SS	2dr Convertible	2425	5025	8100	12425	17675
Biscayne		4dr Sedan	525	1025	1900	2700	3775
Biscayne		2dr Sedan	600	1100	2000	2825	3900
Bel Air		4dr Sedan	600	1125	2025	2850	4050
Bel Air		2dr Sedan	625	1150	2050	2900	4125
Impala		4dr Sedan	625	1375	2400	3375	4775
Impala		4dr Hardtop	725	1575	2825	4075	5675
Impala		2dr Hardtop	1025	2850	5075	7475	9875

CHEVROLET

MODEL	LINE	STYLE	Relative Condition: Worse ↔ Better				
			❺	❹	❸	❷	❶
Impala		2dr Convertible	2150	4425	7975	11525	15950
1964							
Impala	SS	2dr Hardtop	1575	3325	6425	10050	13950
Impala	SS	2dr Convertible	2525	5025	9175	14500	20125
Corvette		2dr Hardtop	6025	11950	18725	25250	34450
Corvette		2dr Convertible	6225	12650	19600	26650	36250

ENGINE OPTIONS: Full size **styles:** 6cyl -25%; 327-300hp +10%; 409-340hp +25%; 409-400hp +60%; 409-425hp(2x4v) +105% **Chevy II/Nova:** 283-195hp +20%; **Chevelle/Malibu:** 6cyl -25%; 283-220hp +10%; 327-250hp +15%; 327-300hp +22%; **Corvette:** 327-365hp +15%; 327-375hp(FI) +27%

1965

MODEL	LINE	STYLE	❺	❹	❸	❷	❶
Corvair		4dr Hardtop	500	975	1775	2450	3550
Corvair		2dr Hardtop	575	1125	2050	2800	4025
Corvair	Monza	4dr Hardtop	625	1250	2200	3075	4300
Corvair	Monza	2dr Hardtop	800	1675	2875	4150	5575
Corvair	Monza	2dr Convertible	975	2025	3600	5050	7375
Corvair	Corsa	2dr Hardtop	875	1875	3350	4700	6700
Corvair	Corsa	2dr Convertible	1175	2350	4400	6450	9075
Chevy II		4dr Sedan	500	1000	1750	2625	3625
Chevy II		2dr Sedan	525	1100	1900	2800	3950
Chevy II	Nova	4dr Sedan	600	1100	1975	2800	3875
Chevy II	Nova	2dr Hardtop	900	1800	3425	4875	6925
Chevy II	Nova SS	2dr Hardtop	1225	2525	4450	6100	8525
Chevelle		4dr Sedan	450	950	1625	2525	3625
Chevelle		2dr Sedan	525	1050	1850	2700	3875
Chevelle	Malibu	4dr Sedan	600	1125	2025	2925	4100
Chevelle	Malibu	2dr Hardtop	1100	2300	4125	6100	8525
Chevelle	Malibu	2dr Convertible	1775	3725	6325	9200	13325
Chevelle	Malibu SS	2dr Hardtop	1475	2825	5250	7625	10900
Chevelle	Malibu SS	2dr Convertible	2500	4725	8675	12600	17925
Biscayne		4dr Sedan	400	900	1525	2325	3425
Biscayne		2dr Sedan	525	1025	1825	2625	3725
Bel Air		4dr Sedan	575	1100	2025	2800	3925
Bel Air		2dr Sedan	600	1200	2100	2900	4100
Impala		4dr Sedan	650	1350	2375	3350	4625
Impala		4dr Hardtop	750	1575	2750	3825	5500
Impala		2dr Hardtop	950	2325	4300	6350	8950
Impala		2dr Convertible	1925	3725	6525	9400	13850
Impala	SS	2dr Hardtop	1450	2925	5400	7925	11150
Impala	SS	2dr Convertible	2050	4275	7850	11625	16725
Caprice		4dr Hardtop	1000	1875	3375	4900	6850

CHEVROLET

MODEL	LINE	STYLE	5	4	3	2	1
Corvette		2dr Hardtop	5900	12075	18775	25500	36475

1965

MODEL	LINE	STYLE	5	4	3	2	1
Corvette		2dr Convertible	6275	12875	19850	27050	36925

ENGINE OPTIONS: Full size styles: 6cyl -25%; 327-300hp +5%; 396-325hp +15%; 409-340hp +25%; 409-400hp +70% **Corvair:** 164-180hp(Turbo) +25 **Chevy II/Nova:** 283-195hp +10%; 283-225hp +20%; 327-250hp +35%; 327-300hp +65%; **Chevelle/Malibu:** 6cyl -25%; 283-220hp +10%; 327-250hp +15%; 327-300hp +22%; 396-375hp +50% **Corvette:** 327-350hp +10%; 327-365hp +15%; 327-375hp(FI) +35% 396-425 +50%

1966

MODEL	LINE	STYLE	5	4	3	2	1
Corvair		4dr Hardtop	525	975	1750	2500	3525
Corvair		2dr Hardtop	525	1050	1975	2775	3975
Corvair	Monza	2dr Hardtop	800	1675	2900	4125	5625
Corvair	Monza	4dr Hardtop	600	1225	2150	2950	4250
Corvair	Monza	2dr Convertible	1025	2100	3900	5325	7625
Corvair	Corsa	2dr Hardtop	975	2025	3575	5000	6750
Corvair	Corsa	2dr Convertible	1225	2475	4425	6325	8825
Chevy II		4dr Sedan	550	1025	1875	2700	3700
Chevy II		2dr Sedan	600	1100	2000	2825	3900
Chevy II	Nova	4dr Sedan	600	1125	2025	2850	4050
Chevy II	Nova	2dr Hardtop	900	1875	3300	4600	6625
Chevy II	Nova SS	2dr Hardtop	1200	2500	4600	6575	9225
Chevelle		4dr Sedan	500	1000	1800	2525	3600
Chevelle		2dr Sedan	525	1050	1950	2700	3800
Chevelle	Malibu	4dr Sedan	575	1100	2000	2825	4000
Chevelle	Malibu	4dr Hardtop	625	1250	2200	3050	4275
Chevelle	Malibu	2dr Hardtop	1175	2350	4125	5750	8125
Chevelle	Malibu	2dr Convertible	1600	3250	5875	8325	11350
Chevelle	Malibu SS	2dr Hardtop	1925	3975	6875	9675	13075
Chevelle	Malibu SS	2dr Convertible	2800	5450	9575	13625	18700
Biscayne		4dr Sedan	500	1000	1800	2600	3575
Biscayne		2dr Sedan	500	1025	1900	2700	3775
Bel Air		4dr Sedan	525	1050	1900	2700	3775
Bel Air		2dr Sedan	600	1100	2000	2825	3900
Impala		4dr Sedan	575	1125	2025	2900	4125
Impala		4dr Hardtop	600	1225	2125	3100	4525
Impala		2dr Hardtop	950	2300	4375	6400	9050
Impala		2dr Convertible	1725	3700	6400	9600	14250
Impala	SS	2dr Hardtop	1325	2775	5125	7325	10500
Impala	SS	2dr Convertible	2100	4275	7700	11000	15700
Caprice		4dr Hardtop	775	1400	2550	3600	5325

CHEVROLET

MODEL	LINE	STYLE	⑤	④	③	②	①
Caprice		2dr Hardtop	1200	2500	4525	6400	8950
1966							
Corvette		2dr Hardtop	5900	12025	20025	25950	36800
Corvette		2dr Convertible	6200	12875	20150	26225	37050

ENGINE OPTIONS: Full size styles: 6cyl -25%; 396-325hp +25%; 427-390hp +45%; 427-425hp +75% **Corvair:** 164-180hp(Turbo) +25% **Chevy II/Nova:** 283-195hp +10%; 283-220hp +20%; 327-275hp +25%; 327-350hp +60% **Chevelle/Malibu:** 6cyl -25%; 283-220hp +5%; 327-275hp +15%; 327-300hp +28%; 396-360hp +20%; 396-375hp +45% **Corvette:** 327-350hp +10%; 427-390hp +25%; 427-425hp +60%

1967

MODEL	LINE	STYLE	⑤	④	③	②	①
Corvair		2dr Hardtop	600	1200	2100	2950	4250
Corvair		4dr Hardtop	525	975	1775	2525	3575
Corvair	Monza	4dr Hardtop	600	1250	2150	3000	4350
Corvair	Monza	2dr Hardtop	775	1700	3000	4225	5975
Corvair	Monza	2dr Convertible	1025	1975	3725	5150	7375
Chevy II		4dr Sedan	500	1000	1725	2450	3600
Chevy II		2dr Sedan	525	1050	1925	2775	4050
Chevy II	Nova	4dr Sedan	525	1050	1925	2650	3775
Chevy II	Nova	2dr Hardtop	1075	2300	4025	5700	8025
Chevy II	Nova SS	2dr Hardtop	1450	2950	5050	7200	9900
Chevelle		4dr Sedan	475	975	1700	2500	3550
Chevelle		2dr Sedan	525	1050	1925	2650	3775
Chevelle	Malibu	4dr Sedan	575	1175	2075	2875	4150
Chevelle	Malibu	4dr Hardtop	625	1325	2250	3300	4825
Chevelle	Malibu	2dr Hardtop	1000	2275	4275	6200	8400
Chevelle	Malibu	2dr Convertible	1600	3350	6350	9000	12775
Chevelle	Malibu SS	2dr Hardtop	1950	3975	6975	9650	13350
Chevelle	Malibu SS	2dr Convertible	2800	5375	9625	13750	19475
Biscayne		4dr Sedan	450	825	1600	2425	3400
Biscayne		2dr Sedan	500	925	1800	2525	3600
Bel Air		4dr Sedan	550	1000	1900	2675	3750
Bel Air		2dr Sedan	600	1100	2000	2725	3925
Impala		4dr Sedan	575	1175	2175	3075	4350
Impala		4dr Hardtop	700	1475	2575	3575	5050
Impala		2dr Hardtop	925	1900	3575	5225	7450
Impala		2dr Convertible	1475	3050	5675	8150	11650
Impala	SS	2dr Hardtop	1275	2600	4525	6725	9550
Impala	SS	2dr Convertible	1750	3900	6750	9300	13975
Caprice		4dr Hardtop	700	1475	2600	3625	5100
Caprice		2dr Hardtop	950	1900	3700	5325	7400
Camaro		2dr Hardtop	1400	3000	5800	8350	11400

CHEVROLET

MODEL	LINE	STYLE	5	4	3	2	1
Camaro		2dr Convertible	2400	4725	8375	12050	15750
1967							
Camaro	Z28	2dr Hardtop	3900	6625	11200	14900	20325
Camaro	RS/SS	2dr Hardtop	2050	4125	7200	10350	14425
Camaro	RS/SS	2dr Convertible	3125	6075	10775	15175	19975
Corvette		2dr Hardtop	7125	14750	23450	27775	36950
Corvette		2dr Convertible	7475	14975	22850	27425	37375

ENGINE OPTIONS: Full size styles: 6cyl -25%; 396-325hp +25%; 396-375hp +40%; 427-385hp +40%; 427-427hp +75% **Chevy II/Nova:** 283-195hp +10%; 283-220hp +20%; 327-275hp +25%; 327-350hp +60% **Chevelle/Malibu:** 6cyl -25%; 283-220hp +5%; 327-250hp +15%; 327-300hp +22%; 396-375hp +50% **Camaro:** 6cyl -20%; 327-275hp +10%; 350-295hp +15%; 396-325hp +28%; 396-375hp +55% **Corvette:** 327-350hp +10%; 427-390hp +20%; 427-400hp(3x2v) +55% 427-435hp(3x2v) +60%

MODEL	LINE	STYLE	5	4	3	2	1
1968							
Corvair		2dr Hardtop	700	1375	2400	3350	4700
Corvair	Monza	2dr Hardtop	900	1725	3150	4325	6125
Corvair	Monza	2dr Convertible	1050	2175	3850	5275	7525
Nova		4dr Sedan	500	925	1700	2425	3425
Nova		2dr Sedan	500	1025	1800	2425	3500
Nova	SS	2dr Sedan	825	1625	2975	4425	5850
Chevelle		4dr Sedan	425	925	1625	2250	3250
Chevelle		2dr Sedan	450	1000	1725	2375	3450
Chevelle		4dr Hardtop	500	975	1825	2475	3525
Chevelle	SS	2dr Hardtop	1900	3725	6950	9400	13175
Chevelle	SS	2dr Convertible	3350	6125	11225	15575	21050
Chevelle	Malibu	4dr Sedan	475	950	1750	2375	3400
Chevelle	Malibu	4dr Hardtop	525	1050	1900	2650	3800
Chevelle	Malibu	2dr Hardtop	850	1725	3275	4850	6925
Chevelle	Malibu	2dr Convertible	1675	3300	6000	8175	11650
Biscayne		4dr Sedan	425	925	1525	2150	3150
Biscayne		2dr Sedan	425	925	1625	2250	3250
Bel Air		4dr Sedan	425	825	1525	2250	3200
Bel Air		2dr Sedan	475	900	1600	2350	3325
Impala		4dr Sedan	500	950	1750	2475	3500
Impala		4dr Hardtop	525	1050	1950	2750	3975
Impala		2dr Hardtop	725	1400	2575	3750	5250
Impala	Custom Coupe	2dr Hardtop	675	1350	2575	3725	5275
Impala		2dr Convertible	1325	2925	5250	7400	10400
Caprice		4dr Hardtop	525	1050	1975	2800	4025
Caprice		2dr Hardtop	700	1475	2625	3850	5325
Impala	SS	2dr Hardtop	1100	2025	3950	5575	7800

CHEVROLET

MODEL	LINE	STYLE	Relative Condition: Worse ↔ Better				
			⑤	④	③	②	①
Impala	SS	2dr Convertible	1700	3225	6375	9100	13125
1968							
Camaro		2dr Hardtop	1400	3100	5675	8075	11225
Camaro		2dr Convertible	2025	4125	7350	10425	14900
Camaro	Z28	2dr Hardtop	3450	6125	10650	14750	20550
Camaro	RS/SS	2dr Hardtop	2150	4275	7175	10100	13725
Camaro	RS/SS	2dr Convertible	2850	5600	10175	14225	19825
Corvette		2dr Hardtop	2825	5075	8750	12375	17975
Corvette		2dr Convertible	3375	6375	10125	13900	19150

ENGINE OPTIONS: Full size styles: 6cyl -20%; 396-325hp +20%; 427-385hp +45%; 427-425hp +80% **Chevy II/Nova:** 6cyl -15%; 327-275hp +30%; 350-295hp +30%; SS: 396-350hp +35%; 396-375hp +55%; **Chevelle/Malibu:** 6cyl -25%; 327-275hp +10%; 396-350hp +10%; 396-375hp +50% **Camaro:** 6cyl -20%; 327-275hp +10%; 350-295hp +15%; 396-325hp +28%; 396-350hp +35%; 396-375hp +55%; **Corvette:** 327-350 +12%; 427-390hp +20%; 427-400hp(3x2v) +50%; 427-435hp(3x2v) +85%; 427-L89 +190%; 427-L88 +350%

MODEL	LINE	STYLE	⑤	④	③	②	①
1969							
Corvair		2dr Hardtop	725	1450	2550	3600	5125
Corvair	Monza	2dr Hardtop	950	1925	3400	4875	6975
Corvair	Monza	2dr Convertible	1100	2200	3975	5625	8200
Nova		4dr Sedan	425	925	1625	2250	3150
Nova		2dr Sedan	425	925	1650	2275	3175
Nova	SS	2dr Sedan	875	1700	3475	4975	6700
Chevelle		4dr Sedan	425	900	1675	2275	3400
Chevelle		2dr Sedan	525	950	1800	2450	3500
Chevelle		2dr Hardtop	625	1200	2300	3350	5075
Chevelle		4dr Hardtop	525	950	1775	2500	3525
Chevelle	Malibu	4dr Sedan	525	1025	1825	2450	3550
Chevelle	Malibu	4dr Hardtop	600	1125	2075	2975	4200
Chevelle	Malibu	2dr Hardtop	950	1900	3525	5000	7150
Chevelle	Malibu	2dr Convertible	1625	3175	5800	8150	11300
Chevelle	SS	2dr Hardtop	1875	3850	6925	9675	13550
Chevelle	SS	2dr Convertible	3025	6000	10925	14950	20900
Biscayne		4dr Sedan	400	850	1600	2200	3200
Biscayne		2dr Sedan	425	950	1675	2400	3425
Bel Air		4dr Sedan	500	900	1675	2350	3325
Bel Air		2dr Sedan	500	925	1700	2425	3425
Impala		4dr Sedan	500	925	1700	2425	3425
Impala		4dr Hardtop	600	1125	2025	2850	3950
Impala		2dr Hardtop	625	1175	2175	3125	4350
Impala		2dr Convertible	1125	2225	4125	6025	8500
Impala	Custom Coupe	2dr Hardtop	650	1200	2325	3475	4900

CHEVROLET

MODEL	LINE	STYLE	5	4	3	2	1
			Relative Condition: Worse ↔ Better				
Impala	SS	2dr Hardtop	1850	3400	6125	8650	11225
1969							
Impala	SS	2dr Convertible	3225	5850	9075	12500	16125
Caprice		4dr Hardtop	625	1175	2125	3000	4225
Caprice		2dr Hardtop	700	1275	2300	3425	4750
Camaro		2dr Hardtop	1375	2850	5125	7100	9950
Camaro		2dr Convertible	1750	3450	6125	8575	14300
Camaro	Z28	2dr Hardtop	3200	5850	9800	13850	19050
Camaro	RS/SS	2dr Hardtop	1725	3725	6900	9275	13000
Camaro	RS/SS	2dr Convertible	2875	5300	9400	13100	18900
Camaro	Pace Car	2dr Convertible	4800	8275	11350	17100	21600
Corvette		2dr Hardtop	2875	5450	9050	13075	18225
Corvette		2dr Convertible	3750	6775	10925	14825	21150

ENGINE OPTIONS: Full size styles: 6cyl -20%; 350-300hp +10%; 396-325hp +20%; 427-390hp +40%; 427-425hp +110% **Chevy II/Nova:** 6cyl -15%; 350-250hp +30%; SS: 396-350hp +35%; 396-375hp +55% **Chevelle/Malibu:** 6cyl -25%; 350-300hp +22%; 396-375hp +50% **Camaro:** 6cyl -20%; 350-300hp +15%; 396-325hp +28%; 396-350hp +35%; 396-375hp +55%; 427-425hp(ZL-1 Camaro) +400% **Corvette:** 350-350hp +12% 427-390hp +20% 427-400(3x2v) +45% 427-435(3x2v) +85% 427-L89 +190% 427-L88 +350%

MODEL	LINE	STYLE	5	4	3	2	1
1970							
Nova		4dr Sedan	400	850	1525	2150	3050
Nova		2dr Sedan	425	950	1625	2275	3275
Nova	SS	2dr Sedan	975	1975	3425	4650	6975
Monte Carlo		2dr Hardtop	975	2075	3925	5725	7975
Monte Carlo	SS	2dr Hardtop	2300	4175	6975	9175	12500
Chevelle		4dr Sedan	500	1100	1900	2700	3775
Chevelle		2dr Sedan	600	1200	2100	2900	4100
Chevelle	SS	2dr Hardtop	2125	3950	7000	9625	13650
Chevelle	SS	2dr Convertible	3850	6825	11625	16350	22725
Chevelle	Malibu	4dr Sedan	550	1000	1900	2700	3775
Chevelle	Malibu	4dr Hardtop	600	1125	2075	2950	4100
Chevelle	Malibu	2dr Hardtop	875	1900	3700	5075	7050
Chevelle	Malibu	2dr Convertible	1575	3425	6175	8400	11650
Biscayne		4dr Sedan	475	900	1500	2300	3225
Bel Air		4dr Sedan	475	900	1825	2450	3725
Impala		4dr Sedan	500	1075	1975	2900	3975
Impala		4dr Hardtop	575	1200	2150	3050	4225
Impala		2dr Hardtop	700	1250	2400	3250	4550
Impala	Custom Coupe	2dr Hardtop	700	1425	2700	3475	4825
Impala		2dr Convertible	1000	2125	4025	5600	7900
Caprice		4dr Hardtop	575	1200	2250	3250	4625

CHEVROLET

MODEL	LINE	STYLE	5	4	3	2	1
Caprice		2dr Hardtop	725	1250	2375	3500	4850
1970							
Camaro		2dr Hardtop	1150	2325	4100	6000	8150
Camaro	RS/SS	2dr Hardtop	1350	2875	5350	7525	10400
Camaro	Z28	2dr Hardtop	2425	4625	8075	11750	16175
Corvette		2dr Hardtop	2950	5400	9150	13175	18675
Corvette		2dr Convertible	3675	6725	10975	14925	21150

ENGINE OPTIONS: Nova: 6cyl -15%; 350-250hp +30%; **SS:** 396-350hp +35%; 396-375hp +55%; **Chevelle/Malibu/Monte Carlo:** 6cyl -25%; 396-375hp +50%; 454-360hp +25%; 454-450hp(LS6) +110% **Camaro:** 6cyl -20%; 396-350hp +35%; 396-375hp +65% **Corvette:** 350-350hp +12%; 350-370hp +55%; 454-390hp +30%

1971

MODEL	LINE	STYLE	5	4	3	2	1
Vega		2dr Sedan	425	850	1550	2175	3175
Vega		2dr Hatchback	425	950	1650	2300	3400
Nova		4dr Sedan	400	825	1625	2250	3150
Nova		2dr Sedan	425	950	1750	2375	3300
Nova	SS	2dr Sedan	825	1750	3175	4300	6400
Chevelle		4dr Sedan	500	1025	1900	2700	3700
Chevelle		2dr Hardtop	600	1125	2250	3125	4400
Chevelle	SS	2dr Hardtop	1350	2800	5025	7125	9675
Chevelle	SS	2dr Convertible	2325	4775	8550	11650	16150
Chevelle	Malibu	4dr Sedan	575	1000	1775	2600	3800
Chevelle	Malibu	4dr Hardtop	600	1100	2000	2825	4000
Chevelle	Malibu	2dr Hardtop	750	1600	2975	4325	6025
Chevelle	Malibu	2dr Convertible	1225	2525	4725	6575	8875
Monte Carlo		2dr Hardtop	1050	2200	4025	5800	8000
Monte Carlo	SS	2dr Hardtop	2100	4100	7325	9775	12875
Biscayne		4dr Sedan	400	800	1400	2000	2900
Bel Air		4dr Sedan	425	850	1450	2075	3050
Impala		4dr Sedan	425	925	1625	2250	3150
Impala		4dr Hardtop	450	1025	1700	2350	3325
Impala		2dr Hardtop	500	950	1800	2525	3575
Impala	Custom Coupe	2dr Hardtop	550	1075	1975	2750	3900
Impala		2dr Convertible	1050	2100	4050	5725	7800
Caprice		4dr Hardtop	525	950	1800	2550	3600
Caprice		2dr Hardtop	600	1125	2100	3050	4250
Camaro		2dr Hardtop	1075	2150	3950	5450	7850
Camaro	Z28	2dr Hardtop	2250	4425	7750	10850	15450
Camaro	RS/SS	2dr Hardtop	1225	2500	4750	7025	9850
Corvette		2dr Hardtop	2900	5400	9125	12675	17825

CHEVROLET

MODEL	LINE	STYLE	Relative Condition: Worse ↔ Better				
			❺	❹	❸	❷	❶
Corvette		2dr Convertible	3525	6450	10675	14275	20600

1971

ENGINE OPTIONS: Full size styles: 6cyl -20%; 402-300hp +20%; 454-365hp +35%; **Nova:** 6cyl -15%; 350-245hp +20% **Chevelle/Malibu/Monte Carlo:** 6cyl -25%; 350-270hp +5%; 402-300hp +20%; 454-365hp +35%; 454-425hp(LS6) +100% **Camaro:** 6cyl -20%; 402-300hp +35% **Corvettes:** 350-330hp +40%; 454-365hp +40%; 454-425hp(LS6) +180

1972

MODEL	LINE	STYLE	❺	❹	❸	❷	❶
Vega		2dr Sedan	425	850	1550	2175	3175
Vega		2dr Hatchback	425	950	1650	2300	3300
Nova		4dr Sedan	400	825	1600	2250	3325
Nova		2dr Sedan	550	1000	1825	2500	3675
Nova	SS	2dr Sedan	775	1475	2975	4175	5725
Chevelle		4dr Sedan	500	1000	1800	2200	3675
Chevelle		2dr Hardtop	625	1250	2325	3225	4500
Chevelle	SS	2dr Hardtop	1275	2700	5000	6975	9475
Chevelle	SS	2dr Convertible	2100	4425	7850	10625	14775
Chevelle	Malibu	4dr Sedan	600	1100	1900	2800	3875
Chevelle	Malibu	4dr Hardtop	675	1200	2050	3000	4175
Chevelle	Malibu	2dr Hardtop	825	1625	3025	4375	6200
Chevelle	Malibu	2dr Convertible	1250	2425	4750	6325	8900
Monte Carlo		2dr Hardtop	1100	2250	4025	5750	8150
Biscayne		4dr Sedan	400	825	1400	2000	2900
Bel Air		4dr Sedan	425	850	1525	2150	3050
Impala		4dr Sedan	425	925	1625	2250	3150
Impala		4dr Hardtop	450	950	1700	2375	3300
Impala		2dr Hardtop	525	1050	1850	2625	3700
Impala	Custom Coupe	2dr Hardtop	550	1100	1975	2775	3925
Impala		2dr Convertible	1125	2225	4025	5850	7875
Caprice		4dr Sedan	500	925	1700	2425	3425
Caprice		4dr Hardtop	550	1100	1950	2700	3825
Caprice		2dr Hardtop	600	1200	2125	3050	4250
Camaro		2dr Hardtop	1025	1975	3600	5050	7225
Camaro	Z28	2dr Hardtop	2000	4000	6725	9425	13575
Camaro	RS/SS	2dr Hardtop	1200	2425	4525	6475	8875
Corvette		2dr Hardtop	2900	5400	9000	12675	17500
Corvette		2dr Convertible	3350	6275	11025	15625	21475

CHRYSLER

MODEL	LINE	STYLE	5	4	3	2	1
1946							
Royal		4dr Sedan	900	1550	2975	4375	6300
Royal		2dr Sedan	875	1550	2975	4300	6250
Royal	Club Coupe	2dr Sedan	975	2125	3675	5450	7825
Royal	Business Coupe	2dr Sedan	950	2125	3575	5175	7650
Royal		Long Wheelbase	925	1875	3200	4650	6925
Windsor		4dr Sedan	900	1575	3025	4425	6350
Windsor		2dr Sedan	925	1575	2975	4350	6275
Windsor		2dr Convertible	3475	5075	8200	14300	25350
Windsor	Business Coupe	2dr Sedan	950	2225	3525	5250	7625
Windsor	Club Coupe	2dr Sedan	1000	2300	3600	5325	7925
Windsor		Long Wheelbase	925	2000	3275	4850	6900
Saratoga		4dr Sedan	900	1650	3000	4300	6300
Saratoga		2dr Sedan	900	1600	2975	4250	6250
Saratoga	Club Coupe	2dr Sedan	975	2250	3675	5350	7850
Saratoga	Business Coupe	2dr Sedan	975	2225	3525	5050	7775
New Yorker		4dr Sedan	975	1750	3400	4850	6950
New Yorker		2dr Sedan	1000	1800	3475	4925	7025
New Yorker		2dr Convertible	4450	6975	11050	18050	27925
New Yorker	Club Coupe	2dr Sedan	975	2300	3700	5500	8100
New Yorker	Business Coupe	2dr Sedan	975	2225	3550	5375	8075
Town & Country		4dr Sedan	5700	9000	16700	23250	35000
Town & Country		2dr Convertible	9375	17725	29000	45400	55900
Crown Imperial		Long Wheelbase	975	2150	3450	5200	7750
1947							
Royal		4dr Sedan	850	1500	2875	4175	6075
Royal		2dr Sedan	850	1475	2900	4225	6125
Royal	Club Coupe	2dr Sedan	950	2075	3575	5300	7875
Royal	Business Coupe	2dr Sedan	950	2100	3500	5200	7875
Royal		Long Wheelbase	925	1850	3175	4625	6950
Windsor		4dr Sedan	900	1575	3025	4450	6350
Windsor		2dr Sedan	925	1575	2975	4350	6275
Windsor		2dr Convertible	3875	5800	9250	15225	26475
Windsor	Business Coupe	2dr Sedan	950	2225	3500	5200	7825
Windsor	Club Coupe	2dr Sedan	950	2200	3475	5200	7925
Windsor	Traveler	4dr Sedan	1050	1900	3750	5550	7350
Windsor		Long Wheelbase	925	1925	3200	4825	6950
Saratoga		4dr Sedan	875	1625	2950	4250	6125
Saratoga		2dr Sedan	900	1550	2875	4125	6075
Saratoga	Club Coupe	2dr Sedan	950	2175	3600	5250	7825

CHRYSLER

MODEL	LINE	STYLE	5	4	3	2	1
1947							
Saratoga	Business Coupe	2dr Sedan	950	2200	3500	5050	7725
New Yorker		4dr Sedan	975	1825	3325	4825	6875
New Yorker		2dr Sedan	1000	1800	3550	5050	7075
New Yorker		2dr Convertible	4450	6925	11175	18275	28750
New Yorker	Club Coupe	2dr Sedan	950	2300	3700	5450	8200
New Yorker	Business Coupe	2dr Sedan	950	2200	3625	5300	8075
Town & Country		4dr Sedan	5425	9075	16000	26800	34950
Town & Country		2dr Convertible	9150	16150	28100	44100	55325
Crown Imperial		Long Wheelbase	975	2125	3475	5100	7800
1948							
Royal		4dr Sedan	850	1475	2850	4150	6000
Royal		2dr Sedan	825	1475	2900	4175	6100
Royal	Club Coupe	2dr Sedan	925	2050	3600	5350	7900
Royal	Business Coupe	2dr Sedan	950	2100	3500	5100	7575
Royal		Long Wheelbase	925	1850	3125	4675	6925
Windsor		4dr Sedan	875	1525	2975	4350	6300
Windsor		2dr Sedan	900	1550	3025	4425	6350
Windsor		2dr Convertible	3875	5800	9250	15575	26825
Windsor	Business Coupe	2dr Sedan	950	2200	3450	5200	7750
Windsor	Club Coupe	2dr Sedan	950	2175	3575	5300	7900
Windsor	Traveler	4dr Sedan	1125	2000	3750	5525	7350
Windsor		Long Wheelbase	925	1925	3250	4825	6825
Saratoga		4dr Sedan	850	1600	2925	4100	6075
Saratoga		2dr Sedan	875	1525	2800	4125	6000
Saratoga	Club Coupe	2dr Sedan	925	2125	3375	5025	7650
Saratoga	Business Coupe	2dr Sedan	950	2200	3500	5000	7650
New Yorker		4dr Sedan	950	1775	3400	4800	6875
New Yorker		2dr Sedan	975	1750	3575	4975	7025
New Yorker		2dr Convertible	4375	7300	12350	19075	28775
New Yorker	Club Coupe	2dr Sedan	1000	2300	3750	5475	8200
New Yorker	Business Coupe	2dr Sedan	1000	2300	3650	5325	8075
Town & Country		4dr Sedan	5500	9375	16000	23425	34700
Town & Country		2dr Convertible	8500	15225	26925	44275	55475
Crown Imperial		Long Wheelbase	950	2100	3425	5225	7800
1949							
Royal		4dr Sedan	850	1400	2500	3550	5125
Royal		2dr Sedan	875	1425	2650	3725	5400
Royal		Long Wheelbase	850	1400	2625	3600	5275
Windsor		4dr Sedan	875	1450	2650	3725	5325

CHRYSLER

MODEL	LINE	STYLE	Relative Condition: Worse ↔ Better				
			❺	❹	❸	❷	❶
1949							
Windsor		2dr Sedan	875	1550	2975	4100	5775
Windsor		2dr Convertible	2300	5050	8475	13125	17025
Windsor		Long Wheelbase	875	1425	2575	3600	5275
Saratoga		4dr Sedan	925	1575	2900	4125	5900
Saratoga		2dr Sedan	950	1800	3075	4300	6325
New Yorker		4dr Sedan	950	2000	3325	4825	7100
New Yorker		2dr Sedan	950	2025	3325	4800	7100
New Yorker		2dr Convertible	3175	6400	12075	16625	23000
Town & Country		2dr Convertible	6900	12925	22150	33800	45750
Crown Imperial		4dr Sedan	1050	2075	3450	5800	7250
Imperial		4dr Sedan	1000	2350	3725	5450	8400
1950							
Royal		4dr Sedan	850	1400	2400	3425	4950
Royal		2dr Sedan	850	1425	2525	3550	5225
Royal		Long Wheelbase	850	1400	2500	3425	4950
Windsor		4dr Sedan	900	1475	2525	3575	5275
Windsor		2dr Sedan	850	1500	2725	3775	5625
Windsor		2dr Convertible	2450	5375	8975	13925	18025
Windsor		2dr Hardtop	1200	2700	4400	6575	8750
Windsor	Traveler	4dr Sedan	1025	1725	3125	4650	6450
Windsor		Long Wheelbase	850	1425	2525	3550	5225
Saratoga		4dr Sedan	950	1575	2925	4150	5950
Saratoga		2dr Sedan	950	1800	3075	4300	6325
New Yorker		4dr Sedan	950	2000	3325	4825	7100
New Yorker		2dr Sedan	975	2050	3375	4825	7150
New Yorker		2dr Hardtop	1325	2975	4800	7650	10050
New Yorker		2dr Convertible	3050	6175	11650	16650	22575
Town & Country		2dr Hardtop	5025	9900	17475	27250	36150
Crown Imperial		4dr Sedan	1025	2025	3450	5550	6875
Imperial		4dr Sedan	950	2200	3525	5200	8000
1951							
Windsor		4dr Sedan	800	1475	2275	3225	4800
Windsor		2dr Sedan	800	1500	2325	3425	4875
Windsor		Long Wheelbase	800	1350	2375	3200	4850
Windsor	Deluxe	4dr Sedan	850	1450	2300	3350	5075
Windsor	Deluxe	2dr Sedan	900	1575	2600	3775	5475
Windsor	Deluxe	2dr Hardtop	1175	2475	4050	6600	9150
Windsor	Deluxe	2dr Convertible	2525	4350	6875	11750	18225
Windsor	Traveler	4dr Sedan	925	1750	2850	4050	6050

CHRYSLER

MODEL	LINE	STYLE	5	4	3	2	1
1951							
Windsor	Deluxe	Long Wheelbase	875	1525	2775	4050	5725
Saratoga		4dr Sedan	850	1500	2425	3475	5125
Saratoga		2dr Sedan	875	1550	2700	3750	5400
Saratoga		Long Wheelbase	875	1525	2775	4000	5775
New Yorker		4dr Sedan	925	1625	3050	4375	6275
New Yorker		2dr Sedan	1050	2025	3550	5200	7175
New Yorker		2dr Hardtop	1250	3125	6575	9275	11225
New Yorker		2dr Convertible	3025	6625	11000	14475	21875
Imperial		4dr Sedan	1125	1900	3500	5575	7225
Imperial		2dr Sedan	1150	2150	3800	5925	7750
Imperial		2dr Hardtop	1525	3750	6350	9800	12525
Imperial		2dr Convertible	3200	6675	11425	17725	23600
Crown Imperial		4dr Sedan	1150	2600	4225	5675	7275
1952							
Windsor		4dr Sedan	800	1325	2275	3225	4750
Windsor		2dr Sedan	800	1350	2400	3475	5050
Windsor		Long Wheelbase	800	1325	2275	3125	4825
Windsor	Deluxe	4dr Sedan	875	1450	2450	3550	5175
Windsor	Deluxe	2dr Hardtop	1175	2475	4250	6100	8775
Windsor	Deluxe	2dr Convertible	2525	5150	8525	11925	17375
Saratoga		4dr Sedan	850	1500	2650	3800	5450
Saratoga		2dr Sedan	875	1525	2675	3825	5625
Saratoga		Long Wheelbase	850	1500	2775	3900	5625
New Yorker		4dr Sedan	925	1600	3025	4275	6250
New Yorker		2dr Hardtop	1275	3250	5550	8700	11125
New Yorker		2dr Convertible	3125	5500	9625	15400	21425
Imperial		4dr Sedan	950	1850	3475	5000	6850
Imperial		2dr Sedan	1050	2150	3875	5875	7450
Imperial		2dr Hardtop	1575	3325	5750	8825	12000
Crown Imperial		4dr Sedan	1025	2000	3625	5350	7225
1953							
Windsor		4dr Sedan	800	1350	2175	3225	4725
Windsor		2dr Sedan	800	1350	2375	3450	4925
Windsor		Long Wheelbase	800	1350	2475	3350	4925
Windsor	Deluxe	4dr Sedan	800	1350	2400	3325	4850
Windsor		2dr Hardtop	1175	2250	4250	6350	7900
Windsor		2dr Convertible	2275	4175	8700	13800	17875
New Yorker		4dr Sedan	875	1550	2875	4425	5950
New Yorker		2dr Sedan	875	1575	2925	4525	6075

CHRYSLER

MODEL	LINE	STYLE	Relative Condition: Worse ↔ Better				
			❺	❹	❸	❷	❶
1953							
New Yorker		2dr Hardtop	1300	2825	5150	8200	10325
New Yorker		Long Wheelbase	825	1400	2650	3925	5600
New Yorker	Deluxe	4dr Sedan	875	1700	3075	4450	6275
New Yorker	Deluxe	2dr Sedan	900	1750	3125	4600	6425
New Yorker	Deluxe	2dr Hardtop	1350	3125	5050	8025	10800
New Yorker	Deluxe	2dr Convertible	2950	5250	9925	15500	22125
Imperial		2dr Hardtop	1350	3350	5700	8650	11725
Imperial		4dr Sedan	1025	2050	3550	5075	7050
Crown Imperial		4dr Sedan	1050	2200	3750	5850	8275
1954							
Windsor		4dr Sedan	800	1325	2275	3200	4750
Windsor		2dr Sedan	800	1350	2450	3500	5050
Windsor		2dr Hardtop	1050	2100	3725	5600	7425
Windsor		2dr Convertible	2400	4800	8575	12525	17275
Windsor		Long Wheelbase	900	1475	2500	3950	5350
New Yorker		4dr Sedan	900	1475	2475	3700	5250
New Yorker		2dr Sedan	900	1525	2675	4000	5500
New Yorker		2dr Hardtop	1150	2400	4300	6525	8775
New Yorker		Long Wheelbase	900	1475	2800	3975	5625
New Yorker	Deluxe	4dr Sedan	925	1550	2675	4025	5725
New Yorker	Deluxe	2dr Sedan	925	1650	3075	4475	6325
New Yorker	Deluxe	2dr Hardtop	1325	3375	5975	9000	12000
New Yorker	Deluxe	2dr Convertible	3200	6350	11025	16025	22425
Imperial		2dr Hardtop	1400	3525	6500	9800	12000
Imperial		Long Wheelbase	950	1650	3200	4500	6475
Crown Imperial		4dr Sedan	1000	2400	3875	5850	7950
1955							
Windsor		4dr Sedan	700	1325	2225	3400	5150
Windsor		2dr Hardtop	925	1725	3200	4675	7150
Windsor		2dr Convertible	1925	3975	7000	10900	15450
New Yorker		4dr Sedan	775	1350	2500	3675	5450
New Yorker		2dr Hardtop	1150	2575	4775	7475	9625
New Yorker		2dr Convertible	2425	4475	8000	13525	18600
300		2dr Hardtop	3125	5700	8600	14250	20925
Imperial		4dr Sedan	900	1675	3000	4250	6275
Imperial		2dr Hardtop	1400	2950	5100	7350	10275
Crown Imperial		4dr Sedan	1000	2300	3825	5475	7975
1956							
Windsor		4dr Sedan	700	1275	2250	3375	5150

CHRYSLER

MODEL	LINE	STYLE	⑤	④	③	②	①
1956							
Windsor		4dr Hardtop	825	1600	2825	4075	6025
Windsor		2dr Hardtop	1000	1900	3300	4825	7225
Windsor		2dr Convertible	2025	4075	7350	11775	16550
New Yorker		4dr Sedan	800	1450	2600	3750	5550
New Yorker		4dr Hardtop	900	1775	3200	4975	7025
New Yorker		2dr Hardtop	1075	2425	4650	7200	9700
New Yorker		2dr Convertible	2525	5050	8675	13325	18600
300		2dr Hardtop	3025	5000	8325	13575	20625
Imperial		4dr Sedan	875	1625	2950	4275	6450
Imperial		4dr Hardtop	1150	2000	3950	5600	8050
Imperial		2dr Hardtop	1350	2675	5025	7350	10250
Crown Imperial		4dr Sedan	1025	2075	3750	5400	7600
1957							
Windsor		4dr Sedan	700	1250	2125	3025	4750
Windsor		4dr Hardtop	875	1450	2700	3775	5825
Windsor		2dr Hardtop	1100	1925	4025	5050	7200
Saratoga		4dr Sedan	800	1325	2200	3075	4925
Saratoga		4dr Hardtop	850	1450	2700	3975	5825
Saratoga		2dr Hardtop	1025	2000	4100	5400	7550
New Yorker		4dr Sedan	800	1425	2500	3525	5325
New Yorker		4dr Hardtop	1000	1800	3250	4650	6700
New Yorker		2dr Hardtop	1350	2775	5500	7600	10825
New Yorker		2dr Convertible	3475	6775	13350	19200	25150
300		2dr Hardtop	4150	8025	15550	22775	29725
300		2dr Convertible	7775	12400	19900	30200	41000
Crown Imperial		4dr Sedan	1175	2150	3975	6075	8400
Crown Imperial		4dr Hardtop	1450	2800	5050	7275	9900
Crown Imperial		2dr Hardtop	2875	4700	8925	12875	16300
Crown Imperial		2dr Convertible	6225	12100	18450	26300	34050
Imperial		4dr Sedan	1175	2100	3725	5375	7800
Imperial		4dr Hardtop	1425	2425	4825	6600	9175
Imperial		2dr Hardtop	2525	4400	8375	12075	16100
Imperial	Lebaron	4dr Sedan	1450	2550	4900	6900	9475

ENGINE OPTIONS: 392-390hp(2x4v) +30%

1958							
Windsor		4dr Sedan	675	1175	2025	3025	4575
Windsor		4dr Hardtop	850	1550	2725	3775	5850
Windsor		2dr Hardtop	1000	1775	3400	4975	7075

CHRYSLER

MODEL	LINE	STYLE	Relative Condition: Worse ↔ Better				
			⑤	④	③	②	①
1958							
Saratoga		4dr Sedan	750	1250	2100	3000	4700
Saratoga		4dr Hardtop	950	1550	2825	4300	6225
Saratoga		2dr Hardtop	1075	2000	3925	5500	7625
New Yorker		4dr Sedan	775	1450	2550	3575	5275
New Yorker		4dr Hardtop	1000	1825	3350	4800	6925
New Yorker		2dr Hardtop	1475	2950	5600	7900	10775
New Yorker		2dr Convertible	3550	7900	14000	19525	25250
300		2dr Hardtop	4675	8250	15375	22900	30525
300		2dr Convertible	8225	12375	22300	33050	42250
Imperial		4dr Sedan	1100	2075	3650	5225	7500
Imperial		4dr Hardtop	1150	2600	4900	6975	9200
Imperial		2dr Hardtop	2125	4200	8100	11300	14500
Imperial	Lebaron	4dr Sedan	1325	2525	4600	6325	8800
Imperial	Lebaron	4dr Hardtop	1725	3200	5850	8250	10725
Crown Imperial		4dr Sedan	1200	2150	4025	5850	8250
Crown Imperial		4dr Hardtop	1375	2650	4925	7175	9800
Crown Imperial		2dr Hardtop	2200	3825	7250	9725	13600
Crown Imperial		2dr Convertible	4975	10500	17100	25500	30950
1959							
Windsor		4dr Sedan	750	1350	2075	3050	4700
Windsor		4dr Hardtop	750	1325	2475	3650	5225
Windsor		2dr Hardtop	975	1800	3125	4900	7025
Windsor		2dr Convertible	2700	6350	10650	15575	21175
Saratoga		4dr Sedan	775	1375	2150	3025	4700
Saratoga		4dr Hardtop	875	1550	2825	4125	6000
Saratoga		2dr Hardtop	950	1775	3350	5600	7675
New Yorker		4dr Sedan	775	1375	2425	3600	5150
New Yorker		4dr Hardtop	1000	1825	3250	4650	6600
New Yorker		2dr Hardtop	1450	2850	5400	7675	10300
New Yorker		2dr Convertible	3475	7400	13250	19325	24950
300		2dr Hardtop	4300	9600	16575	22825	30050
300		2dr Convertible	6150	11350	19825	29625	39275
Imperial		4dr Sedan	1075	1800	3650	5200	7475
Imperial		4dr Hardtop	1250	2425	4875	7025	9600
Imperial		2dr Hardtop	2400	4350	8025	11125	15325
Imperial	Lebaron	4dr Sedan	1300	2475	4625	6825	9375
Imperial	Lebaron	4dr Hardtop	1400	2950	5450	7700	10350
Crown Imperial		4dr Sedan	1150	2100	4000	5900	8300
Crown Imperial		4dr Hardtop	1350	2650	4850	7225	9700

CHRYSLER

MODEL	LINE	STYLE	Relative Condition: Worse ↔ Better				
			❺	❹	❸	❷	❶
1959							
Crown Imperial		2dr Hardtop	2400	4575	8450	11900	16000
Crown Imperial		2dr Convertible	4475	9725	16500	25475	32200
1960							
Windsor		4dr Sedan	700	1225	1950	2800	4250
Windsor		4dr Hardtop	850	1475	2400	3500	5175
Windsor		2dr Hardtop	1025	1950	3075	4525	6500
Windsor		2dr Convertible	2150	5150	8950	13200	17875
Saratoga		4dr Sedan	700	1200	1900	3000	4375
Saratoga		4dr Hardtop	850	1400	2475	3725	5275
Saratoga		2dr Hardtop	1150	2275	4100	6150	8600
New Yorker		4dr Sedan	800	1375	2125	3025	4500
New Yorker		4dr Hardtop	925	1700	2825	4000	5800
New Yorker		2dr Hardtop	1350	2725	4925	7725	9475
New Yorker		2dr Convertible	2900	6025	11875	19225	23800
300		2dr Hardtop	5325	10700	18575	24775	31925
300		2dr Convertible	8650	14500	23500	31275	40350
Imperial		4dr Sedan	1075	1875	3550	5275	7150
Imperial		4dr Hardtop	1475	2650	5075	7275	9425
Imperial		2dr Hardtop	2125	3975	7975	10550	14650
Imperial	Lebaron	4dr Sedan	1350	2575	4725	6700	9025
Imperial	Lebaron	4dr Hardtop	1600	3025	5625	8075	10750
Crown Imperial		4dr Sedan	1225	2200	4125	5800	7925
Crown Imperial		4dr Hardtop	1350	2625	4800	7250	9975
Crown Imperial		2dr Hardtop	2100	4450	8000	11350	14450
Crown Imperial		2dr Convertible	5225	10700	16850	27475	33325

ENGINE OPTIONS: 413-405hp(2x4v) +30%

MODEL	LINE	STYLE	❺	❹	❸	❷	❶
1961							
Newport		4dr Sedan	525	1075	1700	2400	3525
Newport		4dr Hardtop	600	1150	1925	2650	3950
Newport		2dr Hardtop	675	1425	2350	3625	5225
Newport		2dr Convertible	1625	3650	6425	9325	12825
Windsor		4dr Sedan	525	1050	1650	2500	3700
Windsor		4dr Hardtop	625	1225	2175	3050	4450
Windsor		2dr Hardtop	700	1475	2600	3775	5450
New Yorker		4dr Sedan	550	1175	2000	2750	4050
New Yorker		4dr Hardtop	675	1475	2400	3775	5000
New Yorker		2dr Hardtop	1075	2175	3650	5475	7175
New Yorker		2dr Convertible	2600	5550	10300	14050	17675

CHRYSLER

| MODEL | LINE | STYLE | Relative Condition: Worse ↔ Better |||||
			❺	❹	❸	❷	❶
1961							
300		2dr Hardtop	4075	8575	13275	19125	27625
300		2dr Convertible	7700	12450	19150	26700	37300
Imperial		4dr Hardtop	950	1675	3100	4125	6050
Imperial		2dr Hardtop	1500	2700	4800	7075	9150
Imperial	Lebaron	4dr Hardtop	1275	2325	4075	5975	8125
Crown Imperial		4dr Hardtop	1100	1925	3650	5300	7175
Crown Imperial		2dr Hardtop	1475	2675	4800	7125	9350
Crown Imperial		2dr Convertible	3625	6975	12050	17950	23200

ENGINE OPTIONS: 413-405hp(2x4v) +30%

MODEL	LINE	STYLE	❺	❹	❸	❷	❶
1962							
Newport		4dr Sedan	500	900	1450	2150	3225
Newport		4dr Hardtop	625	1100	1675	2550	3600
Newport		2dr Hardtop	725	1200	2025	3200	4475
Newport		2dr Convertible	1475	3375	5525	8125	10350
300		4dr Hardtop	700	1225	1925	2875	4125
300		2dr Hardtop	675	1350	2100	3350	4725
300		2dr Convertible	1625	3650	5850	8900	11875
300	H	2dr Hardtop	2600	6525	10475	16275	21075
300	H	2dr Convertible	4875	8350	14325	21625	28350
New Yorker		4dr Sedan	625	1050	1650	2350	3700
New Yorker		4dr Hardtop	750	1325	2050	3025	4400
Imperial		4dr Hardtop	1000	1700	2975	4450	6275
Imperial		2dr Hardtop	1225	2100	3900	5625	7475
Imperial	Lebaron	4dr Hardtop	1325	2400	4550	6600	8725
Crown Imperial		4dr Hardtop	1150	1950	3850	5925	7725
Crown Imperial		2dr Hardtop	1225	2250	4450	6775	8975
Crown Imperial		2dr Convertible	3550	7175	13300	19675	23075

ENGINE OPTIONS: 413-405hp(2x4v) +30%

MODEL	LINE	STYLE	❺	❹	❸	❷	❶
1963							
Newport		4dr Sedan	500	900	1475	2075	3025
Newport		4dr Hardtop	600	1000	1675	2450	3500
Newport		2dr Hardtop	700	1350	2175	2950	4375
Newport		2dr Convertible	1175	2825	5225	7750	9925
300		4dr Hardtop	600	1075	1725	2425	3800
300		2dr Hardtop	725	1275	2075	3125	4475
300		2dr Convertible	1225	2800	5275	7800	10175
300	J	2dr Hardtop	1325	3450	6275	9550	13575
New Yorker		4dr Sedan	600	1075	1800	2575	3750

CHRYSLER

MODEL	LINE	STYLE	5	4	3	2	1
1963							
New Yorker		4dr Hardtop	700	1325	2175	3225	4375
Imperial		4dr Hardtop	900	1575	2800	3950	5550
Imperial		2dr Hardtop	950	1875	3425	4850	6575
Imperial	Lebaron	4dr Hardtop	1000	2000	3650	5250	7075
Crown Imperial		4dr Hardtop	925	1825	3025	4425	6125
Crown Imperial		2dr Hardtop	1075	2000	3500	5175	6975
Crown Imperial		2dr Convertible	1750	4250	8425	12800	15850
ENGINE OPTIONS: 413-2x4v +25%; 426-415/425hp +50%							
1964							
Newport		4dr Sedan	500	900	1450	2025	3000
Newport		4dr Hardtop	600	1000	1575	2250	3300
Newport		2dr Hardtop	675	1150	1725	2450	3800
Newport		2dr Convertible	1100	2475	4850	6975	9225
300		4dr Hardtop	600	1050	1675	2325	3650
300		2dr Hardtop	725	1225	2050	2950	4225
300		2dr Convertible	1150	2600	4950	7800	9825
300	K	2dr Hardtop	1325	3225	5800	8625	12275
300	K	2dr Convertible	3125	6100	9900	15075	18125
New Yorker		4dr Sedan	600	1000	1550	2275	3400
New Yorker		4dr Hardtop	750	1225	1950	3000	4225
Imperial	Lebaron	4dr Hardtop	975	1675	3150	4475	6250
Crown Imperial		4dr Hardtop	825	1525	2575	3675	5325
Crown Imperial		2dr Hardtop	850	1550	2700	4175	5725
Crown Imperial		2dr Convertible	1625	4125	7125	10900	14075
ENGINE OPTIONS: 413-4V +20%; 413-2x4v +40%							
1965							
Newport		4dr Sedan	500	950	1475	2075	3025
Newport		4dr Hardtop	600	1050	1600	2175	3250
Newport		2dr Hardtop	675	1150	1700	2300	3675
Newport		2dr Convertible	1075	2225	4025	5900	7875
300		4dr Hardtop	600	1050	1675	2275	3600
300		2dr Hardtop	700	1200	1850	2650	3975
300		2dr Convertible	1200	2650	4700	7075	9175
300	L	2dr Hardtop	1375	3025	5475	8000	11150
300	L	2dr Convertible	3125	6150	9425	13775	17450
New Yorker		4dr Sedan	600	1000	1550	2225	3375
New Yorker		4dr Hardtop	700	1175	1725	2525	3725
New Yorker		2dr Hardtop	700	1300	2200	3125	4575

CHRYSLER

MODEL	LINE	STYLE	Relative Condition: Worse ↔ Better				
			⑤	④	③	②	①
1965							
Imperial	Lebaron	4dr Hardtop	850	1500	2625	3775	5475
Crown Imperial		4dr Hardtop	725	1325	2100	3000	4500
Crown Imperial		2dr Hardtop	925	1550	2575	3775	5325
Crown Imperial		2dr Convertible	1175	3350	6075	9050	11275
1966							
Newport		4dr Sedan	400	900	1450	2025	3000
Newport		4dr Hardtop	550	1000	1575	2125	3225
Newport		2dr Hardtop	650	1100	1700	2300	3625
Newport		2dr Convertible	900	2100	4075	5975	8025
300		4dr Hardtop	600	1000	1675	2250	3600
300		2dr Hardtop	675	1125	1900	2675	3975
300		2dr Convertible	950	2250	4100	6300	8625
New Yorker		4dr Sedan	550	1000	1550	2225	3375
New Yorker		4dr Hardtop	650	1125	1725	2575	3700
New Yorker		2dr Hardtop	700	1300	2250	3400	4700
Imperial	Lebaron	4dr Hardtop	850	1525	2675	3800	5600
Crown Imperial		4dr Hardtop	750	1425	2225	3125	4725
Crown Imperial		2dr Hardtop	875	1550	2575	3700	5275
Crown Imperial		2dr Convertible	1375	3325	6075	9100	11450
1967							
Newport		4dr Sedan	400	900	1450	2025	3000
Newport		4dr Hardtop	500	1000	1575	2125	3225
Newport		2dr Hardtop	625	1100	1675	2275	3625
Newport		2dr Convertible	975	2125	3875	5650	7525
300		4dr Hardtop	550	1000	1650	2250	3600
300		2dr Hardtop	650	1225	1925	2750	4025
300		2dr Convertible	1000	2225	4075	6300	8175
New Yorker		4dr Sedan	525	1000	1550	2225	3375
New Yorker		4dr Hardtop	600	1125	1675	2500	3675
New Yorker		2dr Hardtop	625	1175	2050	3150	4400
Imperial		4dr Sedan	625	1125	1875	2575	4075
Imperial		2dr Convertible	1250	3150	5625	8600	11275
Imperial	Lebaron	4dr Hardtop	725	1350	2325	3375	4925
Crown Imperial		4dr Hardtop	625	1275	1950	2900	4225
Crown Imperial		2dr Hardtop	800	1425	2400	3475	4950
1968							
Newport		4dr Sedan	350	900	1450	2025	3000
Newport		4dr Hardtop	400	1000	1600	2150	3225
Newport		2dr Hardtop	500	1100	1675	2275	3600

CHRYSLER

MODEL	LINE	STYLE	5	4	3	2	1
1968							
Newport		2dr Convertible	925	2100	3825	5375	7375
300		4dr Hardtop	525	1000	1675	2275	3600
300		2dr Hardtop	625	1200	1975	2750	4200
300		2dr Convertible	1125	2425	4300	6300	8650
New Yorker		4dr Sedan	550	1000	1550	2225	3375
New Yorker		4dr Hardtop	600	1100	1650	2450	3600
New Yorker		2dr Hardtop	650	1150	1875	2775	4075
Imperial	Lebaron	4dr Hardtop	700	1375	2350	3350	4950
Imperial		4dr Sedan	550	1125	1775	2625	3925
Imperial		4dr Hardtop	650	1300	2075	2950	4375
Imperial		2dr Hardtop	725	1375	2300	3325	4700
Imperial		2dr Convertible	1200	3225	5825	8475	11575
1969							
Newport		4dr Sedan	350	900	1450	1925	2900
Newport		4dr Hardtop	375	1000	1575	2050	3100
Newport		2dr Hardtop	400	1000	1600	2275	3325
Newport		2dr Convertible	900	1950	3475	5000	6575
300		4dr Hardtop	525	1000	1575	2250	3400
300		2dr Hardtop	575	1125	1700	2450	3825
300		2dr Convertible	900	2050	3675	5525	7500
New Yorker		4dr Sedan	550	1000	1450	2025	3175
New Yorker		4dr Hardtop	550	1000	1575	2250	3400
New Yorker		2dr Hardtop	600	1100	1675	2475	3750
Crown Imperial		4dr Sedan	575	1000	1700	2300	3625
Crown Imperial		4dr Hardtop	650	1125	1800	2500	4000
Crown Imperial		2dr Hardtop	675	1175	1875	2575	4075
Imperial Lebaron		4dr Hardtop	700	1225	1950	2700	4375
Imperial Lebaron		2dr Hardtop	725	1325	2175	3025	4500
1970							
Newport		4dr Sedan	350	900	1450	1925	2900
Newport		4dr Hardtop	375	1000	1575	2050	3100
Newport		2dr Hardtop	400	1000	1600	2275	3325
Newport		2dr Convertible	875	1975	3500	5200	6800
300		4dr Hardtop	500	1000	1575	2250	3400
300		2dr Hardtop	525	1125	1700	2450	3825
300		2dr Convertible	900	2025	3775	5550	7525
300	Hurst	2dr Hardtop	2125	4200	6750	9075	12200
New Yorker		4dr Sedan	550	950	1450	2025	3175
New Yorker		4dr Hardtop	550	1000	1575	2250	3400

CHRYSLER

MODEL	LINE	STYLE	Relative Condition: Worse ↔ Better				
			❺	❹	❸	❷	❶
1970							
	New Yorker	2dr Hardtop	625	1050	1700	2500	3775
	Crown Imperial	4dr Hardtop	675	1075	1725	2400	3775
	Crown Imperial	2dr Hardtop	675	1175	1850	2550	4000
	Imperial Lebaron	4dr Hardtop	725	1275	1950	2725	4325
	Imperial Lebaron	2dr Hardtop	750	1375	2200	3100	4550
1971							
	Newport	4dr Sedan	350	875	1400	1900	2900
	Newport	4dr Hardtop	425	900	1500	2025	3100
	Newport	2dr Hardtop	500	1000	1550	2225	3300
	300	4dr Hardtop	500	1000	1550	2225	3400
	300	2dr Hardtop	550	1100	1650	2325	3700
	New Yorker	4dr Sedan	525	1000	1425	2000	3175
	New Yorker	4dr Hardtop	600	1000	1550	2250	3400
	New Yorker	2dr Hardtop	625	1100	1650	2450	3700
	Imperial Lebaron	4dr Hardtop	675	1225	1875	2625	4175
	Imperial Lebaron	2dr Hardtop	700	1300	2100	2925	4350
1972							
	Newport	4dr Sedan	350	900	1425	1900	2900
	Newport	4dr Hardtop	350	1000	1575	2025	3100
	Newport	2dr Hardtop	475	1000	1600	2250	3300
	New Yorker	4dr Sedan	525	950	1425	2000	3175
	New Yorker	4dr Hardtop	575	1000	1550	2225	3375
	New Yorker	2dr Hardtop	600	1100	1675	2450	3700
	Imperial Lebaron	4dr Hardtop	675	1200	1875	2625	4225
	Imperial Lebaron	2dr Hardtop	700	1250	2100	2950	4375

1946 Packard Clipper Custom Super

©Automobile Quarterly 1990

1946-1948 Chrysler Town & Country

Courtesy Chrysler Historical Collection

©Automobile Quarterly 1990

1949 Ford Custom Convertible

1953 Buick Skylark

©*Automobile Quarterly 1990*

1950 Chevrolet Fleetline Deluxe Fastback

©Automobile Quarterly 1990

1955 Chrysler 300 Courtesy Hemmings Motor News/Special Interest Autos

1957 Chrysler 300   Courtesy Chrysler Historical Collection

1957 Ford Thunderbird

Courtesy Hemmings Motor News/Special Interest Autos

1954 Mercury Sun Valley

©Automobile Quarterly 1990

1958 Chevrolet Impala

©Automobile Quarterly 1990

1959 Cadillac Eldorado Biarritz

Courtesy Hemmings Motor News/Special Interest Autos

1961 Lincoln Continental 4-Door Convertible

Courtesy Hemmings Motor News/Special Interest Autos

1966 Pontiac GTO Convertible

©Automobile Quarterly 1990

1966 Ford Shelby Mustang

©Automobile Quarterly 1990

1971 Plymouth Barracuda 340

©Automobile Quarterly 1990

1963 Chevrolet Corvette Stingray Courtesy Hemmings Motor News/Special Interest Autos

CROSLEY

MODEL	LINE	STYLE	⑤	④	③	②	①
1946							
		2dr Sedan	500	975	1675	2450	3600
		2dr Convertible	550	1225	2100	2975	4350
		2dr Station Wagon	525	1075	1850	2625	3725
1947							
		2dr Sedan	500	975	1675	2450	3600
		2dr Convertible	550	1200	2100	2975	4350
		2dr Station Wagon	525	1075	1850	2625	3725
1948							
		2dr Sedan	500	975	1675	2450	3600
		2dr Convertible	550	1200	2100	2975	4350
		2dr Station Wagon	525	1075	1850	2625	3725
1949							
		2dr Sedan	500	1025	1850	2600	3825
		2dr Convertible	625	1325	2350	3225	4725
		2dr Station Wagon	550	1125	1875	2750	4000
1950							
		2dr Sedan	500	1025	1850	2600	3825
		2dr Convertible	625	1325	2350	3225	4725
		2dr Station Wagon	550	1125	1875	2750	4000
	Super	2dr Sedan	575	1025	1875	2775	3900
	Super	2dr Station Wagon	625	1125	2025	2900	4375
	Super	2dr Convertible	675	1450	2375	3400	5100
	Hot Shot	2dr Convertible	750	1550	2700	3675	5475
1951							
		2dr Sedan	500	1025	1850	2600	3825
		2dr Station Wagon	550	1125	1875	2750	4000
	Super	2dr Sedan	575	1025	1875	2775	3900
	Super	2dr Station Wagon	625	1125	2025	2900	4375
	Super	2dr Convertible	700	1425	2375	3400	5075
	Hot Shot	2dr Convertible	750	1550	2725	3675	5475
1952							
		2dr Sedan	500	1025	1850	2600	3825
		2dr Station Wagon	525	1125	1850	2750	4000
	Super	2dr Sedan	550	1050	1875	2775	3925
	Super	2dr Station Wagon	600	1125	2025	2975	4450
	Super	2dr Convertible	700	1425	2375	3425	5125
	Hot Shot	2dr Convertible	775	1550	2725	3700	5525

DODGE

| MODEL | LINE | STYLE | Relative Condition: Worse ↔ Better |||||
			⑤	④	③	②	①
1946							
Deluxe		4dr Sedan	750	1200	2325	3525	4850
Deluxe		2dr Sedan	750	1175	2275	3450	4775
Deluxe	Business Coupe	2dr Sedan	875	1625	3075	4700	6275
Custom		2dr Sedan	900	1700	3050	4525	6325
Custom		4dr Sedan	725	1225	2525	3675	5175
Custom	Town Sedan	4dr Sedan	750	1375	2675	3800	5325
Custom		2dr Convertible	2750	4700	7500	11950	15925
1947							
Deluxe		4dr Sedan	725	1225	2250	3175	4825
Deluxe		2dr Sedan	725	1225	2250	3200	4825
Deluxe	Business Coupe	2dr Sedan	825	1575	3025	4225	6125
Custom		2dr Sedan	900	1675	3000	4275	6275
Custom		4dr Sedan	750	1300	2475	3425	5225
Custom	Town Sedan	4dr Sedan	725	1350	2675	3600	5425
Custom		2dr Convertible	2725	4650	7875	12400	16650
1948							
Deluxe		4dr Sedan	725	1225	2325	3300	4925
Deluxe		2dr Sedan	725	1250	2400	3425	4925
Deluxe	Business Coupe	2dr Sedan	850	1625	3125	4325	6250
Custom		2dr Sedan	900	1675	3000	4225	6225
Custom		4dr Sedan	725	1225	2475	3500	5100
Custom	Town Sedan	4dr Sedan	725	1350	2675	3575	5225
Custom		2dr Convertible	2700	4475	7875	12075	16650
1949							
Wayfarer		2dr Sedan	750	1225	2350	3150	4775
Wayfarer	Business Coupe	2dr Sedan	750	1350	2825	3875	5375
Wayfarer		2dr Convertible	1900	3875	6125	9000	11500
Meadowbrook		4dr Sedan	775	1325	2350	3350	4800
Coronet		4dr Sedan	750	1425	2700	3875	5450
Coronet		2dr Sedan	850	1650	3225	4500	6225
Coronet		2dr Convertible	1950	4475	7975	12175	15675
1950							
Wayfarer		2dr Sedan	775	1225	2325	3200	4775
Wayfarer	Business Coupe	2dr Sedan	775	1425	2875	3875	5325
Wayfarer		2dr Convertible	1950	3850	6125	8950	11600
Meadowbrook		4dr Sedan	750	1325	2300	3300	4850
Coronet		4dr Sedan	775	1350	2750	3875	5350
Coronet		2dr Sedan	825	1750	3175	4450	5575
Coronet		2dr Convertible	2000	4400	8075	10950	14650

DODGE

MODEL	LINE	STYLE	Relative Condition: Worse ↔ Better				
			❺	❹	❸	❷	❶
1950							
Coronet		2dr Hardtop	1200	2350	4650	6475	8250
1951							
Wayfarer		2dr Sedan	750	1225	2375	3225	4725
Wayfarer	Business Coupe	2dr Sedan	775	1425	2800	3850	5325
Wayfarer		2dr Convertible	1975	3850	6200	9000	11800
Meadowbrook		4dr Sedan	750	1300	2325	3350	4750
Coronet		4dr Sedan	750	1375	2625	3700	5325
Coronet		2dr Sedan	825	1700	2725	4475	6200
Coronet		2dr Convertible	2025	4400	8075	11125	14725
Coronet		2dr Hardtop	1150	2100	4500	6000	8075
1952							
Wayfarer		2dr Sedan	750	1225	2300	3125	4725
Wayfarer	Business Coupe	2dr Sedan	775	1400	2725	3750	5200
Wayfarer		2dr Convertible	1975	3875	6250	8900	11700
Meadowbrook		4dr Sedan	750	1250	2375	3275	4575
Coronet		4dr Sedan	775	1375	2600	3700	5325
Coronet		2dr Sedan	825	1700	2775	4525	6200
Coronet		2dr Convertible	2025	4375	7950	12075	15050
Coronet		2dr Hardtop	1175	2150	4575	6025	8250
1953							
Meadowbrook		4dr Sedan	700	1100	1925	2700	4025
Meadowbrook		2dr Sedan	725	1150	2050	2825	4300
Coronet		2dr Sedan	775	1250	2575	3900	5025
Coronet		4dr Sedan	725	1200	2400	3250	4150
Coronet		2dr Hardtop	1275	2150	4600	6550	8425
Coronet		2dr Convertible	2475	4650	8375	12200	16275
ENGINE OPTIONS: 6cyl -15%							
1954							
Meadowbrook		4dr Sedan	600	1050	1800	2475	3850
Meadowbrook		2dr Sedan	725	1200	2000	3200	4200
Coronet		4dr Sedan	725	1125	1925	3075	4100
Coronet		2dr Sedan	850	1350	2450	3800	4825
Royal		4dr Sedan	850	1425	2675	4125	5125
Royal		2dr Sedan	875	1500	2900	4400	5700
Royal		2dr Hardtop	1225	2725	5000	7350	10000
Royal		2dr Convertible	2675	4950	9025	12600	16450
ENGINE OPTIONS: 6cyl -15%							

DODGE

MODEL	LINE	STYLE	Relative Condition: Worse ↔ Better				
			⑤	④	③	②	①
1955							
	Coronet	4dr Sedan	600	1000	1975	2975	3975
	Coronet	2dr Sedan	700	1100	2125	3075	4175
	Coronet	2dr Hardtop	1075	1675	3075	4675	6525
	Royal	4dr Sedan	700	1100	1975	3075	4300
	Royal	2dr Hardtop	1125	1875	3125	4850	7175
	Custom Royal	4dr Sedan	750	1125	2175	3225	4525
	Custom Royal	4dr Sedan	850	1350	2300	3600	5025
	Custom Royal	2dr Hardtop	1375	2600	4650	6775	9750
	Custom Royal	2dr Convertible	2025	3950	6725	10050	14975

ENGINE OPTIONS: 6cyl -15%

1956							
	Coronet	2dr Sedan	700	1100	2000	2675	3825
	Coronet	4dr Sedan	600	975	1600	2200	3600
	Coronet	4dr Hardtop	800	1275	2350	3550	5225
	Coronet	2dr Hardtop	1050	1875	3375	4675	7125
	Coronet	2dr Convertible	1925	3575	5725	8350	12100
	Royal	4dr Sedan	700	1175	2175	3150	4500
	Royal	4dr Hardtop	850	1550	2750	4000	5550
	Royal	2dr Hardtop	1175	2200	3975	5800	8300
	Custom Royal	4dr Sedan	775	1250	2200	3125	4775
	Custom Royal	4dr Hardtop	975	1650	3075	4325	6425
	Custom Royal	2dr Hardtop	1350	2575	4475	6675	9375
	Custom Royal	2dr Convertible	2150	4200	6625	10325	15625

ENGINE OPTIONS: 6cyl -15%; 315-260hp (D-500 package) +20%

1957							
	Coronet	4dr Sedan	675	1100	1700	2425	3600
	Coronet	4dr Hardtop	650	1125	1925	2650	4050
	Coronet	2dr Sedan	675	1100	1775	2475	3675
	Coronet	2dr Convertible	1725	3825	6500	9975	13300
	Royal	4dr Sedan	650	1050	1725	2450	3675
	Royal	4dr Hardtop	825	1250	2125	3050	4525
	Royal	2dr Hardtop	1075	1825	3450	4900	6525
	Custom Royal	4dr Sedan	725	1100	1975	2825	4075
	Custom Royal	4dr Hardtop	825	1450	2525	3750	5025
	Custom Royal	2dr Hardtop	1275	2275	4500	6575	8500
	Custom Royal	2dr Convertible	2075	4650	7550	10900	16375

DODGE

MODEL	LINE	STYLE	Relative Condition: Worse ↔ Better				
			❺	❹	❸	❷	❶

1957

ENGINE OPTIONS: 6cyl -15%; 354-340hp(2x4v) (D-500 package) +45%

1958

Coronet		4dr Sedan	600	1025	1675	2425	3600
Coronet		4dr Hardtop	675	1175	1925	2800	4000
Coronet		2dr Sedan	650	1125	1800	2475	3650
Coronet		2dr Convertible	1750	3850	6550	9875	13100
Royal		4dr Sedan	600	1075	1775	2475	3700
Royal		4dr Hardtop	825	1275	2150	3125	4525
Royal		2dr Hardtop	1000	1825	3600	5100	6900
Custom Royal		4dr Sedan	750	1150	1975	2750	4075
Custom Royal		4dr Hardtop	850	1450	2600	3825	5175
Custom Royal		2dr Hardtop	1275	2275	4525	6600	8550
Custom Royal		2dr Convertible	2150	4775	7925	11900	16550

ENGINE OPTIONS: 6cyl -15%; 361-305hp(2x4v) (D-500 package) +40%

1959

Coronet		4dr Sedan	675	1075	1700	2450	3600
Coronet		4dr Hardtop	675	1175	1925	2800	4025
Coronet		2dr Sedan	650	1100	1800	2475	3700
Coronet		2dr Convertible	1800	3800	6625	9900	13375
Royal		4dr Sedan	600	1075	1750	2500	3775
Royal		4dr Hardtop	825	1350	2325	3350	4650
Royal		2dr Hardtop	1025	1825	3575	5075	6875
Custom Royal		4dr Sedan	725	1200	2000	2750	4100
Custom Royal		4dr Hardtop	850	1450	2575	3625	5200
Custom Royal		2dr Hardtop	1275	2300	4600	6650	8725
Custom Royal		2dr Convertible	2150	4725	7850	12100	16775

ENGINE OPTIONS: 6cyl -15%; 383-320hp +20%; 383-345hp(2x4v) +55%

1960

Dart	Seneca	4dr Sedan	500	900	1425	2050	3150
Dart	Seneca	2dr Sedan	525	950	1525	2225	3175
Dart	Pioneer	4dr Sedan	500	900	1450	1975	3125
Dart	Pioneer	2dr Sedan	525	950	1600	2275	3225
Dart	Seneca	4dr Sedan	500	900	1425	2050	3150
Dart	Pioneer	2dr Hardtop	800	1275	2125	3275	4800
Dart	Phoenix	4dr Sedan	600	975	1625	2275	3350
Dart	Phoenix	4dr Hardtop	675	1100	1850	2600	3775
Dart	Phoenix	2dr Hardtop	1100	2050	3825	5200	7100

DODGE

MODEL	LINE	STYLE	Relative Condition: Worse ↔ Better				
			⑤	④	③	②	①
1960							
Dart	Phoenix	2dr Convertible	2225	3900	7675	10475	13625
Matador		4dr Sedan	575	1000	1475	2100	3175
Matador		4dr Hardtop	675	1100	1775	2475	3650
Matador		2dr Hardtop	1000	1575	3025	4425	6250
Polara		4dr Sedan	625	1075	1700	2400	3650
Polara		4dr Hardtop	800	1275	2200	3175	4475
Polara		2dr Hardtop	1100	1900	4050	5275	7225
Polara		2dr Convertible	1950	3800	7425	10600	13525

ENGINE OPTIONS: 6cyl -15%; 383-325hp +20%; 383-330hp(2x4v) +75%

1961

MODEL	LINE	STYLE	⑤	④	③	②	①
Lancer		4dr Sedan	550	950	1525	2150	3175
Lancer		2dr Sedan	600	1025	1625	2275	3350
Lancer		2dr Hardtop	775	1200	2075	3000	4050
Dart	Seneca	4dr Sedan	500	875	1400	2000	2925
Dart	Seneca	2dr Sedan	500	900	1525	2100	3100
Dart	Pioneer	4dr Sedan	500	875	1375	2000	3025
Dart	Pioneer	2dr Sedan	525	925	1550	2200	3225
Dart	Pioneer	2dr Hardtop	725	1250	2250	3400	4875
Dart	Phoenix	4dr Sedan	550	925	1525	2150	3175
Dart	Phoenix	4dr Hardtop	700	1200	2000	3025	4300
Dart	Phoenix	2dr Hardtop	1025	1725	3125	4375	6250
Dart	Phoenix	2dr Convertible	2050	3600	6700	10000	13225
Polara		4dr Sedan	600	975	1625	2250	3450
Polara		4dr Hardtop	825	1375	2400	3425	4825
Polara		2dr Hardtop	1450	2400	4525	5925	8200
Polara		2dr Convertible	2725	4925	9525	12675	16400

ENGINE OPTIONS: 6cyl -15%; 361-305hp +20%; 383-320hp +25%; 383-340hp(2x4v) +75 413-350hp +85%; 413-375hp(2x4v) +220%

1962

MODEL	LINE	STYLE	⑤	④	③	②	①
Lancer		4dr Sedan	600	975	1425	2000	3000
Lancer		2dr Sedan	600	975	1500	2075	3175
Lancer		2dr Hardtop	750	1150	1950	2650	4050
Dart		4dr Sedan	525	925	1600	2125	2950
Dart		2dr Sedan	700	1200	2000	3200	4550
Dart	330	4dr Sedan	525	925	1700	2575	3675
Dart	330	2dr Sedan	700	1200	2050	3425	4750
Dart	330	2dr Hardtop	950	1700	2975	4075	5950
Dart	440	4dr Sedan	550	1000	1825	2700	3925

DODGE

MODEL	LINE	STYLE	Relative Condition: Worse ↔ Better				
			⑤	④	③	②	①
1962							
Dart	440	4dr Hardtop	800	1425	2375	3400	4850
Dart	440	2dr Hardtop	950	1750	3025	4250	6225
Dart	440	2dr Convertible	1500	2775	5425	7450	10125
Polara 500		4dr Hardtop	750	1175	1975	2700	4100
Polara 500		2dr Hardtop	1025	1750	3150	4725	6625
Polara 500		2dr Convertible	1675	3450	6725	9325	12350
Custom 880		4dr Sedan	600	975	1550	2075	3175
Custom 880		4dr Hardtop	750	1125	1800	2475	3825
Custom 880		2dr Hardtop	1100	1725	3175	4425	6300
Custom 880		2dr Convertible	1650	2825	5650	8425	11225
ENGINE OPTIONS: 6cyl -15%; 361-305hp +20%; 413-410/415hp(2x4v) (Ramcharger) +350%							
1963							
Dart		4dr Sedan	500	925	1425	1950	3100
Dart		2dr Sedan	600	1000	1550	2100	3125
Dart		2dr Convertible	875	1425	2700	3900	5600
Dart	GT	2dr Hardtop	825	1250	2225	3000	4525
Dart	GT	2dr Convertible	1025	1775	3225	4800	6450
330		4dr Sedan	550	950	1450	2175	3450
330		2dr Sedan	650	1100	2000	2975	4200
330		2dr Hardtop	850	1350	2575	3700	5425
440		4dr Sedan	550	950	1500	2300	3500
440		2dr Sedan	650	1100	2075	3050	4300
440		2dr Hardtop	850	1400	2700	3800	5600
Polara		4dr Sedan	600	975	1675	2300	3550
Polara		4dr Hardtop	775	1150	2000	2850	4225
Polara		2dr Hardtop	925	1600	3425	4800	6475
Polara		2dr Convertible	1450	2675	5500	8325	11475
Polara 500		2dr Hardtop	1025	1800	3875	5450	7625
Polara 500		2dr Convertible	1550	2900	6050	8975	12950
Custom 880		4dr Sedan	600	975	1725	2375	3750
Custom 880		4dr Hardtop	750	1150	1950	2750	4200
Custom 880		2dr Hardtop	925	1425	2800	3975	5850
Custom 880		2dr Convertible	1350	2400	4800	7075	9700
ENGINE OPTIONS: 6cyl -15%; 383-330hp +20%; 426-410hp +290%; 426-425hp(2x4v) +350%							
1964							
Dart		4dr Sedan	550	950	1475	2025	2975
Dart		2dr Sedan	600	975	1600	2150	3150
Dart		2dr Convertible	875	1450	2850	3900	5675

DODGE

MODEL	LINE	STYLE	Relative Condition: Worse ↔ Better				
			❺	❹	❸	❷	❶
1964							
Dart	GT	2dr Hardtop	775	1200	2225	2800	4375
Dart	GT	2dr Convertible	1025	1700	3500	5075	6800
330		4dr Sedan	525	950	1450	2175	3450
330		2dr Sedan	650	1025	1800	2625	3925
440		4dr Sedan	525	950	1500	2175	3550
440		2dr Sedan	650	1100	1875	2725	4025
440		2dr Hardtop	775	1200	2350	3425	4925
Polara		4dr Sedan	600	975	1625	2175	3550
Polara		4dr Hardtop	775	1150	1975	2825	4275
Polara		2dr Hardtop	900	1500	3175	4350	6075
Polara		2dr Convertible	1325	2750	5625	7850	10425
Polara 500		2dr Convertible	1450	3675	6850	8625	11450
880		4dr Sedan	650	1025	1800	2300	3750
880		4dr Hardtop	775	1175	2025	2825	4425
880		2dr Hardtop	1000	1625	2950	4250	6025
880		2dr Convertible	1250	2550	4950	6900	9750

ENGINE OPTIONS: Full size styles: 6cyl -15%; 383-330hp +10%; 426-356hp +75%; 426-400+hp +300%; 426-HEMI +350%; **Dart:** 273-180hp +10%

MODEL	LINE	STYLE	❺	❹	❸	❷	❶
1965							
Dart		4dr Sedan	500	900	1225	1750	2800
Dart		2dr Sedan	550	950	1400	1950	3000
Dart		2dr Hardtop	700	1125	1650	2275	3700
Dart		2dr Convertible	800	1375	2475	3425	5300
Dart	GT	2dr Hardtop	750	1175	1900	2650	4200
Dart	GT	2dr Convertible	950	1575	2875	4300	6225
Coronet		4dr Sedan	525	925	1200	1800	2875
Coronet		2dr Sedan	600	975	1400	2000	3050
Coronet		2dr Hardtop	750	1225	1975	2900	4000
Coronet		2dr Convertible	1100	2050	3875	5225	7375
Coronet	500	2dr Hardtop	875	1575	2700	3775	5275
Coronet	500	2dr Convertible	1250	2500	4775	6850	8825
Polara		4dr Sedan	525	925	1275	1825	2975
Polara		4dr Hardtop	575	950	1400	1950	3125
Polara		2dr Hardtop	600	950	1500	2075	3400
Polara		2dr Convertible	950	1825	3475	5025	6825
Custom 880		4dr Sedan	500	900	1200	1800	2800
Custom 880		4dr Hardtop	600	950	1375	1900	3050
Custom 880		2dr Hardtop	700	1100	1600	2250	3700
Custom 880		2dr Convertible	1000	1875	3475	5050	7125

DODGE

MODEL	LINE	STYLE	5	4	3	2	1
1965							
Monaco		2dr Hardtop	875	1375	2450	3275	5325

ENGINE OPTIONS: Full size styles: 383-330hp +10%; 426-356hp +75%; 426-HEMI +350; Dart: 273-180hp +10%; **Coronet:** 6cyl -15%; 383-330hp +20%; 426-365hp +120%; 426-425hp HEMI +400%

MODEL	LINE	STYLE	5	4	3	2	1
1966							
Dart		4dr Sedan	500	850	1225	1700	2800
Dart		2dr Sedan	500	900	1250	1900	2950
Dart		2dr Hardtop	650	1050	1775	2400	3900
Dart		2dr Convertible	775	1450	2600	3625	5250
Dart	GT	2dr Hardtop	675	1075	1975	2750	4225
Dart	GT	2dr Convertible	900	1475	2800	4125	5925
Coronet		4dr Sedan	500	900	1200	1800	2800
Coronet		2dr Sedan	600	975	1400	1850	3125
Coronet		2dr Hardtop	700	1125	1650	2425	3775
Coronet		2dr Convertible	1025	1950	3725	5325	7175
Coronet	500	2dr Hardtop	850	1550	2975	4100	6000
Coronet	500	4dr Sedan	550	950	1375	1900	3050
Coronet	500	2dr Convertible	1150	2250	4300	6100	8375
Polara		4dr Sedan	525	900	1225	1825	2975
Polara		4dr Hardtop	600	950	1375	2000	3250
Polara		2dr Hardtop	675	1050	2000	2650	4225
Polara		2dr Convertible	900	1675	3025	4425	6400
Monaco		4dr Sedan	650	1050	1825	2450	4050
Monaco		4dr Hardtop	700	1175	2025	2775	4400
Monaco		2dr Hardtop	875	1325	2375	3375	5150
Monaco	500	2dr Hardtop	925	1600	2800	3950	6000
Charger		2dr Hardtop	1275	2975	4525	6900	10500

ENGINE OPTIONS: Full size styles: 383-330hp +10%; 440-350hp +30%; Dart: 273-180hp +10%; Coronet/Charger: 6cyl -15%; 383-325hp +30%; 426-425hp HEMI +400%

MODEL	LINE	STYLE	5	4	3	2	1
1967							
Dart		4dr Sedan	400	875	1275	1825	2875
Dart		2dr Sedan	400	950	1425	1875	3000
Dart		2dr Hardtop	675	1075	1475	2150	3450
Dart	GT	2dr Hardtop	850	1325	2375	3350	4200
Dart	GT	2dr Convertible	1075	1775	3450	5050	6925
Coronet		4dr Sedan	450	900	1200	1800	2900
Coronet		2dr Sedan	525	1000	1425	2000	3100
Coronet		2dr Convertible	1075	2325	3800	5475	7300
Coronet	500	4dr Sedan	600	950	1375	1900	3150

DODGE

MODEL	LINE	STYLE	Relative Condition: Worse ↔ Better ❺ ❹ ❸ ❷ ❶				
1967							
Coronet	500	2dr Hardtop	950	1575	2600	3775	5425
Coronet	500	2dr Convertible	1275	2600	4450	6375	8800
Coronet	RT	2dr Hardtop	1825	3875	6475	9700	13975
Coronet	RT	2dr Convertible	2600	5275	8225	11425	17075
Charger		2dr Hardtop	1250	3000	4600	7050	10675
Polara		4dr Sedan	500	900	1275	1825	2975
Polara		4dr Hardtop	500	950	1375	1900	3150
Polara		2dr Hardtop	650	1025	1500	2150	3450
Polara		2dr Convertible	925	1650	3075	4500	6300
Polara	500	2dr Hardtop	700	1075	1675	2375	3700
Polara	500	2dr Convertible	925	1750	3300	4700	6750
Monaco		4dr Sedan	650	1050	1825	2550	4150
Monaco		4dr Hardtop	750	1200	1925	2750	4300
Monaco		2dr Hardtop	800	1275	2100	3050	4600
Monaco 500		2dr Hardtop	850	1375	2500	3500	5325

ENGINE OPTIONS: Full size styles: 383-325hp +10%; 440-350hp +30%; Dart: 273-180hp +10%; Coronet/Charger: 6cyl -15%; 383-325hp +20%; 426-HEMI(2x4v) +275%; Coronet RT: 426-425hp HEMI +175%

MODEL	LINE	STYLE	❺	❹	❸	❷	❶
1968							
Dart		4dr Sedan	400	850	1225	1825	2900
Dart		2dr Sedan	450	900	1325	1875	3000
Dart		2dr Hardtop	700	1100	1675	2350	3775
Dart	GT	2dr Hardtop	850	1375	2550	3625	5400
Dart	GT	2dr Convertible	1125	1950	3700	5250	7275
Dart	GTS	2dr Hardtop	1375	2525	4425	6100	8300
Dart	GTS	2dr Convertible	1900	3700	6275	8875	11525
Coronet		4dr Sedan	400	850	1100	1725	2775
Coronet		2dr Sedan	500	950	1275	1900	2975
Coronet		2dr Hardtop	575	1025	1650	2375	3575
Coronet	500	2dr Hardtop	800	1400	2950	3975	5600
Coronet	500	2dr Convertible	1550	2900	5050	7100	9275
Coronet	RT	2dr Hardtop	1750	4250	7250	10825	13725
Coronet	RT	2dr Convertible	2500	5725	8775	13025	17725
Superbee		2dr Hardtop	1500	3525	5475	8275	11475
Superbee		2dr Sedan	1250	3375	5150	7700	10800
Charger		2dr Hardtop	1525	3425	6000	8675	12650
Charger	RT	2dr Hardtop	1975	4475	8000	11675	15850
Polara		4dr Sedan	400	900	1200	1800	3000
Polara		4dr Hardtop	500	950	1375	2000	3250

DODGE

MODEL	LINE	STYLE	Relative Condition: Worse ↔ Better				
			⑤	④	③	②	①
1968							
Polara		2dr Hardtop	625	1025	1525	2075	3500
Polara		2dr Convertible	850	1625	2825	4175	5950
Polara	500	2dr Hardtop	600	1000	1650	2375	3725
Polara	500	2dr Convertible	875	1725	3000	4525	6100
Monaco		4dr Sedan	550	950	1375	2000	3250
Monaco		4dr Hardtop	600	1075	1600	2275	3750
Monaco		2dr Hardtop	700	1100	1750	2425	4025
Monaco 500		2dr Hardtop	750	1250	2075	2950	4600

ENGINE OPTIONS: Full size styles: 383-330hp +10%; 440-350hp +30%; **Coronet/Charger:** 6cyl -15%; 383-330hp +20%(std. SuperBee); 440-350hp +40%; 426-425hp HEMI +300% **Coronet RT/Charger RT:** 426-425hp HEMI +175%

MODEL	LINE	STYLE	⑤	④	③	②	①
1969							
Dart		4dr Sedan	400	850	1200	1825	2925
Dart		2dr Hardtop	500	1075	1675	2350	3700
Dart	Swinger	2dr Hardtop	600	1175	1750	2550	3825
Dart	GT	2dr Hardtop	800	1450	2575	3775	5675
Dart	GT	2dr Convertible	1225	2000	3700	5300	7800
Dart	GTS	2dr Hardtop	1425	2425	4500	6025	8325
Dart	GTS	2dr Convertible	1875	3675	6125	8525	11225
Coronet		4dr Sedan	350	825	1075	1625	2775
Coronet		2dr Sedan	425	925	1200	1725	2875
Coronet		2dr Hardtop	575	1025	1675	2350	3650
Coronet	500	2dr Hardtop	775	1425	2900	3975	5675
Coronet	500	2dr Convertible	1500	2975	5000	7125	9200
Coronet	RT	2dr Hardtop	1750	4225	7100	9925	13475
Coronet	RT	2dr Convertible	2475	5650	8825	12925	17200
Superbee		2dr Hardtop	1475	3600	5625	8325	11875
Superbee		2dr Sedan	1325	3425	5275	7850	11025
Charger		2dr Hardtop	1675	3625	6100	8600	12600
Charger	500	2dr Hardtop	4075	8075	12800	16025	22575
Charger	RT	2dr Hardtop	2000	4525	7875	10925	14750
Polara		4dr Sedan	325	800	1075	1525	2675
Polara		4dr Hardtop	425	900	1200	1700	2850
Polara		2dr Hardtop	500	950	1375	2000	3150
Polara		2dr Convertible	825	1375	2300	3325	5000
Polara	500	2dr Hardtop	600	975	1450	2100	3425
Polara	500	2dr Convertible	825	1375	2575	3725	5475
Monaco		4dr Sedan	500	950	1375	1900	3050
Monaco		4dr Hardtop	550	950	1450	2000	3250

DODGE

MODEL	LINE	STYLE	Relative Condition: Worse ↔ Better				
			❺	❹	❸	❷	❶

1969

MODEL	LINE	STYLE	❺	❹	❸	❷	❶
Monaco		2dr Hardtop	600	1050	1575	2325	3600

ENGINE OPTIONS: Full size styles: 383-330hp +15%; 440-375hp +40%; **Coronet/Charger:** 6cyl -15%; 383-330/335hp +20%(std. SuperBee); 440-350hp +45%; 426-HEMI +175% **Coronet RT/Charger RT/Charger 500:** 426-425hp HEMI +175%;

1970

MODEL	LINE	STYLE	❺	❹	❸	❷	❶
Dart		4dr Sedan	300	800	1000	1525	2675
Dart		2dr Hardtop	550	950	1600	2175	3675
Dart	Swinger	2dr Hardtop	700	1100	1975	2675	4225
Coronet		4dr Sedan	325	850	1200	1700	2800
Coronet		2dr Sedan	425	875	1275	1825	3050
Coronet		2dr Hardtop	600	1050	1600	2375	3525
Coronet	500	4dr Sedan	550	950	1300	1850	3100
Coronet	500	2dr Hardtop	975	1500	2600	3775	5450
Coronet	500	2dr Convertible	1550	2850	4925	6825	8975
Coronet	RT	2dr Hardtop	1450	3400	5575	8650	11900
Coronet	RT	2dr Convertible	2425	5475	8600	12725	16975
Superbee		2dr Hardtop	1425	3325	5250	7975	11150
Superbee		2dr Sedan	1200	3075	4950	7575	10375
Challenger		2dr Hardtop	1450	2550	4750	7250	10350
Challenger		2dr Convertible	2175	4250	7575	10975	15975
Challenger	RT	2dr Hardtop	2225	4325	7400	10050	14350
Challenger	RT	2dr Convertible	3700	7175	10075	14850	20925
Challenger	TA	2dr Hardtop	4150	7800	12675	16950	21575
Charger		2dr Hardtop	1450	3300	4775	7600	10350
Charger	500	2dr Hardtop	1575	3700	5275	8275	13275
Charger	RT	2dr Hardtop	1800	4325	7000	10700	15775
Charger	Daytona	2dr Hardtop	7500	13100	24125	34900	43875
Polara		4dr Sedan	250	750	1075	1425	2650
Polara		4dr Hardtop	350	800	1150	1600	2850
Polara		2dr Hardtop	600	950	1450	2175	3300
Polara		2dr Convertible	875	1425	2650	3550	5375
Polara	Custom	4dr Sedan	375	825	1200	1800	2850
Polara	Custom	4dr Hardtop	550	925	1275	1900	3050
Polara	Custom	2dr Hardtop	600	950	1425	2050	3275
Monaco		4dr Sedan	550	950	1275	2000	3050
Monaco		4dr Hardtop	575	950	1450	2100	3425
Monaco		2dr Hardtop	600	1050	1550	2100	3500

DODGE

MODEL	LINE	STYLE	5	4	3	2	1

Relative Condition: Worse ↔ Better

1970

> **ENGINE OPTIONS: Challenger:** 6cyl -25%; 340-275hp +15%; 383-350hp +30%; 440-350hp +45%; 440-390hp(3x2v) +65%; 426-425hp +275%; **Coronet/Charger:** 6cyl -15%; 383-350hp +25%(std. SuperBee); 440-350/375hp +45%; 426-425hp HEMI +305% **Coronet RT/Charger RT:** 440-375hp +5%; 440-390hp(3x2v) +25%; 426-425hp HEMI +170%

1971

MODEL	LINE	STYLE	5	4	3	2	1
Dart		4dr Sedan	300	750	975	1525	2675
Demon		2dr Sedan	500	850	1200	1800	2950
Demon	340	2dr Sedan	1075	1975	2975	3975	5725
Dart	Swinger	2dr Hardtop	625	1000	1550	2200	3600
Challenger		2dr Hardtop	1575	2725	4625	6800	10350
Challenger		2dr Convertible	2175	4450	7475	11875	16000
Challenger	RT	2dr Hardtop	2200	4150	7050	9925	13650
Coronet		4dr Sedan	300	775	1100	1550	2600
Charger		2dr Hardtop	700	1200	2425	3200	4725
Charger	RT	2dr Hardtop	1375	2425	4475	6475	8525
Charger	SE	2dr Hardtop	850	1450	2700	3975	5450
Superbee		2dr Hardtop	1050	1900	3500	4900	6900
Polara		4dr Hardtop	450	850	1150	1550	2425
Polara		2dr Hardtop	525	950	1225	1725	2650
Monaco		4dr Hardtop	500	925	1200	1700	2600
Monaco		2dr Hardtop	600	950	1375	1900	2875

> **ENGINE OPTIONS: Challenger:** 6cyl -15%; 340-4V +15%; 383-4V +25%; 440-4V +35%; 440-(3x2V) +65%; 426-HEMI +175%; **Coronet/Charger:** 6cyl -15%; 383-4V +25%; 440-4V +40%; 440-(3x2V); 426-HEMI +250%

1972

MODEL	LINE	STYLE	5	4	3	2	1
Dart		4dr Sedan	300	700	1175	1625	2775
Dart	Swinger	2dr Hardtop	600	1025	1450	2025	3250
Demon		2dr Sedan	600	900	1200	1800	2975
Demon	340	2dr Sedan	1050	2000	3000	3925	5625
Challenger		2dr Hardtop	1375	2525	4550	6775	9900
Challenger	Rallye	2dr Hardtop	1700	2950	4900	7450	10800
Coronet		4dr Sedan	300	775	1100	1550	2350
Charger		2dr Hardtop	500	950	1600	2150	3800
Charger	SE	2dr Hardtop	750	1225	1950	2775	4475
Polara		4dr Hardtop	400	800	1200	1600	2425
Polara		2dr Hardtop	500	850	1275	1725	2600
Monaco		4dr Hardtop	500	875	1375	1750	2525
Monaco		2dr Hardtop	600	950	1400	1800	2700

DODGE

MODEL	LINE	STYLE	Relative Condition: Worse ↔ Better
			❺ ❹ ❸ ❷ ❶

1972

ENGINE OPTIONS: Challenger: 6cyl -20%; 340-4V +15%; **Coronet/Charger:** 6cyl -15%; 340-4V +15%; 400-4V +20%; 440-4V +35%

EDSEL

MODEL	LINE	STYLE	5	4	3	2	1
1958							
	Ranger	4dr Sedan	600	1525	2875	4025	5075
	Ranger	2dr Sedan	625	1700	3025	4175	5100
	Ranger	4dr Hardtop	750	1875	3600	4975	6225
	Ranger	2dr Hardtop	875	2150	4100	5575	7250
	Pacer	4dr Sedan	625	1475	2900	3875	5150
	Pacer	4dr Hardtop	725	2050	3750	5300	6875
	Pacer	2dr Hardtop	925	2300	4475	6200	7875
	Pacer	2dr Convertible	2300	5525	10550	14175	17200
	Corsair	4dr Hardtop	950	2300	4450	6175	7550
	Corsair	2dr Hardtop	1100	2825	5250	7125	9150
	Citation	2dr Hardtop	1375	3450	6550	8900	11125
	Citation	4dr Hardtop	1075	2650	5075	6975	8925
	Citation	2dr Convertible	2975	6800	12825	17875	22200
1959							
	Ranger	2dr Sedan	575	1225	2700	3700	4700
	Ranger	4dr Sedan	500	1175	2350	3225	4125
	Ranger	4dr Hardtop	700	1675	3350	4375	5750
	Ranger	2dr Hardtop	875	2050	4000	5550	7100
	Corsair	4dr Sedan	625	1450	2800	3875	4975
	Corsair	4dr Hardtop	850	1975	3875	5425	7025
	Corsair	2dr Hardtop	1025	2425	4700	6500	8500
	Corsair	2dr Convertible	2100	5150	10175	14075	17750
1960							
	Ranger	4dr Sedan	550	1400	2700	3800	4750
	Ranger	2dr Sedan	600	1525	3000	4075	5200
	Ranger	4dr Hardtop	750	1900	3625	4925	6400
	Ranger	2dr Hardtop	1175	2950	5650	7925	9750
	Ranger	2dr Convertible	2400	5950	11375	15175	19250

FORD

MODEL	LINE	STYLE	Relative Condition: Worse ↔ Better				
			⑤	④	③	②	①
1946							
Deluxe	Business Coupe	2dr Sedan	850	1850	3300	4700	6675
Deluxe		2dr Sedan	825	1700	3250	4525	6275
Deluxe		4dr Sedan	800	1575	3025	4200	6025
Super Deluxe		2dr Convertible	3400	6825	11800	16500	23125
Super Deluxe		2dr Sedan	925	1850	3600	4900	7025
Super Deluxe	Business Coupe	2dr Sedan	975	1950	3475	4800	6800
Super Deluxe	Tudor	2dr Sedan	850	1800	3300	4575	6475
Super Deluxe	Fordor	4dr Sedan	800	1750	3250	4450	6300
Super Deluxe	Sportman	2dr Convertible	7675	14575	24125	33975	44675
ENGINE OPTIONS: 6cyl -12%							
1947							
Deluxe	Business Coupe	2dr Sedan	975	1925	3400	4750	6700
Deluxe		2dr Sedan	825	1725	3250	4150	6175
Deluxe		4dr Sedan	800	1575	3000	4150	6000
Super Deluxe		2dr Convertible	3450	6875	11800	16725	23425
Super Deluxe		2dr Sedan	1000	2000	3550	4925	7050
Super Deluxe	Business Coupe	2dr Sedan	975	1925	3475	4775	6750
Super Deluxe	Tudor	2dr Sedan	875	1825	3275	4525	6425
Super Deluxe	Fordor	4dr Sedan	825	1750	3250	4425	6225
Super Deluxe	Sportman	2dr Convertible	7400	14525	23700	34150	44175
ENGINE OPTIONS: 6cyl -12%							
1948							
Deluxe		2dr Sedan	825	1700	3225	4200	6175
Deluxe		4dr Sedan	800	1575	3025	4150	6025
Deluxe	Business Coupe	2dr Sedan	975	2000	3500	4850	6850
Super Deluxe		2dr Convertible	3425	6850	11925	16350	23250
Super Deluxe	Tudor	2dr Sedan	850	1850	3275	4475	6425
Super Deluxe	Fordor	4dr Sedan	825	1750	3225	4275	6275
Super Deluxe		2dr Sedan	1000	2100	3725	5025	7150
Super Deluxe	Business Coupe	2dr Sedan	925	2025	3450	4775	6900
Super Deluxe	Sportman	2dr Convertible	7500	14925	24125	33675	44625
ENGINE OPTIONS: 6cyl -12%							
1949							
Deluxe		2dr Sedan	825	1850	3275	4375	6150
Deluxe		4dr Sedan	775	1675	2875	4075	5725
Deluxe	Club Coupe	2dr Sedan	950	2000	3700	5025	7025
Deluxe	Business Coupe	2dr Sedan	875	1800	3275	4525	6375

FORD

MODEL	LINE	STYLE	Relative Condition: Worse ↔ Better				
			❺	❹	❸	❷	❶
1949							
Custom		2dr Convertible	2900	6125	10775	15075	21850
Custom		2dr Sedan	925	2050	3750	5325	7175
Custom		4dr Sedan	825	1800	3175	4550	6450
Custom	Club Coupe	2dr Sedan	1125	2375	4250	6050	8350
ENGINE OPTIONS: 6cyl -12%							
1950							
Deluxe		4dr Sedan	825	1600	2975	4100	5875
Deluxe		2dr Sedan	825	1725	3275	4300	6150
Deluxe	Business Coupe	2dr Sedan	875	1900	3300	4625	6550
Custom Deluxe		4dr Sedan	825	1800	3225	4625	6525
Custom Deluxe		2dr Sedan	925	2050	3750	5325	7200
Custom Deluxe		2dr Convertible	3025	6150	11225	15800	22625
Custom Deluxe	Club Coupe	2dr Sedan	1200	2425	4300	6275	8500
Custom Deluxe	Crestliner	2dr Sedan	1325	2700	4900	6800	9700
ENGINE OPTIONS: 6cyl -12%							
1951							
Deluxe		4dr Sedan	775	1600	2925	4000	5825
Deluxe		2dr Sedan	800	1700	3200	4275	6050
Deluxe	Business Coupe	2dr Sedan	850	1825	3225	4525	6575
Custom Deluxe		4dr Sedan	800	1675	3175	4625	6450
Custom Deluxe		2dr Sedan	825	2000	3675	5225	7125
Custom Deluxe		2dr Convertible	3025	5975	10925	15600	22300
Custom Deluxe	Club Coupe	2dr Sedan	1050	2250	4025	5975	8350
Custom Deluxe	Crestliner	2dr Sedan	1300	2600	4625	6750	9575
Custom Deluxe	Victoria	2dr Hardtop	1400	2950	5425	7425	10675
ENGINE OPTIONS: 6cyl -12%							
1952							
Mainline		4dr Sedan	500	1100	2075	3100	4300
Mainline		2dr Sedan	525	1125	2175	3125	4500
Mainline	Business Coupe	2dr Sedan	700	1300	2475	3475	5050
Customline		4dr Sedan	700	1400	2600	3675	5200
Customline		2dr Sedan	725	1475	2725	3900	5475
Customline	Club Coupe	2dr Sedan	825	1700	3100	4375	6175
Crestline		2dr Convertible	2025	4200	8475	11575	16250
Crestline	Victoria	2dr Hardtop	1125	2550	4425	6225	8675

FORD

MODEL	LINE	STYLE	Relative Condition: Worse ↔ Better				
			❺	❹	❸	❷	❶

1952

ENGINE OPTIONS: 6cyl -12%							

1953

MODEL	LINE	STYLE	❺	❹	❸	❷	❶
Mainline		4dr Sedan	500	1000	2025	2850	4075
Mainline		2dr Sedan	525	1950	2075	2950	4200
Mainline	Business Coupe	2dr Sedan	700	1350	2550	3575	5050
Customline		4dr Sedan	675	1450	2700	3775	5300
Customline		2dr Sedan	725	1525	2850	3925	5625
Customline	Club Coupe	2dr Sedan	825	1650	3200	4325	6225
Crestline	Victoria	2dr Hardtop	1225	2325	4300	5950	8400
Crestline		2dr Convertible	2125	4300	8350	11475	16100

ENGINE OPTIONS: 6cyl -12%							

1954

MODEL	LINE	STYLE	❺	❹	❸	❷	❶
Mainline		4dr Sedan	500	1050	2025	2850	4100
Mainline		2dr Sedan	525	1075	2100	2925	4175
Mainline	Business Coupe	2dr Sedan	675	1325	2450	3450	5000
Customline		4dr Sedan	675	1400	2700	3825	5400
Customline		2dr Sedan	725	1475	2875	4025	5675
Customline	Club Coupe	2dr Sedan	750	1575	2975	4275	6125
Crestline		4dr Sedan	700	1425	2625	3925	5675
Crestline	Skyliner	2dr Hardtop	1800	3450	6150	8500	12300
Crestline	Victoria	2dr Hardtop	1125	2400	4425	6175	8600
Crestline		2dr Convertible	2100	4475	8225	11250	16050

ENGINE OPTIONS: 6cyl -15%; 239-160hp +10%							

1955

MODEL	LINE	STYLE	❺	❹	❸	❷	❶
Mainline		4dr Sedan	500	1075	1900	2800	4150
Mainline		2dr Sedan	500	1100	2100	2975	4300
Mainline	Business Coupe	2dr Sedan	525	1025	1900	2725	4000
Customline		4dr Sedan	600	1150	2200	3175	4475
Fairlane		4dr Sedan	650	1525	2700	3775	5375
Fairlane		2dr Sedan	750	1675	3025	4175	6000
Fairlane		2dr Convertible	3350	7050	13050	18250	26325
Fairlane	Victoria	2dr Hardtop	1800	3600	6825	9525	13500
Fairlane	Crown Victoria	2dr Sedan	2450	4875	8325	12750	17175
Fairlane	Crown Vic Plexi	2dr Sedan	3650	7050	12475	16950	24200
Thunderbird		2dr Convertible	5525	10675	17950	25425	35925

FORD

MODEL	LINE	STYLE	Relative Condition: Worse ↔ Better				
			❺	❹	❸	❷	❶

1955

ENGINE OPTIONS: 6cyl -15%; 292-193hp +15%(std. T-bird)

1956

MODEL	LINE	STYLE	❺	❹	❸	❷	❶
Mainline		4dr Sedan	500	1050	2000	2950	4175
Mainline		2dr Sedan	525	1125	2150	3025	4250
Mainline	Business Coupe	2dr Sedan	525	1100	2025	2850	4075
Customline		4dr Sedan	575	1125	2250	3325	4700
Customline		2dr Sedan	625	1225	2500	3500	5000
Customline		2dr Hardtop	1200	2525	4775	6750	9475
Fairlane		4dr Sedan	675	1225	2600	3675	5300
Fairlane		2dr Sedan	750	1375	3175	4400	6275
Fairlane	Victoria	2dr Hardtop	1750	3850	7050	9725	13575
Fairlane	Victoria	4dr Hardtop	1000	2125	3750	5325	7550
Fairlane	Crown Victoria	2dr Sedan	2475	4850	8775	12925	18300
Fairlane	Crown Vic Plexi	2dr Sedan	4375	8400	14725	19875	28675
Fairlane		2dr Convertible	4000	7650	13400	19250	26450
Thunderbird		2dr Convertible	5300	10625	17825	24725	35300

ENGINE OPTIONS: 6cyl -15%; 292-200hp +10%; 312-215hp +15%; Thunderbird: 292-202hp -5%

1957

MODEL	LINE	STYLE	❺	❹	❸	❷	❶
Custom		4dr Sedan	500	900	1825	2575	3725
Custom		2dr Sedan	500	1025	1900	2700	3900
Custom	Business Coupe	2dr Sedan	500	950	1750	2600	3750
Custom 300		4dr Sedan	575	1000	1900	2700	3950
Custom 300		2dr Sedan	600	1100	2000	2850	4025
Fairlane		4dr Sedan	600	1200	2200	3075	4525
Fairlane		2dr Sedan	600	1300	2475	3425	4975
Fairlane		4dr Hardtop	750	1525	2700	3750	5375
Fairlane		2dr Hardtop	1025	2200	4075	5700	8050
Fairlane 500		4dr Sedan	575	1225	2375	3250	4675
Fairlane 500		2dr Sedan	600	1425	2700	3775	5225
Fairlane 500		4dr Hardtop	775	1625	3050	4225	6000
Fairlane 500		2dr Hardtop	1300	2650	4825	6850	9550
Fairlane 500		2dr Convertible	3625	6875	12150	16750	23075
Fairlane 500	Skyliner	2dr Convertible	3950	8450	14175	19650	28050
Thunderbird		2dr Convertible	6000	11775	19225	27175	38825

ENGINE OPTIONS: 6cyl -15%; 312-245hp +15%; 312-270hp(2x4v) +40%; Thunderbird: 292-212hp -5%; 312-270hp(2x4v) +20%; 312-300hp(SC) +125%

FORD

| MODEL | LINE | STYLE | Relative Condition: Worse ↔ Better |||||
			⑤	④	③	②	①
1958							
Custom 300	Business Coupe	2dr Sedan	425	875	1650	2375	3325
Custom 300		2dr Sedan	525	1025	1825	2700	3825
Custom 300		4dr Sedan	500	900	1700	2500	3650
Fairlane		4dr Sedan	500	1025	1900	2825	3975
Fairlane		2dr Sedan	525	1050	2125	3150	4225
Fairlane		4dr Hardtop	725	1450	2650	3675	5375
Fairlane		2dr Hardtop	950	2000	3725	5275	7575
Fairlane 500		4dr Sedan	575	1100	2075	3125	4425
Fairlane 500		2dr Sedan	625	1325	2500	3550	4875
Fairlane 500		4dr Hardtop	775	1550	2800	4100	5825
Fairlane 500		2dr Hardtop	1225	2750	4950	6900	9625
Fairlane 500		2dr Convertible	3200	6400	11750	16575	23400
Fairlane 500	Skyliner	2dr Convertible	3950	7775	13350	19200	26925
Thunderbird		2dr Hardtop	1825	3725	6500	8750	12600
Thunderbird		2dr Convertible	3425	6750	11675	16525	22550

ENGINE OPTIONS: 6cyl -15%; 332-265hp +10%; 352-300hp +20%

MODEL	LINE	STYLE	⑤	④	③	②	①
1959							
Custom 300		4dr Sedan	500	900	1525	2300	3275
Custom 300		2dr Sedan	525	950	1625	2425	3450
Custom 300	Business Coupe	2dr Sedan	425	875	1575	2300	3350
Fairlane		2dr Sedan	525	975	1875	2750	3875
Fairlane		4dr Sedan	500	925	1650	2425	3550
Fairlane 500		4dr Sedan	525	1050	1875	2675	3925
Fairlane 500		2dr Sedan	525	1075	2025	2850	4150
Fairlane 500		4dr Hardtop	650	1275	2300	3350	4700
Fairlane 500		2dr Hardtop	925	1950	3600	5125	7450
Galaxie		4dr Sedan	525	1150	2075	3025	4250
Galaxie		2dr Sedan	550	1225	2200	3300	4725
Galaxie		4dr Hardtop	650	1325	2450	3600	5000
Galaxie		2dr Hardtop	1275	2750	5050	6975	9525
Galaxie		2dr Convertible	3300	6525	10925	15775	21500
Galaxie	Skyliner	2dr Convertible	3900	7950	12325	18375	26450
Thunderbird		2dr Hardtop	1900	3725	6525	8950	13300
Thunderbird		2dr Convertible	3525	6800	12000	16850	22725

ENGINE OPTIONS: 6cyl -20%; 352-300hp +15%; 352-360hp +60%; **Thunderbird:** 430-350hp +10%; 350-200hp +10%; 402-240hp +20%; 454-270hp +35% **Camaro:** 6cyl -20%;

FORD

MODEL	LINE	STYLE	Relative Condition: Worse ↔ Better				
			❺	❹	❸	❷	❶
1960							
Fairlane		4dr Sedan	500	900	1600	2200	3225
Fairlane		2dr Sedan	500	950	1700	2425	3425
Fairlane 500		4dr Sedan	525	1025	1825	2575	3750
Fairlane 500		2dr Sedan	525	1075	2050	2825	4000
Galaxie		4dr Sedan	525	1125	2100	3000	4150
Galaxie		2dr Sedan	550	1225	2300	3200	4375
Galaxie		4dr Hardtop	625	1300	2375	3275	4675
Galaxie		2dr Hardtop	825	1775	3300	4650	6475
Galaxie	Starliner	2dr Hardtop	1575	3250	5725	7975	11050
Galaxie	Sunliner	2dr Convertible	2075	4275	8025	11025	16050
Falcon		4dr Sedan	525	975	1800	2450	3600
Falcon		2dr Sedan	525	1000	1825	2475	3650
Thunderbird		2dr Hardtop	2050	3925	6925	9650	13675
Thunderbird		2dr Convertible	3400	6500	11700	16275	22175

ENGINE OPTIONS: 6cyl -20%; 352-300hp +15%; 352-360hp +60%; Thunderbird: 430-350hp +10%; 350-200hp +10%; 402-240hp +20%; 454-270hp +35% Camaro: 6cyl -20%;

MODEL	LINE	STYLE	❺	❹	❸	❷	❶
1961							
Falcon		4dr Sedan	500	950	1725	2400	3500
Falcon		2dr Sedan	525	975	1775	2425	3650
Falcon	Futura	2dr Hardtop	825	1550	2925	4050	5775
Fairlane		4dr Sedan	500	900	1600	2300	3400
Fairlane		2dr Sedan	500	925	1700	2425	3500
Galaxie		4dr Sedan	525	1000	1825	2525	3625
Galaxie		2dr Sedan	525	1100	2050	2725	3975
Galaxie		4dr Hardtop	625	1275	2300	3275	4600
Galaxie		2dr Hardtop	775	1475	2775	3900	5575
Galaxie	Starliner	2dr Hardtop	1000	2075	3900	5600	7900
Galaxie	Sunliner	2dr Convertible	1650	3550	6050	8650	12350
Thunderbird		2dr Hardtop	1500	3125	5650	7875	11275
Thunderbird		2dr Convertible	3625	6975	11750	15975	22350

ENGINE OPTIONS: 6cyl -20%; 390-300hp +5%; 390-375hp +60%; 390-401hp(3x2v) +90%

MODEL	LINE	STYLE	❺	❹	❸	❷	❶
1962							
Falcon		4dr Sedan	425	875	1525	2375	3325
Falcon		2dr Sedan	525	975	1575	2475	3475
Falcon	Futura	2dr Hardtop	800	1575	2900	4175	6025
Fairlane		4dr Sedan	400	850	1450	2075	3025
Fairlane		2dr Sedan	425	950	1475	2275	3225

FORD

MODEL	LINE	STYLE	Relative Condition: Worse ↔ Better				
			❺	❹	❸	❷	❶
1962							
Fairlane	500	4dr Sedan	500	1000	1500	2300	3350
Fairlane	500	2dr Sedan	525	1050	1600	2450	3550
Galaxie 500		4dr Sedan	425	925	1700	2325	3325
Galaxie 500		2dr Sedan	475	1025	1850	2550	3800
Galaxie 500		4dr Hardtop	550	1100	2000	2750	4050
Galaxie 500		2dr Hardtop	650	1325	2450	3550	5000
Galaxie 500		2dr Convertible	1400	3000	5475	7650	10600
Galaxie 500	XL	2dr Hardtop	875	1650	3425	4900	6675
Galaxie 500	XL	2dr Convertible	1675	3650	6725	9100	12900
Thunderbird		2dr Hardtop	1500	3125	5800	7950	11500
Thunderbird	Landau	2dr Hardtop	1600	3375	6000	8375	11625
Thunderbird		2dr Convertible	3625	7100	12075	16700	23050
Thunderbird	Sports Roadster	2dr Convertible	7600	13225	21875	28050	35925

ENGINE OPTIONS: 6cyl -20%; 390-300hp +5%; 406-385hp +130%; 406-410hp(3x2v) +160% **Thunderbird:** 390-340hp(3x2v) +75%

MODEL	LINE	STYLE	❺	❹	❸	❷	❶
1963							
Falcon		4dr Sedan	525	950	1750	2450	3450
Falcon		2dr Sedan	550	975	1875	2600	3750
Falcon	Futura	2dr Hardtop	725	1625	3000	4250	6075
Falcon	Futura	2dr Convertible	1125	2425	4325	5975	8350
Falcon	Sprint	2dr Hardtop	1300	2600	4500	6250	8575
Falcon	Sprint	2dr Convertible	1525	3175	5450	7800	10925
Fairlane		4dr Sedan	425	850	1525	2075	2975
Fairlane		2dr Sedan	425	850	1550	2125	3025
Fairlane	500	2dr Hardtop	725	1550	2725	3850	5175
300		4dr Sedan	425	850	1525	2250	3250
300		2dr Sedan	425	850	1525	2250	3250
Galaxie 500		4dr Sedan	425	950	1650	2400	3450
Galaxie 500		2dr Sedan	450	1025	1875	2675	3750
Galaxie 500		4dr Hardtop	550	1100	1925	2975	4175
Galaxie 500		2dr Hardtop	675	1375	2700	3800	5275
Galaxie 500		2dr Fastback	1000	1975	3900	5650	7800
Galaxie 500		2dr Convertible	1425	3225	5850	8400	11725
Galaxie 500	XL	4dr Hardtop	875	1625	2900	4125	6025
Galaxie 500	XL	2dr Hardtop	800	1575	2925	4200	5925
Galaxie 500	XL	2dr Fastback	1275	2425	4525	6800	9625
Galaxie 500	XL	2dr Convertible	2000	4375	7150	10425	15500
Thunderbird		2dr Hardtop	1475	3150	5725	7950	11375
Thunderbird	Landau	2dr Hardtop	1675	3475	6100	8500	11800

FORD

MODEL	LINE	STYLE	Relative Condition: Worse ↔ Better				
			⑤	④	③	②	①

1963

Thunderbird		2dr Convertible	3500	6875	12050	16225	22925
Thunderbird	Sports Roadster	2dr Convertible	7675	14050	22300	27700	35975

> **ENGINE OPTIONS: Full size styles:** 6cyl -20%; 390-340hp(3x2v) +70%; 406-385hp +105%; 406-405hp(3x2v) +160%; 427-410hp +165%; 427-425hp(2x4v) +185%; **Falcon:** 260-164hp +15% **Fairlane:** 260-164hp +10%; 289-271hp +70% **Thunderbird:** 390-330hp +65%

1964

Falcon		4dr Sedan	425	850	1525	2150	3150
Falcon		2dr Sedan	500	925	1550	2200	3325
Falcon	Futura	2dr Hardtop	700	1600	2825	3875	5725
Falcon	Futura	2dr Convertible	1150	2350	4425	6100	7975
Falcon	Sprint	2dr Hardtop	1175	2250	4025	5650	7675
Falcon	Sprint	2dr Convertible	1475	2800	5100	7150	9725
Fairlane		4dr Sedan	425	925	1625	2350	3325
Fairlane		2dr Sedan	425	925	1625	2350	3325
Fairlane	500	2dr Hardtop	700	1275	2425	3475	4950
Custom		4dr Sedan	425	825	1575	2250	3150
Custom		2dr Sedan	450	850	1625	2350	3250
Custom 500		4dr Sedan	500	900	1650	2350	3300
Custom 500		2dr Sedan	500	925	1700	2350	3300
Galaxie 500		4dr Sedan	525	1025	1875	2675	3800
Galaxie 500		2dr Sedan	525	1050	1950	2725	4000
Galaxie 500		4dr Hardtop	625	1175	2200	3250	4475
Galaxie 500		2dr Hardtop	800	1625	3225	4600	6550
Galaxie 500		2dr Convertible	1500	2875	5775	8175	11225
Galaxie 500	XL	2dr Hardtop	1125	2500	4750	6925	9675
Galaxie 500	XL	4dr Hardtop	750	1700	3075	4450	6025
Galaxie 500	XL	2dr Convertible	1850	3950	7325	10075	13650
Mustang		2dr Hardtop	1225	2700	4825	6925	9825
Mustang		2dr Convertible	2025	4175	7800	11250	16325
Thunderbird		2dr Hardtop	1250	2725	4650	6625	9375
Thunderbird	Landau	2dr Hardtop	1475	2825	5000	7000	10000
Thunderbird		2dr Convertible	3275	5950	10425	14700	20125

> **ENGINE OPTIONS: Full size styles:** 6cyl -20%; 390-330hp +30%; 427-410hp +165%; 427-425hp(2x4v) +190%; **Falcon:** 260-164hp +15% **Fairlane:** 260-164hp +10%; 289-271hp +75%; **Mustang:** 6cyl -20%; 289-225hp +20%; 289-271hp +50%

1965

Falcon		4dr Sedan	425	825	1500	2225	3150
Falcon		2dr Sedan	450	850	1525	2300	3250

FORD

MODEL	LINE	STYLE	Relative Condition: Worse ↔ Better				
			❺	❹	❸	❷	❶
1965							
Falcon	Futura	2dr Hardtop	675	1325	2575	3775	5475
Falcon	Futura	2dr Convertible	925	1975	4075	5975	7625
Fairlane		4dr Sedan	500	900	1600	2200	3200
Fairlane		2dr Sedan	500	925	1700	2350	3250
Fairlane	500	2dr Hardtop	600	1100	2075	2975	4325
Falcon	Sprint	2dr Hardtop	775	1700	3000	4075	5700
Falcon	Sprint	2dr Convertible	1125	2100	4200	6175	8400
Custom		4dr Sedan	400	800	1425	2000	3050
Custom		2dr Sedan	425	850	1525	2150	3150
Custom 500		4dr Sedan	425	850	1525	2150	3150
Custom 500		2dr Sedan	425	925	1625	2250	3250
Galaxie 500		4dr Sedan	425	975	1725	2475	3525
Galaxie 500		4dr Hardtop	550	1150	2000	2900	4075
Galaxie 500		2dr Hardtop	700	1425	2650	3800	5425
Galaxie 500		2dr Convertible	975	2175	4050	5750	8025
Galaxie 500	XL	2dr Hardtop	875	1700	3300	4825	7050
Galaxie 500	XL	2dr Convertible	1250	2625	4975	7125	9600
Galaxie 500	LTD	4dr Hardtop	575	1125	2100	3000	4250
Galaxie 500	LTD	2dr Hardtop	725	1475	2575	3825	5250
Mustang		2dr Hardtop	1225	2725	4800	6925	9825
Mustang	GT	2dr Hardtop	1625	3375	6050	8475	11725
Mustang		2dr Fastback	1750	3475	6325	8850	12700
Mustang	GT	2dr Fastback	2300	4475	7850	10875	15575
Mustang		2dr Convertible	2100	4175	7975	11225	16125
Mustang	GT	2dr Convertible	3300	6025	10625	15000	20500
Thunderbird		2dr Hardtop	1100	2500	4425	6150	8675
Thunderbird	Landau	2dr Hardtop	1350	2700	4775	6700	9550
Thunderbird		2dr Convertible	3200	5925	10475	14550	20450

ENGINE OPTIONS: Full size styles: 6cyl -20%; 390-330hp +35%; 427-410hp +185%; 427-425hp(2x4v) +200%; **Falcon:** 289-200hp +15%; 289-271hp +70%; **Fairlane:** 289-271hp +70%; **Mustang:** 6cyl -20%; 289-225hp +20%; 289-271hp +50%

MODEL	LINE	STYLE	❺	❹	❸	❷	❶
1966							
Falcon		4dr Sedan	400	800	1425	2125	3100
Falcon		2dr Sedan	425	850	1525	2200	3225
Falcon	Futura	2dr Sedan	525	950	1750	2475	3500
Fairlane		4dr Sedan	400	800	1500	2100	3050
Fairlane		2dr Sedan	425	875	1550	2200	3175
Fairlane 500		2dr Hardtop	550	1125	2000	3000	4250
Fairlane 500		2dr Convertible	875	1950	3400	4850	6725

FORD

MODEL	LINE	STYLE	Relative Condition: Worse ↔ Better				
			5	4	3	2	1
1966							
Fairlane 500	XL	2dr Hardtop	725	1425	2900	4225	6100
Fairlane 500	XL	2dr Convertible	1100	2400	4675	6625	8975
Fairlane 500	GT	2dr Hardtop	1150	2325	4150	5675	7675
Fairlane 500	GT	2dr Convertible	1375	3100	5125	7325	9925
Custom		4dr Sedan	400	850	1625	2250	3250
Custom		2dr Sedan	400	850	1625	2250	3250
Galaxie 500		4dr Sedan	500	925	1700	2425	3425
Galaxie 500		4dr Hardtop	525	1050	1925	2775	3900
Galaxie 500		2dr Hardtop	625	1300	2350	3400	4725
Galaxie 500		2dr Convertible	900	2125	4000	5600	7675
Galaxie 500	XL	2dr Hardtop	825	1675	3300	4675	6725
Galaxie 500	XL	2dr Convertible	1150	2600	4850	6975	10000
LTD		4dr Hardtop	550	1100	2000	3000	4275
LTD		2dr Hardtop	625	1375	2675	3700	5325
Galaxie 500	7-litre	2dr Hardtop	2075	3725	6450	8650	11125
Galaxie 500	7-litre	2dr Convertible	3175	5475	8650	11375	15500
Mustang		2dr Hardtop	1200	2650	4875	6850	9825
Mustang	GT	2dr Hardtop	1675	3350	6225	8550	12175
Mustang		2dr Fastback	1925	3950	6900	9775	13600
Mustang	GT	2dr Fastback	2275	4750	8225	11250	16175
Mustang		2dr Convertible	2100	4500	8750	12350	16675
Mustang	GT	2dr Convertible	3125	6075	11000	15200	20900
Thunderbird		2dr Hardtop	1100	2375	4225	5875	8475
Thunderbird		2dr Convertible	3075	5850	10075	14075	19750
Thunderbird	Landau	2dr Hardtop	1150	2725	4750	6625	9175

ENGINE OPTIONS: Full size styles: 6cyl -20% 390-315hp +25%; 390-335hp +35%; 428-345hp +40%; 427-410hp +165%; 427-425hp(2x4v) +185%; **Fairlane:** 6cyl -10%; 289-271hp +70%; 390-265hp; +35%; 390-335hp +55%; **Mustang:** 6cyl -20%; 289-225hp +20%; 289-271hp +50%

MODEL	LINE	STYLE	5	4	3	2	1
1967							
Falcon		2dr Sedan	425	850	1525	2250	3075
Falcon		4dr Sedan	400	800	1425	2000	3000
Falcon	Futura	2dr Hardtop	500	950	1750	2550	3600
Fairlane		4dr Sedan	400	800	1500	2150	3150
Fairlane		2dr Sedan	425	850	1625	2250	3250
Fairlane 500		2dr Hardtop	525	1075	2100	3075	4300
Fairlane 500		2dr Convertible	775	1800	3425	4625	6550
Fairlane 500	XL	2dr Hardtop	775	1725	2900	4275	6350
Fairlane 500	XL	2dr Convertible	1150	2425	4650	6525	8700
Fairlane 500	GT	2dr Hardtop	1125	2175	4100	5525	7525

FORD

MODEL	LINE	STYLE	Relative Condition: Worse ↔ Better				
			❺	❹	❸	❷	❶
1967							
Fairlane 500	GT	2dr Convertible	1350	2800	5100	7225	9775
Custom		4dr Sedan	400	750	1325	2000	2850
Custom		2dr Sedan	400	800	1425	2150	3050
Custom 500		4dr Sedan	400	750	1325	2000	2850
Custom 500		2dr Sedan	400	800	1425	2150	3050
Galaxie 500		4dr Sedan	500	925	1725	2400	3500
Galaxie 500		4dr Hardtop	525	1050	1925	2675	3825
Galaxie 500		2dr Hardtop	625	1250	2400	3425	4800
Galaxie 500		2dr Convertible	950	1950	3850	5475	7700
Galaxie 500	XL	2dr Hardtop	775	1650	3300	4775	6575
Galaxie 500	XL	2dr Convertible	1300	2700	5175	7475	9750
LTD		4dr Hardtop	600	1225	2100	2950	4125
LTD		2dr Hardtop	700	1325	2500	3450	4925
Mustang		2dr Hardtop	1200	2550	4525	6300	8600
Mustang	GT	2dr Hardtop	1425	2925	5100	7250	10000
Mustang		2dr Fastback	1500	2925	5000	7100	9850
Mustang	GT	2dr Fastback	1825	3500	6225	8825	12300
Mustang		2dr Convertible	1850	3600	6575	9200	13000
Mustang	GT	2dr Convertible	2275	4525	7750	10600	15525
Thunderbird		2dr Hardtop	800	1525	2850	4000	5800
Thunderbird	Landau	2dr Hardtop	825	1650	3000	4175	5925
Thunderbird	Landau	4dr Sedan	925	1850	3200	4600	6225

ENGINE OPTIONS: Full size styles: 6cyl -15%; 390-315hp +15%; 428-345hp +40%; 427-410hp +165%; 427-425hp(2x4v) +180%. **Fairlane:** 6cyl -10%; 289-271hp +70%; 390-270hp; +30%; 390-315hp +45%; **Mustang:** 6cyl -20%; 289-225hp +20%; 289-271hp +60%; 390-315hp +30%

MODEL	LINE	STYLE	❺	❹	❸	❷	❶
1968							
Falcon		4dr Sedan	350	750	1350	1975	2800
Falcon		2dr Sedan	350	800	1450	2075	2875
Falcon	Sport Coupe	2dr Sedan	425	950	1650	2300	3225
Fairlane		4dr Sedan	375	800	1500	2050	2875
Fairlane		2dr Sedan	400	850	1525	2150	3050
Fairlane 500		2dr Hardtop	550	1100	1950	2825	4000
Fairlane 500		2dr Fastback	675	1350	2325	3450	4850
Fairlane 500		2dr Convertible	800	1675	3250	4600	6400
Torino		4dr Sedan	425	850	1525	2150	3150
Torino		2dr Hardtop	525	1075	2050	3000	4200
Torino	GT	2dr Hardtop	625	1425	2525	3725	5150
Torino	GT	2dr Fastback	800	1800	3525	4900	6750
Torino	GT	2dr Convertible	1100	2350	4425	6275	8625

FORD

MODEL	LINE	STYLE	Relative Condition: Worse ↔ Better				
			❺	❹	❸	❷	❶
1968							
Custom		4dr Sedan	325	725	1300	1900	2700
Custom		2dr Sedan	350	750	1350	1975	2800
Custom 500		4dr Sedan	325	725	1300	1900	2700
Custom 500		2dr Sedan	350	750	1450	2000	2800
Galaxie 500		4dr Sedan	400	850	1525	2150	3050
Galaxie 500		4dr Hardtop	425	925	1625	2250	3150
Galaxie 500		2dr Hardtop	525	1025	1875	2650	3650
Galaxie 500		2dr Fastback	625	1250	2275	3075	4300
Galaxie 500		2dr Convertible	775	1625	3300	4625	6250
Galaxie 500	XL	2dr Fastback	700	1550	2900	4100	5950
Galaxie 500	XL	2dr Convertible	1000	2150	4025	5800	8100
LTD		4dr Sedan	425	925	1650	2325	3250
LTD		4dr Hardtop	525	975	1825	2600	3725
LTD		2dr Hardtop	575	1125	2100	2975	4125
Mustang		2dr Hardtop	925	2100	4000	5400	7675
Mustang	GT	2dr Hardtop	1275	2700	4775	6700	9400
Mustang		2dr Fastback	1150	2625	4600	6450	9025
Mustang	GT	2dr Fastback	1525	3100	6025	8350	11750
Mustang		2dr Convertible	1800	3625	6500	9100	12700
Mustang	GT	2dr Convertible	2050	4175	7650	10750	15525
Mustang	California Spec.	2dr Hardtop	1550	3475	6650	9350	13525
Thunderbird		2dr Hardtop	750	1525	2825	3925	5600
Thunderbird	Landau	2dr Hardtop	725	1600	2975	4050	5925
Thunderbird	Landau	4dr Sedan	850	1750	3250	4450	6200

ENGINE OPTIONS: Full size styles: 6cyl -15%; 390-315hp +15%; 428-340hp +30%; **Fairlane/Torino:** 6cyl -20%; 390-315/325hp +30%; 428-335hp +40%; 428-360hp +50%; 429-360hp +50%; **Mustang:** 6cyl -20%; 390-325hp +30%; 427-390hp +100%; 428-335hp +70%

MODEL	LINE	STYLE	❺	❹	❸	❷	❶
1969							
Falcon		4dr Sedan	350	750	1350	1900	2700
Falcon	Sport Coupe	2dr Sedan	425	850	1525	2150	3050
Falcon		2dr Sedan	400	800	1350	1900	2800
Fairlane 500		4dr Sedan	350	750	1350	1875	2700
Fairlane 500		2dr Hardtop	425	875	1500	2075	3100
Fairlane 500		2dr Fastback	500	1050	1975	2950	4075
Fairlane 500		2dr Convertible	750	1600	3025	4325	5750
Torino		4dr Sedan	350	750	1350	1900	2700
Torino		2dr Hardtop	450	925	1600	2500	3425
Torino	GT	2dr Hardtop	575	1175	2475	3675	5050
Torino	GT	2dr Fastback	775	1775	3575	4875	6750

FORD

| MODEL | LINE | STYLE | Relative Condition: Worse ↔ Better |||||
			⑤	④	③	②	①
1969							
Torino	GT	2dr Convertible	1100	2425	4475	6375	8650
Torino		2dr Convertible	750	1575	2975	4225	5950
Torino		2dr Fastback	675	1425	2700	3925	5450
Torino	Cobra	2dr Hardtop	1500	3100	5275	7250	9850
Torino	Cobra	2dr Fastback	1725	3400	6050	8400	11600
Torino	Talladega	2dr Fastback	3350	5975	10575	15300	19775
Custom 500		4dr Sedan	250	675	1250	1700	2525
Custom 500		2dr Sedan	250	675	1250	1700	2600
Galaxie 500		4dr Sedan	300	700	1250	1800	2800
Galaxie 500		4dr Hardtop	350	750	1450	1975	3050
Galaxie 500		2dr Hardtop	425	850	1525	2075	3150
Galaxie 500		2dr Convertible	600	1225	2275	3325	4725
Galaxie 500	XL	2dr Fastback	550	1025	2075	3100	4250
Galaxie 500	XL	2dr Convertible	700	1500	2975	4475	6125
LTD		4dr Sedan	350	750	1375	1950	2950
LTD		4dr Hardtop	400	850	1575	2175	3100
LTD		2dr Hardtop	425	950	1650	2350	3375
Mustang		2dr Hardtop	800	1600	2925	4150	6150
Mustang		2dr Fastback	975	1975	3475	5075	7250
Mustang		2dr Convertible	1250	2625	4600	6500	9225
Mustang	Grande	2dr Hardtop	875	1800	3175	4525	6600
Mustang	Mach 1	2dr Fastback	1400	2950	5500	7900	11150
Mustang	Boss 302	2dr Fastback	3700	6275	10025	14025	18025
Mustang	Boss 429	2dr Fastback	15075	22925	31550	41300	50025
Thunderbird		2dr Hardtop	700	1375	2600	3625	5400
Thunderbird	Landau	2dr Hardtop	725	1525	2825	3875	5575
Thunderbird	Landau	4dr Sedan	850	1800	3075	4400	6050

ENGINE OPTIONS: Full size styles: 6cyl -15%; 429-360hp +40%; **Fairlane/Torino:** 6cyl -20%; 390-315/325hp +30%; 428-335hp +40%; 428-360hp +50%; 429-360hp +50%; **Mustang:** 6cyl -20%; 351-290hp +15%; 390-320hp +30%; 428-335/360hp +70%

MODEL	LINE	STYLE	⑤	④	③	②	①
1970							
Maverick		2dr Sedan	350	750	1350	1900	2700
Falcon		4dr Sedan	350	775	1375	1975	2800
Falcon		2dr Sedan	350	775	1450	2075	2875
Fairlane 500		4dr Sedan	375	800	1425	2050	2950
Fairlane 500		2dr Hardtop	425	950	1650	2300	3300
Torino		4dr Sedan	375	850	1525	2150	3150
Torino		4dr Hardtop	425	925	1625	2250	3250
Torino		2dr Hardtop	525	1050	1925	2800	3950

FORD

MODEL	LINE	STYLE	Relative Condition: Worse ↔ Better				
			❺	❹	❸	❷	❶
1970							
Torino	Brougham	4dr Hardtop	425	1000	1700	2400	3500
Torino	Brougham	2dr Hardtop	550	1025	1975	2825	4000
Torino	GT	2dr Hardtop	675	1450	2975	4300	5750
Torino	GT	2dr Convertible	1250	2550	4325	6000	8275
Torino	Cobra	2dr Hardtop	1850	3575	6325	8775	11975
Custom 500		4dr Sedan	300	725	1250	1800	2500
Custom 500		2dr Sedan	350	750	1350	1975	2700
Galaxie 500		4dr Sedan	350	850	1525	2150	3000
Galaxie 500		4dr Hardtop	450	925	1625	2250	3150
Galaxie 500		2dr Hardtop	500	1025	1700	2425	3425
Galaxie 500	XL	2dr Fastback	600	1250	2275	3250	4500
Galaxie 500	XL	2dr Convertible	850	1800	3325	4625	6525
LTD		4dr Sedan	400	925	1525	2150	3150
LTD		4dr Hardtop	425	1025	1725	2425	3450
LTD		2dr Hardtop	525	1050	1750	2575	3700
LTD	Brougham	4dr Sedan	475	1025	1700	2425	3425
LTD	Brougham	4dr Hardtop	525	1050	1875	2525	3650
LTD	Brougham	2dr Hardtop	525	1125	2050	2850	4150
Mustang		2dr Hardtop	800	1675	3125	4375	6275
Mustang		2dr Fastback	925	2025	3800	5225	7400
Mustang		2dr Convertible	1200	2425	4575	6500	9075
Mustang	Mach 1	2dr Fastback	1525	3125	5725	7625	10425
Mustang	Grande	2dr Hardtop	925	1850	3250	4625	6625
Mustang	Boss 302	2dr Fastback	3525	6200	10075	13950	18950
Mustang	Boss 429	2dr Fastback	14100	23200	30975	41975	50525
Thunderbird		2dr Hardtop	625	1225	2225	3125	4450
Thunderbird	Landau	2dr Hardtop	650	1325	2450	3375	4700
Thunderbird	Landau	4dr Sedan	775	1600	2850	4050	5475

ENGINE OPTIONS: Full size styles: 6cyl -15%; 429-360hp +20%; **Torino:** 6cyl -20%; 428-335hp +40%; 429-360hp +50%; 429-37/375hp +75%; **Mustang:** 6cyl -20%; 351-300hp +15%; 428-335/360hp +70%

1971

MODEL	LINE	STYLE	❺	❹	❸	❷	❶
Pinto		2dr Sedan	250	675	1250	1800	2600
Pinto		2dr Hatchback	350	800	1425	2075	3050
Maverick		4dr Sedan	350	750	1350	1975	2700
Maverick		2dr Sedan	350	750	1350	1975	2700
Maverick	Grabber	2dr Sedan	450	900	1600	2175	3125
Torino		4dr Sedan	325	750	1450	1975	2700
Torino		2dr Hardtop	425	875	1550	2150	3125
Torino	Brougham	4dr Hardtop	450	950	1550	2225	3250

FORD

MODEL	LINE	STYLE	Relative Condition: Worse ↔ Better				
			⑤	④	③	②	①
1971							
Torino	Brougham	2dr Hardtop	525	1075	1750	2500	3625
Torino	GT	2dr Hardtop	775	1575	2800	4175	5550
Torino	GT	2dr Convertible	1225	2300	4275	6075	8000
Torino	Cobra	2dr Hardtop	825	1625	3200	4800	7125
Custom 500		4dr Sedan	300	700	1300	1800	2700
Galaxie 500		4dr Sedan	350	850	1525	2075	2975
Galaxie 500		4dr Hardtop	425	850	1625	2150	3050
LTD		4dr Sedan	425	850	1525	2075	2975
LTD		4dr Hardtop	500	925	1625	2400	3275
LTD		2dr Hardtop	500	1025	1800	2450	3425
LTD	Brougham	4dr Hardtop	525	1100	1850	2550	3625
LTD	Brougham	4dr Sedan	425	925	1625	2400	3275
LTD	Brougham	2dr Hardtop	550	1175	1950	2825	3925
LTD		2dr Convertible	675	1500	2950	4200	6000
Mustang		2dr Hardtop	725	1525	2900	4000	5650
Mustang		2dr Fastback	875	1975	3600	5025	7075
Mustang		2dr Convertible	1325	2650	4700	6575	9450
Mustang	Grande	2dr Hardtop	850	1650	3025	4225	6175
Mustang	Mach 1	2dr Fastback	1325	2700	4750	6875	9575
Mustang	Boss 351	2dr Fastback	4900	8550	13600	17400	23750
Thunderbird		2dr Hardtop	500	975	1750	2600	3700
Thunderbird		4dr Sedan	800	1625	3025	4125	5600

ENGINE OPTIONS: Full size styles: 6cyl -15% 429-360hp +20%; **Torino:** 6cyl -20%; 351-285hp +10%; 429-360hp +50%; **Mustang:** 6cyl -20%; 351-285hp +15%; 429-370/375hp +70%

MODEL	LINE	STYLE	⑤	④	③	②	①
1972							
Pinto		2dr Sedan	250	675	1250	1700	2600
Pinto		2dr Hatchback	350	775	1525	1975	3050
Maverick		4dr Sedan	350	750	1350	1975	2700
Maverick		2dr Sedan	350	750	1350	1975	2700
Maverick	Grabber	2dr Sedan	425	875	1475	2100	2975
Torino		4dr Sedan	350	750	1250	1700	2525
Torino		2dr Hardtop	425	850	1350	1800	2700
Gran Torino		4dr Sedan	325	750	1450	2000	2900
Gran Torino		2dr Hardtop	425	925	1600	2275	3200
Gran Torino	Sport	2dr Fastback	750	1500	2600	3775	5075
Custom 500		4dr Sedan	300	700	1300	1900	2700
Galaxie 500		4dr Sedan	325	850	1450	2075	2875
Galaxie 500		4dr Hardtop	400	875	1525	2150	2975
Galaxie 500		2dr Hardtop	425	925	1625	2250	3250

FORD

MODEL	LINE	STYLE	Relative Condition: Worse ↔ Better				
			❺	❹	❸	❷	❶
1972							
LTD		4dr Sedan	400	875	1525	2175	3000
LTD		4dr Hardtop	500	925	1700	2325	3325
LTD		2dr Hardtop	500	1025	1800	2475	3575
LTD		2dr Convertible	725	1475	2725	3900	5650
LTD	Brougham	4dr Sedan	425	925	1625	2250	3250
LTD	Brougham	4dr Hardtop	525	1025	1825	2550	3625
LTD	Brougham	2dr Hardtop	525	1125	1925	2825	3975
Mustang		2dr Hardtop	675	1425	2625	3625	5250
Mustang		2dr Fastback	800	1625	3000	4300	6525
Mustang	Grande	2dr Hardtop	800	1575	3000	4050	5925
Mustang		2dr Convertible	1300	2550	4700	6700	9425
Mustang	Mach 1	2dr Fastback	1200	2600	4675	6475	8825
Thunderbird		2dr Hardtop	425	875	1600	2200	3350

ENGINE OPTIONS: Torino: 351-248hp +30%; 429-205hp +30%; **Mustang:** 351-248hp +25%; 351-266hp +35%

LINCOLN

MODEL	LINE	STYLE	5	4	3	2	1
1946							
		4dr Sedan	2050	4075	7400	10375	14650
		2dr Sedan	2225	4600	8100	11375	16100
		2dr Convertible	4825	9675	17250	24350	34450
Continental		2dr Sedan	3475	6900	12175	17025	24100
Continental		2dr Convertible	5775	11700	20625	29450	39700
1947							
		4dr Sedan	1975	3950	6900	9700	13550
		2dr Sedan	2275	4375	7675	10775	15250
		2dr Convertible	4775	9650	17200	24075	34050
Continental		2dr Sedan	3675	7350	12950	18125	25900
Continental		2dr Convertible	5825	11675	20250	28875	39300
1948							
		4dr Sedan	2050	4200	7350	10150	14075
		2dr Sedan	2300	4400	7675	10750	15200
		2dr Convertible	4825	9725	17200	24550	34400
Continental		2dr Sedan	3700	7425	13100	18875	26700
Continental		2dr Convertible	6050	12150	21400	30600	41225
1949							
		4dr Sedan	1025	2125	3625	5350	7475
		2dr Sedan	1150	2300	4025	5850	8225
		2dr Convertible	2600	5125	8900	12400	17675
Cosmopolitan	Town Sedan	4dr Sedan	1175	2375	4175	6000	8425
Cosmopolitan	Sport Sedan	4dr Sedan	1125	2400	4150	6000	8400
Cosmopolitan		2dr Sedan	1250	2500	4425	6325	8950
Cosmopolitan		2dr Convertible	3325	6575	11400	16600	22400
1950							
		2dr Sedan	1075	2200	3925	5775	8000
		4dr Sedan	1000	2125	3825	5475	7725
	Lido Coupe	2dr Sedan	1700	3325	5800	8300	11100
Cosmopolitan		2dr Sedan	1175	2450	4425	6275	8800
Cosmopolitan		4dr Sedan	1175	2375	4325	6075	8575
Cosmopolitan	Capri	2dr Sedan	1575	3225	5725	8250	11250
Cosmopolitan		2dr Convertible	3325	6625	11725	16900	23250
1951							
		2dr Sedan	1050	2200	3925	5725	7875
		4dr Sedan	1025	2025	3875	5325	7425
	Lido Coupe	2dr Sedan	1625	3200	5575	8025	10925
Cosmopolitan		2dr Sedan	1250	2500	4350	6150	8675
Cosmopolitan		4dr Sedan	1175	2425	4275	5850	8250

LINCOLN

MODEL	LINE	STYLE	⑤	④	③	②	①
1951							
Cosmopolitan	Capri	2dr Sedan	1575	3225	5525	7950	**10925**
Cosmopolitan		2dr Convertible	3175	6275	11175	15850	**22625**
1952							
Cosmopolitan		4dr Sedan	900	1800	3275	4525	**6325**
Cosmopolitan		2dr Hardtop	1375	2775	4775	6800	**9275**
Capri		4dr Sedan	1000	2025	3650	5150	**7175**
Capri		2dr Hardtop	1500	3000	5500	7850	**10675**
Capri		2dr Convertible	3300	6875	12050	16925	**23275**
1953							
Cosmopolitan		4dr Sedan	800	1750	3100	4425	**6075**
Cosmopolitan		2dr Hardtop	1450	2975	5175	7400	**10100**
Capri		4dr Sedan	950	1925	3500	4925	**6850**
Capri		2dr Hardtop	1625	3250	6000	8500	**11775**
Capri		2dr Convertible	3075	7050	12525	17475	**24550**
1954							
Cosmopolitan		2dr Hardtop	1475	3000	5175	7350	**10200**
Cosmopolitan		4dr Sedan	850	1750	3000	4175	**6000**
Capri		2dr Hardtop	1675	3425	6025	8525	**11675**
Capri		4dr Sedan	875	1875	3325	4625	**6450**
Capri		2dr Convertible	3475	7050	12500	17600	**24725**
1955							
Custom		4dr Sedan	800	1675	2925	4125	**5775**
Custom		2dr Hardtop	1250	2550	4425	6250	**8575**
Capri		4dr Sedan	900	1650	3025	4225	**6000**
Capri		2dr Hardtop	1425	2850	5225	7250	**10025**
Capri		2dr Convertible	3200	6525	11400	15800	**22025**
1956							
Capri		4dr Sedan	900	1950	3400	4750	**6575**
Capri		2dr Hardtop	1825	3650	6725	9450	**13075**
Premiere		4dr Sedan	1100	2275	4000	5750	**7900**
Premiere		2dr Hardtop	2325	4500	7950	11000	**15425**
Premiere		2dr Convertible	4150	8175	15225	21700	**29500**
Mark II		2dr Hardtop	3925	7675	13850	19550	**27200**
1957							
Capri		4dr Sedan	875	1900	3250	4450	**6400**
Capri		4dr Hardtop	1075	2075	3675	5400	**7425**
Capri		2dr Hardtop	1350	2675	4950	7125	**9900**
Premiere		4dr Sedan	1000	1900	3275	4800	**6775**
Premiere		4dr Hardtop	1175	2375	4225	5925	**8250**

LINCOLN

MODEL	LINE	STYLE	Relative Condition: Worse ↔ Better				
			⑤	④	③	②	①
1957							
	Premiere	2dr Hardtop	2000	3950	7250	10000	13200
	Premiere	2dr Convertible	4150	8300	14850	20800	28950
	Mark II	2dr Hardtop	3800	7525	13550	18650	26650
1958							
	Capri	4dr Sedan	725	1525	2650	3775	5275
	Capri	4dr Hardtop	875	1600	2900	4075	5650
	Capri	2dr Hardtop	875	1725	3000	4175	6025
	Premiere	4dr Sedan	825	1525	2750	3875	5350
	Premiere	4dr Hardtop	900	1700	3025	4450	6075
	Premiere	2dr Hardtop	975	2075	3500	4800	6850
	Mark III	4dr Sedan	1025	1950	3525	4850	6850
	Mark III	4dr Hardtop	1200	2400	4100	5800	8200
	Mark III	2dr Hardtop	1375	2850	5050	6975	9900
	Mark III	2dr Convertible	3600	7250	13900	18975	27050
1959							
	Capri	4dr Sedan	775	1425	2625	3725	5225
	Capri	4dr Hardtop	850	1875	3325	4500	6350
	Capri	2dr Hardtop	950	1925	3425	4750	6675
	Premiere	4dr Sedan	825	1650	3000	4125	5950
	Premiere	4dr Hardtop	1000	1900	3375	4725	6825
	Premiere	2dr Hardtop	1125	2400	4125	5775	7975
	Mark Iv	4dr Sedan	1000	2025	3450	4875	7050
	Mark Iv	4dr Hardtop	1175	2375	4325	5950	8175
	Mark Iv	2dr Hardtop	1250	2775	4825	6775	9500
	Mark Iv	2dr Convertible	3475	7425	13525	18925	27525
1960							
		4dr Sedan	825	1775	3075	4275	6075
		4dr Hardtop	1000	1875	3300	4625	6600
		2dr Hardtop	1025	1975	3400	4700	6800
	Premiere	4dr Sedan	800	1750	3000	4200	6025
	Premiere	4dr Hardtop	1000	2025	3475	4800	7100
	Premiere	2dr Hardtop	1025	2275	4075	5725	8100
	Mark V	4dr Sedan	1025	1950	3550	4900	7175
	Mark V	4dr Hardtop	1200	2375	4050	5875	8525
	Mark V	2dr Hardtop	1225	2500	4475	6475	9250
	Mark V	2dr Convertible	3825	7500	13850	19600	27225
1961							
	Continental	4dr Sedan	975	2000	3775	5425	7725
	Continental	4dr Convertible	2275	4500	8200	11525	15300

LINCOLN

MODEL	LINE	STYLE	5	4	3	2	1
1962							
Continental		4dr Sedan	900	1875	3350	4775	6975
Continental		4dr Convertible	1975	4025	7425	10600	14075
1963							
Continental		4dr Sedan	875	1900	3375	4650	6925
Continental		4dr Convertible	1925	3900	7025	10000	13675
1964							
Continental		4dr Sedan	800	1700	3125	4325	6550
Continental		4dr Convertible	1800	3675	6725	9300	12775
1965							
Continental		4dr Sedan	875	1725	3075	4275	6425
Continental		4dr Convertible	1775	3575	6425	8975	12250
1966							
Continental		2dr Hardtop	725	1600	3125	4350	5875
Continental		4dr Sedan	675	1525	2800	3900	5900
Continental		4dr Convertible	1700	3375	6225	8675	12000
1967							
Continental		4dr Sedan	675	1500	3000	4250	5875
Continental		2dr Hardtop	725	1600	3125	4350	5925
Continental		4dr Convertible	1700	3425	6125	8450	11675
1968							
Continental		4dr Sedan	675	1525	2925	4075	6025
Continental		2dr Hardtop	725	1525	3100	4350	5825
1969							
Continental		4dr Sedan	650	1475	2800	4000	5675
Continental		2dr Hardtop	700	1575	2875	4075	5775
Continental	Mark III	2dr Hardtop	1050	2600	4625	6675	9175
1970							
Continental		4dr Sedan	625	1200	2300	3325	4900
Continental		2dr Hardtop	675	1275	2350	3400	4975
Continental	Mark III	2dr Hardtop	1050	2600	4625	6675	9175
1971							
Continental		4dr Sedan	625	1200	2300	3325	4900
Continental		2dr Hardtop	675	1275	2350	3400	4975
Continental	Mark III	2dr Hardtop	1150	2550	4675	6675	9125
1972							
Continental		4dr Sedan	600	1075	2150	3175	4825
Continental		2dr Hardtop	600	1175	2275	3275	4925
Continental	Mark IV	2dr Hardtop	1125	2175	4125	6150	8225

MERCURY

MODEL	LINE	STYLE	Relative Condition: Worse ↔ Better				
			❺	❹	❸	❷	❶
1946							
		4dr Sedan	925	1950	3750	5075	7000
	Coupe Sedan	2dr Sedan	1025	2175	4300	5500	8225
		2dr Sedan	925	1875	3625	5025	7000
		2dr Convertible	4100	8075	13950	19225	27150
Sportsman		2dr Convertible	10100	17625	28675	37100	47025
1947							
		4dr Sedan	950	1950	3775	5125	7025
	Coupe Sedan	2dr Sedan	1100	2350	4200	5600	8225
		2dr Sedan	950	1975	3725	5125	7025
		2dr Convertible	4225	8350	14425	20325	28375
Sportsman		2dr Convertible	6650	12850	21925	30200	42450
1948							
		4dr Sedan	950	1975	3775	5150	7075
		2dr Sedan	950	2150	3975	5425	7225
	Coupe Sedan	2dr Sedan	1150	2425	4550	6000	8450
		2dr Convertible	4175	8375	14575	20375	28150
1949							
		4dr Sedan	1150	2250	3975	5550	7825
		2dr Sedan	1400	2800	4950	7025	9825
		2dr Convertible	3750	7375	12800	17800	24100
1950							
		4dr Sedan	1075	2300	4150	5700	8025
		2dr Sedan	1400	2850	4975	7050	9925
		2dr Convertible	3750	7375	12250	17875	24225
Monterey		2dr Sedan	1825	3675	6200	8725	12000
1951							
		4dr Sedan	1100	2300	4100	5825	8175
		2dr Sedan	1400	2875	4925	7025	9900
		2dr Convertible	3650	7400	12575	17200	24175
Monterey		2dr Sedan	1875	3700	6950	8925	12750
1952							
Custom		4dr Sedan	575	1125	2025	2850	4025
Custom		2dr Sedan	575	1175	2175	3000	4275
Custom		2dr Hardtop	1050	2225	3975	5625	7700
Monterey		4dr Sedan	575	1125	2150	3025	4275
Monterey		2dr Hardtop	1050	2450	4325	6325	8450
Monterey		2dr Convertible	3925	8100	14250	18625	24425

MERCURY

MODEL	LINE	STYLE	❺	❹	❸	❷	❶
1953							
Custom		2dr Sedan	575	1150	2175	3175	4575
Custom		4dr Sedan	575	1150	2125	2875	4100
Custom		2dr Hardtop	1075	2375	4025	5700	8075
Monterey		4dr Sedan	575	1175	2225	3250	4350
Monterey		2dr Hardtop	1050	2525	4500	6350	8750
Monterey		2dr Convertible	3950	8050	14100	18350	24800
1954							
Custom		4dr Sedan	550	1150	2150	3100	4525
Custom		2dr Sedan	550	1175	2225	3275	4575
Custom		2dr Hardtop	1050	2375	4125	5725	8050
Monterey		4dr Sedan	575	1175	2275	3350	4425
Monterey		2dr Hardtop	1250	2950	5425	7325	10225
Monterey		2dr Convertible	3900	8050	14775	18900	25475
Monterey	Sun Valley	2dr Hardtop	2400	4775	8150	12150	15950
1955							
Custom		4dr Sedan	600	1125	2075	2950	4150
Custom		2dr Sedan	650	1175	2200	3125	4525
Custom		2dr Hardtop	1050	2450	4325	6000	8525
Monterey		4dr Sedan	650	1400	2450	3500	5000
Monterey		2dr Hardtop	1500	3600	6550	8900	12200
Montclair		4dr Sedan	725	1475	2625	3700	5100
Montclair		2dr Hardtop	1675	4150	7025	10000	13225
Montclair		2dr Convertible	4550	9050	14550	19225	26925
Montclair	Sun Valley	2dr Hardtop	3650	7275	11900	15975	22175
1956							
Medalist		4dr Sedan	575	1025	1900	2775	4000
Medalist		2dr Sedan	600	1075	2050	3000	4225
Medalist		2dr Hardtop	1125	2200	4175	6125	8025
Custom		4dr Sedan	600	1075	2100	3000	4275
Custom		2dr Sedan	675	1250	2300	3275	4675
Custom		4dr Hardtop	825	1675	3000	4225	5825
Custom		2dr Hardtop	1275	2950	5050	7150	9750
Custom		2dr Convertible	3125	6050	10500	14700	20350
Monterey		4dr Sedan	600	1425	2525	3600	5025
Monterey		4dr Hardtop	875	1925	3675	5300	7425
Monterey		2dr Hardtop	1525	3825	7150	10025	13025
Montclair		4dr Sedan	775	1525	2675	3900	5325
Montclair		4dr Hardtop	1150	2450	4425	6375	8450
Montclair		2dr Hardtop	1825	4250	7400	10700	14100

MERCURY

MODEL	LINE	STYLE	Relative Condition: Worse ↔ Better				
			❺	❹	❸	❷	❶
	Montclair	2dr Convertible	4475	9200	15675	22350	30100
1956							
ENGINE OPTIONS: 312-225/235hp +10%; 312-260hp(2x4v) +35%							
1957							
	Monterey	4dr Sedan	625	1250	2300	3225	4500
	Monterey	2dr Sedan	700	1400	2400	3350	4650
	Monterey	4dr Hardtop	850	1600	2825	4025	5625
	Monterey	2dr Hardtop	950	2100	3375	5050	7025
	Monterey	2dr Convertible	2075	4200	7325	10125	14050
	Montclair	4dr Sedan	650	1325	2325	3425	4700
	Montclair	4dr Hardtop	850	1625	3125	4375	5950
	Montclair	2dr Hardtop	1250	2650	4750	6575	9200
	Montclair	2dr Convertible	2700	5400	9250	12950	18025
	Turnpike Cruiser	4dr Hardtop	1500	3100	4850	7000	9350
	Turnpike Cruiser	2dr Hardtop	2350	4675	7950	10925	15175
	Turnpike Cruiser	2dr Convertible	6475	10125	18300	23425	30500
ENGINE OPTIONS: 368-335hp(2x4v) +50%							
1958							
	Monterey	4dr Sedan	525	1050	1950	2900	4100
	Monterey	2dr Sedan	525	1175	2100	3050	4325
	Monterey	4dr Hardtop	650	1425	2625	3675	5125
	Monterey	2dr Hardtop	775	1625	3100	4325	6050
	Monterey	2dr Convertible	1950	3800	6975	9375	12700
	Montclair	4dr Sedan	525	1175	2125	3075	4425
	Montclair	4dr Hardtop	700	1500	2725	3900	5500
	Montclair	2dr Hardtop	975	2175	3800	5550	7550
	Montclair	2dr Convertible	2475	4825	8250	11250	14850
	Turnpike Cruiser	4dr Hardtop	1450	2875	4625	6675	9050
	Turnpike Cruiser	2dr Hardtop	1700	3500	6025	8400	11425
	Parklane	4dr Hardtop	850	1825	3125	4525	6325
	Parklane	2dr Hardtop	1200	2250	4600	6300	8550
	Parklane	2dr Convertible	2700	5325	9225	12875	17925
ENGINE OPTIONS: 430-4V +15%; 430-3x2v +30%							
1959							
	Monterey	4dr Sedan	550	1100	2050	3025	4250
	Monterey	2dr Sedan	550	1200	2175	3150	4425
	Monterey	4dr Hardtop	675	1400	2700	3725	5275
	Monterey	2dr Hardtop	875	1950	3400	4750	6675

MERCURY

MODEL	LINE	STYLE	Relative Condition: Worse ↔ Better				
			⑤	④	③	②	①
Monterey		2dr Convertible	2400	4775	7575	11250	14375
1959							
Montclair		4dr Sedan	600	1300	2425	3450	4825
Montclair		4dr Hardtop	750	1650	3225	4500	6025
Montclair		2dr Hardtop	1000	2150	4025	5775	7900
Parklane		4dr Hardtop	900	1825	3375	4800	6525
Parklane		2dr Hardtop	1150	2800	4925	7025	9550
Parklane		2dr Convertible	3050	6500	12100	16575	20675
ENGINE OPTIONS: 430-4V +15%							
1960							
Comet		4dr Sedan	550	1125	2075	2875	4150
Comet		2dr Sedan	600	1225	2200	3025	4400
Monterey		4dr Sedan	500	1025	1925	2850	4050
Monterey		2dr Sedan	525	1125	2075	2925	4250
Monterey		4dr Hardtop	625	1275	2275	3325	4675
Monterey		2dr Hardtop	850	1575	2850	4050	5725
Monterey		2dr Convertible	1475	2925	5800	8275	11825
Montclair		4dr Sedan	500	1100	2075	2900	4200
Montclair		4dr Hardtop	600	1250	2250	3125	4550
Montclair		2dr Hardtop	900	1700	3100	4450	6250
Parklane		4dr Hardtop	775	1550	2725	3925	5475
Parklane		2dr Hardtop	925	1950	3625	5175	7125
Parklane		2dr Convertible	1700	3525	6350	9475	13375
1961							
Comet		4dr Sedan	500	1000	1700	2500	3600
Comet		2dr Sedan	525	1050	1825	2650	3775
Comet	S22	2dr Sedan	650	1275	2250	3350	4675
Meteor		4dr Sedan	475	975	1800	2550	3600
Meteor		2dr Sedan	500	1025	1800	2700	3775
Meteor		4dr Hardtop	525	1100	1975	2800	3950
Meteor		2dr Hardtop	600	1125	2050	3075	4275
Monterey		4dr Sedan	500	1100	2075	2875	4150
Monterey		4dr Hardtop	600	1200	2150	2975	4225
Monterey		2dr Hardtop	675	1500	2575	3725	5400
Monterey		2dr Convertible	1175	2575	4525	6425	8725
ENGINE OPTIONS: 390-330hp +15%							
1962							
Comet		4dr Sedan	475	900	1700	2400	3500
Comet		2dr Sedan	500	1025	1800	2525	3600

MERCURY

MODEL	LINE	STYLE	Relative Condition: Worse ↔ Better				
			⑤	④	③	②	①
Comet	S22	2dr Sedan	600	1300	2200	3025	4400
1962							
Meteor		4dr Sedan	475	925	1675	2500	3650
Meteor		2dr Sedan	500	1025	1800	2600	3775
Meteor	S33	2dr Sedan	625	1250	2150	3000	4300
Monterey		4dr Sedan	450	1000	1800	2650	3800
Monterey		2dr Sedan	500	1050	1875	2725	3875
Monterey		4dr Hardtop	525	1125	2050	2950	4150
Monterey		2dr Hardtop	675	1400	2650	3700	5250
Monterey	S55	2dr Hardtop	875	1800	3325	4625	6400
Monterey	S55	2dr Convertible	1300	2600	5075	7175	9700

ENGINE OPTIONS: 390-330hp +10%; 406-385hp +70%; 406-405hp +125%

1963

MODEL	LINE	STYLE	⑤	④	③	②	①
Comet		4dr Sedan	400	875	1650	2400	3400
Comet		2dr Sedan	500	1000	1750	2500	3600
Comet		2dr Hardtop	625	1150	2075	2925	4150
Comet		2dr Convertible	800	1475	2775	4025	5650
Comet	S22	2dr Hardtop	675	1450	2775	3900	5475
Comet	S22	2dr Sedan	625	1325	2400	3375	4800
Comet	S22	2dr Convertible	950	1950	3600	5175	7250
Meteor		4dr Sedan	400	800	1600	2425	3400
Meteor		2dr Sedan	500	1025	1800	2525	3600
Meteor		2dr Hardtop	625	1325	2300	3400	4700
Meteor	S33	2dr Hardtop	725	1550	2750	3950	5600
Monterey		4dr Sedan	400	825	1600	2300	3400
Monterey		2dr Sedan	500	925	1700	2425	3500
Monterey		4dr Hardtop	525	1050	1850	2600	3700
Monterey		2dr Hardtop	575	1100	2050	3000	4350
Monterey		2dr Convertible	800	1775	3225	4775	6775
Monterey		2dr Fastback	725	1475	2700	3825	5375
Monterey	S55	2dr Hardtop	800	1450	2925	4050	5625
Monterey	S55	2dr Fastback	1050	2025	3850	5325	7525
Monterey	S55	2dr Convertible	1275	2750	4975	6800	9350

1963

ENGINE OPTIONS: 390-330hp +10%; 406-385hp +70%; 406-405hp +125%

1964

MODEL	LINE	STYLE	⑤	④	③	②	①
Comet		4dr Sedan	350	725	1425	2150	3125
Comet		2dr Sedan	400	900	1600	2300	3300
Comet		2dr Hardtop	525	1075	1900	2700	3850

MERCURY

MODEL	LINE	STYLE	Relative Condition: Worse ↔ Better				
			⑤	④	③	②	①
Comet		2dr Convertible	750	1475	2800	4050	5650

1964

MODEL	LINE	STYLE	⑤	④	③	②	①
Comet	Caliente	4dr Sedan	450	1000	1700	2400	3500
Comet	Caliente	2dr Hardtop	575	1225	2150	3125	4350
Comet	Caliente	2dr Convertible	875	1675	3375	4825	6650
Comet	Cyclone	2dr Hardtop	775	1625	3150	4350	6000
Monterey		4dr Sedan	350	825	1500	2100	3150
Monterey		2dr Sedan	400	900	1600	2250	3300
Monterey		4dr Hardtop	425	950	1750	2475	3500
Monterey		2dr Hardtop	525	1100	2000	2775	3975
Monterey		2dr Fastback	675	1350	2475	3500	4800
Monterey		2dr Convertible	850	1750	3475	4925	6825
Montclair		4dr Sedan	425	925	1625	2350	3325
Montclair		4dr Hardtop	525	1050	1850	2500	3625
Montclair		2dr Hardtop	550	1100	1950	2725	3900
Montclair		2dr Fastback	700	1425	2650	3650	5225
Parklane		4dr Sedan	500	925	1700	2425	3500
Parklane		4dr Hardtop	550	1100	2000	2900	4125
Parklane		2dr Hardtop	625	1150	2150	3050	4375
Parklane		2dr Fastback	675	1375	2600	3600	4975
Parklane		2dr Convertible	1025	2300	4125	6050	8075

ENGINE OPTIONS: Full size styles: 390-330hp +10%; 427-410hp +100%; 427-425hp(2x4v) +150%; Comet/Cyclone: 260-164hp +10%; 289-210hp +15%; 289-271hp +60%

1965

MODEL	LINE	STYLE	⑤	④	③	②	①
Comet		4dr Sedan	325	775	1425	2150	3125
Comet		2dr Sedan	425	850	1600	2300	3325
Comet	Caliente	4dr Sedan	500	1025	1800	2525	3500
Comet	Caliente	2dr Hardtop	600	1275	2225	3125	4450
Comet	Caliente	2dr Convertible	825	1800	3325	4875	6475
Comet	Cyclone	2dr Hardtop	725	1600	2975	4150	5650
Monterey		4dr Sedan	300	725	1500	2025	3000
Monterey		4dr Hardtop	450	850	1700	2475	3450
Monterey		2dr Hardtop	600	1025	1975	2900	3925
Monterey		2dr Sedan	475	900	1700	2325	3300
Monterey		2dr Convertible	850	1700	3075	4600	6450
Montclair		4dr Hardtop	550	1150	2000	2775	4125
Montclair		2dr Hardtop	575	1175	2050	2900	4250
Parklane		4dr Hardtop	575	1200	2150	3050	4400
Parklane		2dr Hardtop	600	1300	2300	3225	4725
Parklane		2dr Convertible	900	1875	3525	5225	7525

MERCURY

MODEL	LINE	STYLE	5	4	3	2	1
1965							
ENGINE OPTIONS: Full size styles: 390-330hp +10%; 427-410hp +95%; 427-425hp(2x4v) +155%; Comet/Cyclone: 289-200hp +15%(std. Cyclone); 289-225hp +30%; 289-271hp +50%							
1966							
Comet		4dr Sedan	325	825	1525	2250	3125
Comet		2dr Sedan	425	925	1675	2425	3425
Comet		2dr Hardtop	600	1200	2150	3025	4200
Comet	Caliente	4dr Sedan	425	925	1725	2425	3350
Comet	Caliente	2dr Hardtop	650	1425	2825	3925	5275
Comet		2dr Convertible	750	1650	2975	4325	6025
Cyclone		2dr Hardtop	675	1500	2800	4050	5700
Cyclone		2dr Convertible	1025	2325	4250	6000	8050
Cyclone	GT	2dr Hardtop	1000	1925	3500	5150	7250
Cyclone	GT	2dr Convertible	1400	2825	5025	6975	9200
Monterey		4dr Sedan	325	725	1425	2000	3125
Monterey		4dr Hardtop	500	825	1600	2400	3400
Monterey		2dr Sedan	475	775	1500	2325	3200
Monterey		2dr Hardtop	500	1025	1800	2575	3775
Monterey		2dr Convertible	900	1700	3125	4575	6250
Montclair		4dr Sedan	450	850	1600	2325	3250
Montclair		4dr Hardtop	500	1000	1800	2600	3600
Montclair		2dr Hardtop	525	1125	2100	3000	4225
Parklane		4dr Hardtop	525	1175	2000	2975	4225
Parklane		2dr Hardtop	625	1250	2250	3150	4525
Parklane		2dr Convertible	925	1900	3800	5425	7675
ENGINE OPTIONS: Comet/Cyclone: 6cyl -15%; 390-275hp +25%; 390-335hp(std. GT) +40%							
1967							
Comet		4dr Sedan	300	625	1425	2100	3200
Comet		2dr Sedan	375	825	1600	2250	3325
Comet		2dr Hardtop	525	1075	2000	2825	4000
Comet	Caliente	4dr Sedan	500	1100	1800	2700	3700
Comet	Caliente	2dr Hardtop	625	1250	2450	3450	4750
Comet	Caliente	2dr Convertible	800	1725	3300	4675	6650
Cyclone		2dr Hardtop	725	1475	2925	4200	5850
Cyclone		2dr Convertible	925	2000	3900	5500	7575
Monterey		4dr Sedan	425	725	1500	2325	3225
Monterey		4dr Hardtop	500	875	1600	2400	3500
Monterey		2dr Convertible	775	1650	2775	3925	5675
Montclair		4dr Sedan	475	825	1550	2325	3400

MERCURY

MODEL	LINE	STYLE	Relative Condition: Worse ↔ Better				
			❺	❹	❸	❷	❶
1967							
Montclair		4dr Hardtop	500	1000	1800	2700	3700
Montclair		2dr Hardtop	600	1100	1900	2825	3900
Parklane		4dr Hardtop	600	1125	2100	2950	4225
Parklane		2dr Hardtop	625	1200	2200	3000	4325
Parklane		2dr Convertible	850	1650	3275	4750	6600
Marquis		2dr Hardtop	700	1300	2300	3225	4600
Cougar		2dr Hardtop	1075	2075	3950	5525	7400
Cougar	XR7	2dr Hardtop	1100	2325	4250	5925	8175

ENGINE OPTIONS: Comet/Cyclone: 6cyl -15%; 390-270hp +25%; 390-320hp(std. GT) +40%; Cougar: 289-225hp +10%; 390-320hp +30%

MODEL	LINE	STYLE	❺	❹	❸	❷	❶
1968							
Comet		2dr Hardtop	425	925	1625	2250	3250
Montego		4dr Sedan	325	750	1425	2150	3050
Montego		2dr Hardtop	500	925	1625	2350	3425
Montego		2dr Convertible	750	1400	2700	3725	5325
Cyclone		2dr Hardtop	675	1450	2675	3850	5375
Cyclone		2dr Fastback	850	1750	3050	4325	6225
Monterey		4dr Sedan	325	750	1425	2050	3050
Monterey		4dr Hardtop	425	850	1625	2250	3250
Monterey		2dr Hardtop	425	950	1625	2275	3275
Monterey		2dr Convertible	725	1350	2450	3525	5075
Montclair		4dr Sedan	400	800	1625	2250	3250
Montclair		4dr Hardtop	425	925	1625	2350	3325
Montclair		2dr Hardtop	500	925	1625	2350	3425
Parklane		4dr Sedan	500	925	1625	2350	3325
Parklane		4dr Hardtop	500	925	1700	2350	3425
Parklane		2dr Hardtop	525	1025	1825	2550	3625
Parklane		2dr Convertible	675	1450	2850	4175	5900
Marquis		2dr Hardtop	525	1125	1925	2750	3850
Cougar		2dr Hardtop	900	1875	3500	4825	6850
Cougar	XR7	2dr Hardtop	1125	2200	4025	5625	7950
Cougar	XR7G	2dr Hardtop	1800	3325	6000	8475	11250

ENGINE OPTIONS: Montego/Cyclone: 6cyl -15%; 390-335hp +20%; 428-335hp +40%; 427-390hp +80%; Cougar: 390-320hp +30%; 428-335hp +90%

MODEL	LINE	STYLE	❺	❹	❸	❷	❶
1969							
Comet		2dr Hardtop	425	850	1450	1975	2875
Montego		4dr Sedan	300	650	1250	1800	2700
Montego		2dr Hardtop	475	800	1575	2150	3150

MERCURY

MODEL	LINE	STYLE	5	4	3	2	1
1969							
Montego		2dr Convertible	625	1350	2625	3675	5200
Cyclone		2dr Hardtop	700	1275	2500	3725	5175
Cyclone	CJ	2dr Hardtop	1425	2900	5575	7075	9425
Monterey		4dr Sedan	300	700	1300	1800	2700
Monterey		4dr Hardtop	400	750	1450	1900	2800
Monterey		2dr Hardtop	425	850	1525	2150	3050
Monterey		2dr Convertible	600	1225	2175	3000	4400
Marauder		2dr Hardtop	500	1100	2025	2750	3950
Marauder	X100	2dr Hardtop	750	1525	2850	4000	5700
Marquis		4dr Sedan	375	800	1300	1900	2700
Marquis		4dr Hardtop	400	825	1450	2000	2900
Marquis		2dr Hardtop	425	850	1525	2175	3075
Marquis		2dr Convertible	700	1500	2650	3875	5350
Cougar		2dr Hardtop	825	1575	3100	4475	6300
Cougar		2dr Convertible	925	2275	4150	6100	8075
Cougar	XR7	2dr Hardtop	950	1975	3725	5375	7450
Cougar	XR7	2dr Convertible	1325	2425	4650	6725	9425
Cougar	Eliminator	2dr Hardtop	1275	3100	5750	8350	11175

ENGINE OPTIONS: Montego/Cyclone: 6cyl -15%; 351-290hp +10%; 390-320hp +20%; 428-335hp +40% (std. Cyclone CJ); 429-4V +40%; **Cougar:** 351-290hp +10%; 390-320hp +20%; 428-335hp +95%

MODEL	LINE	STYLE	5	4	3	2	1
1970							
Montego		4dr Sedan	275	650	1250	1700	2600
Montego		2dr Sedan	350	750	1350	1900	2700
Montego		2dr Hardtop	425	850	1450	1975	2875
Cyclone		2dr Hardtop	1500	2975	5575	7075	9450
Cyclone	Spoiler	2dr Hardtop	1950	3475	6100	8300	10650
Monterey		4dr Sedan	300	650	1300	1875	2700
Monterey		4dr Hardtop	425	850	1450	2075	2875
Monterey		2dr Hardtop	425	850	1525	2075	2975
Monterey		2dr Convertible	675	1350	2350	3400	4675
Marquis		4dr Sedan	400	800	1450	2075	2975
Marquis		4dr Hardtop	425	850	1525	2150	3050
Marquis		2dr Hardtop	450	925	1625	2250	3150
Marquis		2dr Convertible	800	1600	2875	4050	5550
Cougar		2dr Hardtop	900	1850	3400	4775	6850
Cougar		2dr Convertible	1150	2350	4275	6225	8250
Cougar	XR7	2dr Hardtop	1075	2350	4350	5925	8075
Cougar	XR7	2dr Convertible	1275	2825	5150	7325	9850
Cougar	Eliminator	2dr Hardtop	1250	3100	5850	8575	11275

MERCURY

MODEL	LINE	STYLE	Relative Condition: Worse ↔ Better				
			❺	❹	❸	❷	❶

1970

ENGINE OPTIONS: Montego/Cyclone: 351-300 +10%; 429-360hp +40%(std. Cyclone); 429-370hp +50%(std. Cyclone Spoiler); **Cougar:** 351-300hp +15%; 428-335hp +90%

1971

Model	Line	Style	5	4	3	2	1
Comet		4dr Sedan	350	750	1350	1975	2800
Comet		2dr Sedan	350	750	1350	1975	2800
Comet	GT	2dr Sedan	425	875	1750	2400	3425
Montego		4dr Sedan	325	700	1300	1800	2800
Montego		2dr Hardtop	425	925	1525	2150	3150
Montego		4dr Hardtop	425	850	1525	2150	3050
Cyclone		2dr Hardtop	700	1325	2600	3725	5125
Cyclone	Spoiler	2dr Hardtop	800	1500	2900	4225	5750
Monterey		4dr Sedan	325	650	1300	1800	2700
Monterey		4dr Hardtop	425	750	1450	1975	2875
Monterey		2dr Hardtop	425	850	1450	2100	2900
Marquis		4dr Sedan	400	700	1350	1850	2650
Marquis		4dr Hardtop	425	850	1450	2075	2875
Marquis		2dr Hardtop	425	850	1550	2100	3000
Cougar		2dr Hardtop	575	1250	2425	3400	4825
Cougar		2dr Convertible	900	1850	3525	4975	7025
Cougar	XR7	2dr Hardtop	725	1450	2700	3825	5325
Cougar	XR7	2dr Convertible	1225	2525	4600	6500	8725

ENGINE OPTIONS: Montego/Cyclone: 351-285hp +10%; 429-370hp +50%(std. Cyclone Spoiler); **Cougar:** 351-285hp +15%; 429-370hp +70%

1972

Model	Line	Style	5	4	3	2	1
Comet		4dr Sedan	350	750	1350	1975	2800
Comet		2dr Sedan	350	750	1350	1975	2800
Montego		4dr Sedan	250	600	1200	1900	2775
Montego		2dr Hardtop	425	850	1450	2075	2975
Montego	GT	2dr Hardtop	550	1100	1975	2850	4175
Monterey		4dr Sedan	300	650	1250	1975	2775
Monterey		4dr Hardtop	425	850	1525	2150	2975
Monterey		2dr Hardtop	425	850	1525	2150	3050
Marquis		4dr Sedan	400	900	1600	2200	3100
Marquis		4dr Hardtop	425	950	1625	2375	3275
Marquis		2dr Hardtop	525	1025	1725	2450	3450
Cougar		2dr Hardtop	600	1225	2225	3250	4650
Cougar		2dr Convertible	925	1800	3350	4975	7025
Cougar	XR7	2dr Hardtop	650	1400	2625	3925	5450

MERCURY

MODEL	LINE	STYLE	Relative Condition: Worse ↔ Better ❺ ❹ ❸ ❷ ❶				
1972							
Cougar	XR7	2dr Convertible	1100	2300	4275	6175	8550
ENGINE OPTIONS: Montego: 351-248hp +20%; 429-201hp +25%; Cougar: 351-4V +20%; 429-201hp +25%							

METROPOLITAN

MODEL	LINE	STYLE	Relative Condition: Worse ↔ Better				
			❺	❹	❸	❷	❶
1954							
		2dr Hardtop	550	1175	2025	2850	4125
		2dr Convertible	675	1425	2425	3425	5075
1955							
		2dr Convertible	675	1400	2400	3425	5075
		2dr Hardtop	550	1125	1925	2750	4000
1956							
		2dr Hardtop	550	1125	1950	2750	4000
		2dr Convertible	675	1400	2425	3425	5025
1957							
		2dr Hardtop	550	1125	1950	2750	4000
		2dr Convertible	675	1400	2425	3425	5025
1958							
		2dr Hardtop	575	1150	2025	2900	4125
		2dr Convertible	700	1425	2625	3525	5225
1959							
		2dr Hardtop	575	1150	2025	2900	4125
		2dr Convertible	700	1425	2650	3600	5225
1960							
		2dr Hardtop	575	1150	2050	2900	4150
		2dr Convertible	700	1425	2600	3600	5225
1961							
		2dr Hardtop	575	1150	2050	2900	4125
		2dr Convertible	700	1425	2525	3525	5375
1962							
		2dr Hardtop	575	1150	2050	2900	4125
		2dr Convertible	700	1450	2600	3625	5375

OLDSMOBILE

MODEL	LINE	STYLE	Relative Condition: Worse ↔ Better				
			❺	❹	❸	❷	❶
1946							
Special 66		4dr Sedan	725	1450	2500	3575	5100
Special 66	Club Coupe	2dr Sedan	725	1450	2600	3725	5350
Special 66	Club Sedan	2dr Sedan	750	1550	2800	3925	5500
Special 66		2dr Convertible	2875	5500	9725	13600	18925
Dynamic 76		4dr Sedan	725	1525	2675	3725	5300
Dynamic 76	Club Sedan	2dr Sedan	725	1550	2775	3950	5650
Dynamic 78	Club Sedan	2dr Sedan	850	1725	3025	4150	5875
Dynamic 78		4dr Sedan	800	1600	2750	3850	5500
Custom Cruiser 98	Club Sedan	4dr Sedan	825	1725	3025	4225	6000
Custom Cruiser 98		2dr Sedan	875	1875	3275	4600	6600
Custom Cruiser 98		2dr Convertible	3225	6250	11025	15175	21425
1947							
Special 66		4dr Sedan	725	1350	2500	3475	5075
Special 66	Club Coupe	2dr Sedan	700	1425	2575	3625	5200
Special 66	Club Sedan	2dr Sedan	700	1475	2625	3700	5300
Special 66		2dr Convertible	2625	5275	9375	13000	18425
Special 68		4dr Sedan	700	1400	2625	3550	5200
Special 68	Club Sedan	2dr Sedan	800	1600	2850	3975	5675
Special 68	Club Coupe	2dr Sedan	775	1600	2775	3875	5575
Special 68		2dr Convertible	2700	5625	9700	13400	19075
Dynamic Cruiser 76		4dr Sedan	700	1500	2725	3675	5300
Dynamic Cruiser 76	Club Sedan	2dr Sedan	800	1600	2750	3875	5475
Dynamic Cruiser 78		4dr Sedan	775	1525	2775	3925	5475
Dynamic Cruiser 78	Club Sedan	2dr Sedan	825	1825	2925	4075	5725
Custom Cruiser 98		4dr Sedan	850	1725	3000	4325	6050
Custom Cruiser 98	Club Sedan	2dr Sedan	900	1800	3175	4625	6475
Custom Cruiser 98		2dr Convertible	3075	6125	10975	15475	21875
1948							
Dynamic 66		4dr Sedan	700	1400	2450	3400	4975
Dynamic 66	Club Coupe	2dr Sedan	725	1475	2675	3675	5275
Dynamic 66	Club Sedan	2dr Sedan	725	1500	2725	3650	5250
Dynamic 66		2dr Convertible	2675	5275	9650	13275	18775
Dynamic 68		4dr Sedan	700	1425	2500	3550	5150
Dynamic 68	Club Coupe	2dr Sedan	750	1575	2775	3925	5550
Dynamic 68	Club Sedan	2dr Sedan	800	1600	2825	3975	5675
Dynamic 68		2dr Convertible	2800	5700	10150	14075	19950
Dynamic 76		4dr Sedan	700	1475	2625	3550	5150
Dynamic 76	Club Sedan	2dr Sedan	725	1525	2775	3700	5350
Dynamic 78		4dr Sedan	750	1600	2850	3925	5575

OLDSMOBILE

MODEL	LINE	STYLE	Relative Condition: Worse ↔ Better				
			❺	❹	❸	❷	❶
1948							
Dynamic 78	Club Sedan	2dr Sedan	850	1700	3075	4325	6000
Futuramic 98		4dr Sedan	1025	2125	3575	4975	7150
Futuramic 98	Club Sedan	2dr Sedan	1100	2400	4225	5950	8025
Futuramic 98		2dr Convertible	3750	7275	12425	17050	23750
1949							
Futuramic 76		4dr Sedan	725	1450	2525	3525	5025
Futuramic 76	Club Coupe	2dr Sedan	800	1575	2850	4650	5525
Futuramic 76	Club Sedan	2dr Sedan	1025	2175	3875	5475	7675
Futuramic 76		2dr Convertible	2775	5600	9925	13775	19500
Futuramic 88		4dr Sedan	825	1675	3050	4325	6000
Futuramic 88	Club Coupe	2dr Sedan	875	1850	3350	4700	6600
Futuramic 88	Club Sedan	2dr Sedan	1250	2425	4500	6325	8675
Futuramic 88		2dr Convertible	3500	6850	12225	16750	24275
Futuramic 98		4dr Sedan	825	1700	3150	4325	6150
Futuramic 98	Club Sedan	2dr Sedan	1250	2600	4825	6775	9050
Futuramic 98		2dr Hardtop	2775	5200	9375	12800	17650
Futuramic 98		2dr Convertible	3625	7325	13075	17775	24900
1950							
Futuramic 76		4dr Sedan	675	1450	2600	3700	5225
Futuramic 76	Club Coupe	2dr Sedan	775	1575	2825	3975	5425
Futuramic 76	Club Sedan	2dr Sedan	975	2025	3550	4950	7025
Futuramic 76		2dr Hardtop	1700	3350	5750	8075	11625
Futuramic 76		2dr Convertible	2900	5675	10225	14325	20450
Futuramic 88		2dr Sedan	1050	2175	4000	5600	7800
Futuramic 88		4dr Sedan	975	2025	3650	5050	7125
Futuramic 88		2dr Convertible	3550	7150	12575	17550	25050
Futuramic 88	Club Sedan	2dr Sedan	1275	2650	4700	6325	8900
Futuramic 88	Club Coupe	2dr Sedan	1050	2175	3900	5375	7650
Futuramic 88		2dr Hardtop	2175	4250	7800	10900	15075
Futuramic 98		4dr Sedan	975	2050	3775	5250	7400
Futuramic 98	Club Sedan	2dr Sedan	1250	2600	4900	6725	9125
Futuramic 98		2dr Hardtop	2075	4325	7850	10575	14625
Futuramic 98		2dr Convertible	3525	7550	13075	17575	24975
1951							
88		4dr Sedan	775	1575	2900	4025	5825
88		2dr Sedan	825	1650	3025	4275	6050
Super 88		4dr Sedan	800	1675	3000	4325	6025
Super 88	Club Coupe	2dr Sedan	950	1850	3300	4550	6450
Super 88		2dr Sedan	1050	2125	3800	5475	7900

OLDSMOBILE

MODEL	LINE	STYLE	Relative Condition: Worse ↔ Better				
			❺	❹	❸	❷	❶
1951							
Super 88		2dr Hardtop	1750	3475	6500	8850	12175
Super 88		2dr Convertible	3225	6475	11900	16500	22475
98		4dr Sedan	975	1875	3300	4625	6625
98		2dr Hardtop	1900	4025	8000	10950	14975
98		2dr Convertible	3525	7250	12925	18075	24600
1952							
88		4dr Sedan	800	1600	2800	4025	5700
88		2dr Sedan	800	1650	2925	4150	5875
Super 88		4dr Sedan	825	1650	3000	4250	5975
Super 88	Club Coupe	2dr Sedan	875	1800	3250	4450	6375
Super 88		2dr Sedan	1050	2125	3775	5325	7675
Super 88		2dr Hardtop	1725	3600	6750	9175	12850
Super 88		2dr Convertible	3300	6550	12050	16375	23400
98		4dr Sedan	975	1850	3275	4600	6550
98		2dr Hardtop	1750	3600	6900	9675	13625
98		2dr Convertible	3600	7225	12625	17150	24500
1953							
88		4dr Sedan	825	1675	2950	4125	5875
88		2dr Sedan	875	1750	3100	4400	6225
Super 88		4dr Sedan	850	1700	3100	4300	6100
Super 88		2dr Sedan	925	1900	3375	4725	6650
Super 88		2dr Hardtop	1850	3875	7000	9725	13625
Super 88		2dr Convertible	3775	7575	12850	17725	25200
98		4dr Sedan	950	1900	3200	4500	6500
98		2dr Hardtop	2025	4125	7225	10075	14425
98		2dr Convertible	4000	8075	14200	19450	26950
98	Fiesta	2dr Convertible	7200	13225	22275	30900	38925
1954							
88		4dr Sedan	750	1600	2875	3950	5675
88		2dr Sedan	825	1775	3125	4350	6150
Super 88		4dr Sedan	775	1750	3050	4175	5925
Super 88		2dr Sedan	925	1850	3350	4525	6500
Super 88		2dr Hardtop	1850	3550	6900	9325	12850
Super 88		2dr Convertible	2975	6025	10575	14725	20625
98		4dr Sedan	925	1775	3150	4400	6300
98		2dr Hardtop	1975	4050	7150	10125	14450
98		2dr Convertible	3375	6575	11825	16600	23925
1955							
88		4dr Sedan	775	1550	2750	3850	5500

OLDSMOBILE

MODEL	LINE	STYLE	⑤	④	③	②	①
1955							
	88	2dr Sedan	825	1750	3025	4250	6000
	88	2dr Hardtop	1500	3200	6050	8000	11175
	88	4dr Hardtop	1050	2125	3975	5525	7375
	Super 88	4dr Sedan	775	1650	2875	3950	5625
	Super 88	2dr Sedan	875	1850	3250	4525	6475
	Super 88	4dr Hardtop	1075	2300	4175	5700	7900
	Super 88	2dr Hardtop	1850	4050	8025	10925	15000
	Super 88	2dr Convertible	3675	7850	14300	19375	26425
	98	4dr Sedan	900	1775	3075	4375	6325
	98	4dr Hardtop	1125	2375	4275	6175	8525
	98	2dr Hardtop	2275	4475	8425	12150	16400
	98	2dr Convertible	4100	8000	14525	20175	28825
1956							
	88	4dr Sedan	775	1650	2950	4125	5775
	88	2dr Sedan	800	1700	3100	4375	6200
	88	4dr Hardtop	975	2025	3550	5025	7400
	88	2dr Hardtop	1375	3050	5925	8125	11075
	Super 88	4dr Sedan	875	1650	2975	4100	6425
	Super 88	2dr Sedan	975	1850	3475	4800	7450
	Super 88	4dr Hardtop	1150	2400	4200	5725	8275
	Super 88	2dr Hardtop	2025	4175	8150	10950	15475
	Super 88	2dr Convertible	3825	7975	13900	19450	27075
	98	4dr Sedan	950	1900	3400	4775	6700
	98	4dr Hardtop	1175	2350	4125	6000	8325
	98	2dr Hardtop	2325	4725	8600	12450	17075
	98	2dr Convertible	3850	7625	14300	20025	27775
1957							
	88	4dr Sedan	700	1400	2500	3525	5000
	88	2dr Sedan	725	1525	2700	3825	5500
	88	4dr Hardtop	850	1700	3150	4475	6275
	88	2dr Hardtop	1350	2800	4950	7050	9875
	88	2dr Convertible	2975	5800	10825	15475	20125
	Super 88	4dr Sedan	675	1450	2550	3550	5100
	Super 88	2dr Sedan	850	1825	3175	4425	6475
	Super 88	4dr Hardtop	1100	2300	4175	5975	8000
	Super 88	2dr Hardtop	1975	4200	7725	10850	15075
	Super 88	2dr Convertible	3600	7050	13025	18400	24100
	98	4dr Sedan	775	1575	3000	4300	5850
	98	4dr Hardtop	1125	2425	4350	6075	8500

OLDSMOBILE

MODEL	LINE	STYLE	Relative Condition: Worse ↔ Better				
			⑤	④	③	②	①
1957							
98		2dr Hardtop	1975	4250	7950	10850	15175
98		2dr Convertible	3750	7300	13450	18550	25750
ENGINE OPTIONS: 371-300hp(3x2v J2) +35%							
1958							
88		4dr Sedan	550	1150	2175	3050	4325
88		2dr Sedan	550	1200	2375	3325	4600
88		4dr Hardtop	725	1575	2875	4100	5800
88		2dr Hardtop	1100	2250	4250	5925	8250
88		2dr Convertible	3125	6400	11100	15125	21025
Super 88		4dr Sedan	600	1225	2300	3150	4550
Super 88		4dr Hardtop	875	1850	3450	4825	6650
Super 88		2dr Hardtop	1675	3250	6500	8950	12050
Super 88		2dr Convertible	3725	8575	14150	19025	26425
98		4dr Sedan	675	1525	2800	4050	5550
98		4dr Hardtop	1225	2425	4575	6575	8675
98		2dr Hardtop	2525	5100	8875	12375	16025
98		2dr Convertible	4950	9000	16100	22400	29350
ENGINE OPTIONS: 371-312hp(3x2v J2) +35%							
1959							
88		4dr Sedan	525	1200	2325	3275	4550
88		4dr Hardtop	700	1425	2800	3825	5450
88		2dr Hardtop	1100	2250	3925	5300	7625
88		2dr Convertible	2050	4275	7400	10350	14025
Super 88		4dr Sedan	625	1225	2300	3250	4625
Super 88		4dr Hardtop	825	1650	3000	4300	5925
Super 88		2dr Hardtop	1250	2700	4675	6725	9325
Super 88		2dr Convertible	2775	5375	9600	13000	17375
98		4dr Sedan	700	1375	2625	3700	5150
98		4dr Hardtop	875	1800	3225	4550	6550
98		2dr Hardtop	1400	3225	5900	8000	10775
98		2dr Convertible	3375	6675	12025	16350	22550
1960							
88		4dr Sedan	500	1025	1975	2850	3975
88		4dr Hardtop	575	1175	2375	3400	4650
88		2dr Hardtop	850	1850	3525	4850	6925
88		2dr Convertible	2075	4075	7625	10575	14350
Super 88		4dr Sedan	525	1075	2025	3025	4225
Super 88		4dr Hardtop	600	1275	2525	3675	5100

OLDSMOBILE

MODEL	LINE	STYLE	Relative Condition: Worse ↔ Better				
			⑤	④	③	②	①
1960							
Super 88		2dr Hardtop	1125	2450	4625	6425	8875
Super 88		2dr Convertible	2150	4725	8625	12050	16425
98		4dr Sedan	600	1050	2175	3100	4325
98		4dr Hardtop	850	1525	2800	4000	5575
98		2dr Hardtop	1275	2850	5475	7550	10100
98		2dr Convertible	2725	5600	10125	13875	18800
1961							
F-85		4dr Sedan	525	1050	1825	2525	3600
F-85		2dr Sedan	600	1150	2100	2925	4150
Dynamic 88		4dr Sedan	500	1000	1900	2775	4000
Dynamic 88		2dr Sedan	525	1150	2100	2975	4225
Dynamic 88		4dr Hardtop	600	1325	2350	3300	4700
Dynamic 88		2dr Hardtop	800	1700	3225	4525	6250
Dynamic 88		2dr Convertible	1625	3450	6350	8675	11900
Super 88		4dr Sedan	500	1100	1900	2900	4025
Super 88		4dr Hardtop	700	1475	2575	3750	5425
Super 88		2dr Hardtop	1025	2250	4225	5725	8025
Super 88		2dr Convertible	4525	4400	7750	10950	14025
Super 88	Starfire	2dr Convertible	3250	7125	12600	17425	25025
98		4dr Sedan	625	1325	2350	3325	4750
98		4dr Hardtop	750	1575	2875	4050	5825
98		2dr Convertible	2375	4800	8725	12350	17500

ENGINE OPTIONS: F-85: 215-185hp +15%

MODEL	LINE	STYLE	⑤	④	③	②	①
1962							
F-85		4dr Sedan	500	1000	1700	2425	3400
F-85		2dr Sedan	525	1050	1825	2575	3650
F-85		2dr Convertible	925	1950	3525	5000	6725
F-85	Cutlass	2dr Convertible	1125	2475	4575	6375	8775
F-85	Jetfire	2dr Hardtop	1150	2525	4500	6450	8625
Dynamic 88		4dr Sedan	500	1025	1900	2700	3700
Dynamic 88		4dr Hardtop	575	1125	2050	2875	4025
Dynamic 88		2dr Hardtop	675	1450	2475	3375	4900
Dynamic 88		2dr Convertible	1450	2900	5350	7375	10075
Super 88		4dr Sedan	500	1025	1825	2750	3850
Super 88		4dr Hardtop	550	1150	2050	3025	4275
Super 88		2dr Hardtop	825	1725	3225	4750	6375
Starfire		2dr Hardtop	1775	3750	6675	9500	13275
Starfire		2dr Convertible	2875	6050	11500	15500	21950

OLDSMOBILE

MODEL	LINE	STYLE	Relative Condition: Worse ↔ Better				
			⑤	④	③	②	①
98		4dr Sedan	550	1000	1975	2875	3950
1962							
98		4dr Hardtop	650	1200	2375	3425	4700
98		2dr Hardtop	800	1850	3300	4425	6750
98		2dr Convertible	2175	4325	8100	11450	15425
ENGINE OPTIONS: F-85: 215-185hp +15%							
1963							
F-85		4dr Sedan	500	1025	1800	2600	3700
F-85		2dr Sedan	550	1125	1950	2800	4025
F-85	Cutlass	2dr Sedan	1125	2150	3850	5600	7900
F-85	Cutlass	2dr Convertible	1225	2425	4100	5925	8125
F-85	Jetfire	2dr Hardtop	500	1025	1800	2600	3600
Dynamic 88		4dr Sedan	500	1100	1900	2700	3775
Dynamic 88		4dr Hardtop	675	1375	2475	3500	4950
Dynamic 88		2dr Hardtop	675	1375	2525	3700	5150
Dynamic 88		2dr Convertible	1200	2525	4550	6425	9000
Super 88		4dr Sedan	500	1025	1800	2600	3600
Super 88		4dr Hardtop	575	1100	2000	2825	3900
Super 88		2dr Hardtop	700	1425	2625	3775	5325
Starfire		2dr Hardtop	1425	2850	4975	6950	10175
Starfire		2dr Convertible	2200	4375	8000	10975	15350
98		4dr Sedan	525	1050	1900	2725	3775
98		4dr Hardtop	625	1175	2025	3075	4325
98		2dr Hardtop	800	1550	2900	3975	5525
98		2dr Convertible	1550	3100	5925	8425	11800
ENGINE OPTIONS: F-85: 215-185hp +15%							
1964							
F-85		4dr Sedan	500	900	1700	2425	3400
F-85		2dr Sedan	525	1025	1725	2450	3525
Cutlass		2dr Hardtop	700	1450	2750	3775	5450
Cutlass		2dr Convertible	1100	2050	3800	5500	7875
Cutlass	442	2dr Hardtop	1350	2725	5300	7350	9550
Cutlass	442	2dr Convertible	1650	3450	6450	9025	11325
Jetstar		4dr Sedan	500	1000	1800	2700	3600
Jetstar		4dr Hardtop	500	1100	1975	2800	3775
Jetstar		2dr Hardtop	725	1425	2450	3400	4925
Jetstar		2dr Convertible	1175	2250	4075	5725	8150
Jetstar 1		2dr Hardtop	1075	2250	4100	5675	7900
Dynamic 88		4dr Sedan	500	900	1700	2500	3600

OLDSMOBILE

MODEL	LINE	STYLE	Relative Condition: Worse ↔ Better				
			⑤	④	③	②	①
Dynamic 88		4dr Hardtop	525	1100	1900	2725	3700
1964							
Dynamic 88		2dr Hardtop	700	1250	2175	3250	4450
Dynamic 88		2dr Convertible	1200	2350	4325	6050	8150
Super 88		4dr Sedan	500	1000	1900	2700	3700
Super 88		4dr Hardtop	600	1125	2025	2950	4050
Starfire		2dr Hardtop	1550	3000	5300	7400	10625
Starfire		2dr Convertible	2025	4100	7125	9800	14100
98		4dr Sedan	500	1100	1900	2800	3775
98		4dr Hardtop	600	1150	2075	3000	4125
98		2dr Hardtop	750	1525	2700	3800	5550
98		2dr Convertible	1600	3150	5550	7975	10800
ENGINE OPTIONS: F-85: 6cyl -15%; 300-290hp +15%							
1965							
F-85		4dr Sedan	475	800	1600	2400	3400
F-85		2dr Sedan	500	850	1700	2500	3600
Cutlass		2dr Hardtop	825	1550	2850	4000	5575
Cutlass		2dr Convertible	1075	2225	4000	5475	7750
Cutlass	442	2dr Hardtop	1250	2675	5100	7125	9775
Cutlass	442	2dr Convertible	1800	3825	6950	9250	12575
Jetstar		4dr Sedan	500	1000	1800	2600	3500
Jetstar		4dr Hardtop	575	1100	1875	2700	3700
Jetstar		2dr Hardtop	600	1300	2200	3025	4400
Jetstar		2dr Convertible	1050	2050	3600	5050	7225
Dynamic 88		4dr Sedan	500	1000	1800	2700	3700
Dynamic 88		4dr Hardtop	525	1100	2000	2875	3900
Dynamic 88		2dr Hardtop	625	1275	2375	3225	4600
Dynamic 88		2dr Convertible	1100	2225	3925	5525	7875
Delta 88		4dr Sedan	500	1000	1800	2700	3800
Delta 88		4dr Hardtop	600	1100	2000	2825	4000
Delta 88		2dr Hardtop	675	1375	2425	3450	4950
Jetstar 1		2dr Hardtop	925	2000	3575	5075	7000
Starfire		2dr Hardtop	1025	2100	3875	5450	7750
Starfire		2dr Convertible	1575	3175	5750	7950	11225
98		4dr Sedan	600	1100	2000	2900	4000
98		4dr Hardtop	625	1175	2200	3050	4300
98		2dr Hardtop	750	1375	2450	3400	5075
98		2dr Convertible	1150	2300	4425	5875	8225
F-85		4dr Sedan	450	775	1600	2500	3500

OLDSMOBILE

MODEL	LINE	STYLE	5	4	3	2	1
1965							
ENGINE OPTIONS: F-85: 6cyl -15%; 330-310/315hp +15%							
1966							
F-85		2dr Sedan	500	875	1700	2600	3700
Cutlass		2dr Hardtop	625	1275	2375	3250	4600
Cutlass		2dr Convertible	975	1925	3375	4725	6825
Cutlass	442	2dr Hardtop	1200	2625	5125	7000	10025
Cutlass	442	2dr Convertible	1625	3450	6450	8650	12075
Jetstar 88		4dr Sedan	500	850	1600	2425	3500
Jetstar 88		4dr Hardtop	525	1025	1825	2625	3700
Jetstar 88		2dr Hardtop	600	1100	2025	3000	4150
Dynamic 88		4dr Sedan	500	850	1800	2700	3600
Dynamic 88		4dr Hardtop	525	1025	1850	2775	3775
Dynamic 88		2dr Hardtop	550	1075	2025	2975	4125
Dynamic 88		2dr Convertible	975	1850	3300	4775	6800
Delta 88		4dr Sedan	500	1000	1800	2600	3675
Delta 88		4dr Hardtop	500	1100	1975	2800	3950
Delta 88		2dr Hardtop	625	1200	2100	3100	4275
Delta 88		2dr Convertible	1000	2100	3625	5150	7300
Starfire		2dr Hardtop	875	1950	3425	4850	6875
98		4dr Sedan	600	1100	1975	2800	3950
98		4dr Hardtop	600	1225	2100	2950	4225
98		2dr Hardtop	675	1350	2350	3250	4675
98		2dr Convertible	1150	2225	3950	5775	8200
Toronado		2dr Hardtop	1025	2350	4275	6100	8700
ENGINE OPTIONS: F-85: 6cyl -15%; 330-310hp +15%							
1967							
Cutlass		2dr Hardtop	625	1150	2075	2925	4150
Cutlass		4dr Hardtop	600	1025	1800	2600	3700
Cutlass		4dr Sedan	500	925	1625	2350	3425
Cutlass		2dr Convertible	1050	2000	3750	5200	7275
Cutlass	Supreme	2dr Hardtop	675	1400	2450	3525	5125
Cutlass	Supreme	2dr Convertible	1075	2225	4450	6125	8400
Cutlass	442	2dr Hardtop	1200	2625	4800	6700	9300
Cutlass	442	2dr Convertible	1675	3600	6725	9200	12400
Delmont 88		4dr Sedan	475	850	1700	2500	3600
Delmont 88		4dr Hardtop	525	975	1850	2675	3750
Delmont 88		2dr Hardtop	600	1100	2075	2875	3950
Delmont 88		2dr Convertible	875	1900	3375	4750	6750

OLDSMOBILE

MODEL	LINE	STYLE	❺	❹	❸	❷	❶
1967							
Delta 88		4dr Sedan	500	1000	1800	2600	3675
Delta 88		4dr Hardtop	500	1000	1900	2700	3850
Delta 88		2dr Hardtop	550	1125	2050	2875	4075
Delta 88		2dr Convertible	975	1975	3425	4875	6875
98		4dr Sedan	600	1100	1975	2875	4050
98		4dr Hardtop	625	1150	2075	3025	4350
98		2dr Hardtop	725	1325	2375	3300	4725
98		2dr Convertible	1075	2200	4300	5900	8225
Toronado		2dr Hardtop	900	2000	3675	5475	7625
ENGINE OPTIONS: F-85/Cutlass: 6cyl -15%; 330-320hp +15%							
1968							
F-85		4dr Sedan	375	725	1400	2125	3000
F-85		2dr Sedan	400	775	1600	2300	3175
Cutlass		4dr Sedan	500	1000	1775	2600	3575
Cutlass		4dr Hardtop	575	1100	2000	2725	3800
Cutlass	S	2dr Hardtop	625	1300	2475	3575	4875
Cutlass	S	2dr Sedan	525	1025	1825	2625	3850
Cutlass	S	2dr Convertible	1075	2050	3775	5300	7450
Cutlass	Supreme	4dr Sedan	600	1100	1975	2800	3950
Cutlass	Supreme	4dr Hardtop	600	1225	2100	2950	4225
Cutlass	Supreme	2dr Hardtop	800	1625	3025	4250	5875
442		2dr Sedan	1425	2900	5575	7850	10800
442		2dr Hardtop	1600	3425	6100	8600	11950
442		2dr Convertible	2250	4400	8250	11200	15500
442	Hurst/Olds	2dr Hardtop	2375	4550	7800	10325	14475
Delmont 88		4dr Sedan	400	800	1500	2400	3475
Delmont 88		4dr Hardtop	500	900	1775	2575	3650
Delmont 88		2dr Hardtop	525	1000	1875	2775	3825
Delmont 88		2dr Convertible	875	1725	3125	4400	6050
Delta 88		4dr Sedan	425	875	1575	2500	3550
Delta 88		4dr Hardtop	550	1000	1775	2575	3750
Delta 88		2dr Hardtop	600	1200	2000	2800	3900
98		4dr Sedan	550	1100	2075	2875	4050
98		4dr Hardtop	575	1200	2275	3075	4350
98		2dr Hardtop	600	1300	2325	3325	4725
98		2dr Convertible	1075	2125	3825	5425	7525
Toronado		2dr Hardtop	850	1825	3375	4900	6975

OLDSMOBILE

MODEL	LINE	STYLE	5	4	3	2	1
			Relative Condition: Worse ↔ Better				

1968

ENGINE OPTIONS: F-85/Cutlass: 6cyl -15%; 350-310hp +10%

1969

MODEL	LINE	STYLE	5	4	3	2	1
Cutlass		4dr Sedan	500	850	1600	2500	3400
Cutlass		4dr Hardtop	500	925	1750	2600	3575
Cutlass	S	2dr Sedan	525	1050	1825	2650	3675
Cutlass	S	2dr Hardtop	725	1450	2825	4000	5250
Cutlass	S	2dr Convertible	925	2125	3900	5475	7625
Cutlass	Supreme	4dr Sedan	500	1200	2075	2875	4075
Cutlass	Supreme	4dr Hardtop	600	1275	2150	2975	4400
Cutlass	Supreme	2dr Hardtop	800	1475	2725	3950	5700
442		2dr Sedan	1325	2800	5450	7850	10650
442		2dr Hardtop	1550	3100	6275	8925	12850
442		2dr Convertible	2175	4425	8250	11425	15325
442	Hurst/olds	2dr Hardtop	2325	4550	8075	11250	15475
Delta 88		4dr Sedan	375	750	1300	2000	3150
Delta 88		4dr Hardtop	425	800	1500	2275	3350
Delta 88		2dr Hardtop	525	900	1675	2400	3450
Delta 88		2dr Convertible	775	1725	3300	4400	6200
Delta 88	Royale	2dr Hardtop	600	1075	1850	2800	4025
98		4dr Sedan	550	1100	2075	2875	4150
98		4dr Hardtop	575	1200	2175	3000	4375
98		2dr Hardtop	600	1300	2300	3125	4600
98		2dr Convertible	975	2075	3900	5300	7375
Toronado		2dr Hardtop	850	1775	3175	4425	6575

ENGINE OPTIONS: F-85/Cutlass: 6cyl -15%; 350-310hp +10%; 350-325hp(W31) +15%; 442: 400-360hp(W30) +35%

1970

MODEL	LINE	STYLE	5	4	3	2	1
F-85		2dr Sedan	375	750	1375	2075	3175
Cutlass		4dr Sedan	475	800	1675	2675	3475
Cutlass		4dr Hardtop	575	1000	1900	2900	3700
Cutlass	S	2dr Hardtop	650	1200	2300	3275	4350
Cutlass	S	2dr Sedan	600	1100	2100	3075	4050
Cutlass	Supreme	4dr Hardtop	600	1200	2100	3050	4200
Cutlass	Supreme	2dr Hardtop	800	1475	2700	3900	5300
Cutlass	Supreme	2dr Convertible	1450	3175	5400	7400	9925
Cutlass	Pace Car	2dr Hardtop	2325	4675	8175	11750	15725
Cutlass	Rallye 350	2dr Hardtop	1400	2950	5050	7275	10400

OLDSMOBILE

MODEL	LINE	STYLE	❺	❹	❸	❷	❶
1970							
Cutlass	Sx	2dr Hardtop	1475	3000	5350	7700	11200
442		2dr Sedan	1375	2775	4975	6950	9525
442		2dr Hardtop	1750	3625	6500	9125	12550
442		2dr Convertible	2600	4775	8400	12175	16125
Delta 88		4dr Sedan	400	850	1600	2500	3475
Delta 88		4dr Hardtop	500	1000	1775	2650	3650
Delta 88		2dr Hardtop	550	1200	1900	2775	3875
Delta 88		2dr Convertible	1025	2125	3275	4675	6425
Delta 88	Royale	2dr Hardtop	600	1275	2275	3175	4150
98		4dr Sedan	550	1100	2075	2975	3950
98		4dr Hardtop	575	1200	2150	3050	4150
98		2dr Hardtop	600	1200	2250	3250	4600
98		2dr Convertible	1100	2250	3825	5300	7250
Toronado		2dr Hardtop	775	1625	2825	3950	5675

ENGINE OPTIONS: F-85/Cutlass: 6cyl -15%; 350-310hp +10%; 350-325hp(W31) +15%; **442**: 455-370hp(W30) +35%

1971							
Cutlass		4dr Sedan	400	850	1525	2150	3150
Cutlass		2dr Hardtop	450	1000	1850	2525	3600
Cutlass	S	2dr Hardtop	575	1025	1975	2800	3900
Cutlass	S	2dr Sedan	525	1000	1825	2500	3600
Cutlass	Supreme	4dr Sedan	425	925	1625	2350	3250
Cutlass	Supreme	2dr Hardtop	625	1250	2500	3475	4750
Cutlass	Supreme	2dr Convertible	1375	3025	5675	7500	10275
442		2dr Hardtop	1525	3050	6050	8275	11800
442		2dr Convertible	2150	4775	8400	11675	15550
Delta 88		4dr Sedan	375	800	1600	2100	3100
Delta 88		4dr Hardtop	425	925	1625	2350	3300
Delta 88		2dr Hardtop	500	1000	1700	2425	3500
Delta 88	Royale	2dr Hardtop	525	1025	1825	2625	3700
Delta 88	Royale	2dr Convertible	850	1800	3275	4500	6300
98		4dr Hardtop	500	1050	1825	2575	3675
98		2dr Hardtop	525	1125	1925	2850	4000
Toronado		2dr Hardtop	525	1050	1875	2700	3875

ENGINE OPTIONS: Cutlass: 6cyl -15%; **442**: 455-350hp(W30) +35%

1972							
Cutlass		4dr Sedan	350	750	1325	1975	3000
Cutlass		2dr Sedan	425	950	1750	2400	3425

OLDSMOBILE

MODEL	LINE	STYLE	Relative Condition: Worse ↔ Better				
			❺	❹	❸	❷	❶
1972							
Cutlass	S	2dr Hardtop	550	1025	1900	2725	3825
Cutlass	S	2dr Sedan	450	875	1600	2250	3300
442		2dr Hardtop	1325	2925	5800	8150	11125
442		2dr Convertible	2150	4200	8175	11300	15175
Cutlass	Hurst/Olds	2dr Hardtop	2050	4125	7250	9900	14275
Cutlass	Supreme	4dr Hardtop	425	1050	1650	2300	3400
Cutlass	Supreme	2dr Hardtop	525	1125	2200	3025	4075
Cutlass	Supreme	2dr Convertible	1450	3025	5400	7550	10700
Delta 88		4dr Sedan	375	750	1525	2075	2975
Delta 88		4dr Hardtop	400	900	1525	2150	3050
Delta 88		2dr Hardtop	425	925	1625	2250	3150
Delta 88	Royale	4dr Sedan	425	850	1550	2200	3050
Delta 88		2dr Convertible	875	1775	3175	4600	6500
98		4dr Hardtop	425	875	1650	2375	3500
98		2dr Hardtop	475	975	1800	2550	3650
Toronado		2dr Hardtop	525	1025	1825	2550	3700

ENGINE OPTIONS: Cutlass/442: 455-270hp +20%; 455-300hp +30%

PACKARD

MODEL	LINE	STYLE	5	4	3	2	1
1946							
Clipper		2dr Sedan	1050	1900	3225	5325	7675
Clipper		4dr Sedan	950	1775	3000	4950	7150
Clipper	Deluxe	4dr Sedan	1050	1900	3250	5350	7525
Clipper	Deluxe	2dr Sedan	1225	2100	3350	5675	8150
Clipper	Super 8	2dr Sedan	1325	2450	3875	7100	9325
Clipper	Super 8	4dr Sedan	1175	2175	3475	6175	8900
Clipper	Custom Super 8	2dr Sedan	2575	5150	7650	10975	15975
Clipper	Custom Super 8	4dr Sedan	2075	4650	7275	10525	15350
Clipper	Custom Super 8	Long Wheelbase	3300	6000	9575	15100	19900
1947							
Clipper		2dr Sedan	1050	1950	3175	5225	7625
Clipper		4dr Sedan	925	1800	2975	4850	7125
Clipper	Deluxe	4dr Sedan	1050	1900	3125	5250	7425
Clipper	Deluxe	2dr Sedan	1225	2175	3325	5525	8050
Clipper	Super 8	2dr Sedan	1375	2450	3900	7025	9425
Clipper	Super 8	4dr Sedan	1200	2350	3500	6175	8625
Clipper	Custom Super 8	2dr Sedan	2800	5575	8125	11625	16125
Clipper	Custom Super 8	4dr Sedan	2575	5400	8025	11525	15850
Clipper	Custom Super 8	Long Wheelbase	3200	5775	9450	14875	20000
1948							
Standard 8		4dr Sedan	1000	1900	3225	5300	7375
Standard 8		2dr Sedan	1000	2000	3350	5500	7575
Deluxe 8		4dr Sedan	1050	2100	3375	5875	8025
Deluxe 8		2dr Sedan	1050	2175	3625	6125	8350
Super 8		4dr Sedan	1125	2350	3800	6400	9025
Super 8		2dr Sedan	1175	2500	4175	6875	9375
Super 8		2dr Convertible	3700	7775	13250	18400	24150
Super 8		Long Wheelbase	2125	4075	6800	10075	16775
Custom 8		4dr Sedan	1475	3000	5000	8025	11750
Custom 8		2dr Sedan	1575	3250	5400	8525	12600
Custom 8		2dr Convertible	5425	10650	17750	25025	32825
Custom 8		Long Wheelbase	2275	4550	7575	11625	18175
1949							
Standard 8		2dr Sedan	975	1925	3125	5125	7250
Standard 8		4dr Sedan	900	1825	3050	5025	6975
Deluxe 8		4dr Sedan	1000	2100	3325	5675	7775
Deluxe 8		2dr Sedan	1150	2200	3550	6025	8250
Super 8		4dr Sedan	1225	2275	3700	6250	9025
Super 8		2dr Sedan	1350	2725	4325	6975	9825

PACKARD

MODEL	LINE	STYLE	Relative Condition: Worse ↔ Better				
			❺	❹	❸	❷	❶
1949							
Super 8	Deluxe	4dr Sedan	1275	2425	3900	6575	9500
Super 8	Deluxe	2dr Sedan	1500	2875	4600	7375	10525
Super 8	Deluxe	2dr Convertible	3375	7075	13825	19700	27425
Custom 8		4dr Sedan	1500	3000	4850	7725	11550
Custom 8		2dr Convertible	5675	10075	16200	24000	33075
1950							
Standard 8		2dr Sedan	950	2025	3300	5425	7375
Standard 8		4dr Sedan	900	1875	3000	5200	6975
Deluxe 8		4dr Sedan	950	1975	3150	5550	7700
Deluxe 8		2dr Sedan	1075	2100	3400	5800	8325
Super 8		4dr Sedan	1150	2250	3750	6425	9050
Super 8		2dr Sedan	1375	2675	4500	7325	10100
Super 8	Deluxe	4dr Sedan	1200	2350	3850	6525	9175
Super 8	Deluxe	2dr Sedan	1425	2725	4500	7350	10325
Super 8	Deluxe	2dr Convertible	3475	7150	14000	20200	28100
Custom 8		4dr Sedan	1550	3050	4875	7850	11925
Custom 8		2dr Convertible	5600	9500	16375	22250	32150
1951							
200		4dr Sedan	650	1300	2350	3550	4975
200		2dr Sedan	650	1300	2375	3600	5200
200	Deluxe	2dr Sedan	650	1325	2400	3750	5425
200	Deluxe	4dr Sedan	650	1300	2375	3600	5125
250		2dr Hardtop	1175	2725	4525	7175	10150
250		2dr Convertible	2075	3950	7150	11875	16850
300		4dr Sedan	825	1525	2975	4600	7075
Patrician 400		4dr Sedan	1025	2125	3750	6175	9425
1952							
200		4dr Sedan	650	1300	2350	3600	5100
200		2dr Sedan	650	1300	2350	3675	5300
200	Deluxe	2dr Sedan	650	1300	2500	3825	5375
200	Deluxe	4dr Sedan	650	1275	2425	3700	5125
250		2dr Hardtop	1150	2550	4250	7025	10050
250		2dr Convertible	2025	4025	7100	11875	16675
300		4dr Sedan	825	1550	2975	4475	7075
Patrician 400		4dr Sedan	1000	2050	3675	5850	9300
1953							
Clipper		2dr Hardtop	1125	2200	3950	6500	9450
Clipper		2dr Sedan	675	1325	2400	3650	5150
Clipper		4dr Sedan	675	1250	2275	3550	5100

PACKARD

MODEL	LINE	STYLE	5	4	3	2	1
1953							
Clipper	Deluxe	2dr Sedan	700	1350	2525	3875	5600
Clipper	Deluxe	4dr Sedan	700	1275	2400	3675	5250
Cavalier		4dr Sedan	975	2075	3350	4950	7725
Packard 8		2dr Convertible	3200	6550	11575	16225	21350
Carribean		2dr Convertible	5650	12450	20900	31075	37825
Mayfair		2dr Hardtop	1750	3125	5000	7600	10750
Patrician		4dr Sedan	1075	2300	3775	5800	9100
1954							
Clipper		2dr Hardtop	1125	2275	3900	6625	9525
Clipper		2dr Sedan	700	1300	2425	3725	5250
Clipper		4dr Sedan	700	1275	2350	3575	5100
Clipper Super		2dr Sedan	775	1400	2550	3950	5525
Clipper Super		4dr Sedan	700	1275	2400	3775	5250
Clipper Super	Panama	2dr Hardtop	1250	2700	4525	7750	10925
Cavalier		4dr Sedan	975	2075	3350	4825	7775
Packard 8		2dr Convertible	3300	7650	13850	19575	25625
Pacific		2dr Hardtop	1950	3450	5700	8575	12225
Carribean		2dr Convertible	5200	11025	19200	28275	37275
Patrician		4dr Sedan	1075	2300	4025	5975	9250
1955							
Clipper	Deluxe	4dr Sedan	600	1250	2400	3600	5100
Clipper	Super	4dr Sedan	625	1325	2525	3850	5400
Clipper	Panama	2dr Hardtop	1325	2825	4850	7375	10250
Clipper Custom	Constellation	2dr Hardtop	1450	3400	5450	8150	11375
Clipper Custom		4dr Sedan	725	1325	2425	3825	5700
400		2dr Hardtop	2150	4475	8200	12500	16650
Carribean		2dr Convertible	7975	14325	23975	33200	41875
Patrician		4dr Sedan	1350	2750	4150	6275	8825
1956							
Clipper	Deluxe	4dr Sedan	575	1150	2350	3550	5125
Clipper	Super	4dr Sedan	625	1250	2550	3850	5500
Clipper	Panama	2dr Hardtop	1350	2900	4800	7300	9900
Clipper Custom	Constellation	2dr Hardtop	1500	3275	5475	8025	11150
Clipper Custom		4dr Sedan	750	1375	2575	3825	5725
400		2dr Hardtop	2575	4250	9125	14500	18125
Carribean		2dr Convertible	8900	15850	25400	34500	42675
Carribean		2dr Hardtop	3875	7450	12225	17350	23275
Patrician		4dr Sedan	1350	2775	4325	6750	9375
Clipper	Executive	4dr Sedan	650	1275	2450	3975	6025

PACKARD

MODEL	LINE	STYLE	Relative Condition: Worse ↔ Better				
			❺	❹	❸	❷	❶
1956							
Clipper	Executive	2dr Hardtop	1600	3625	5925	8300	12150
1957							
Clipper		4dr Sedan	525	1150	1925	2950	4200
1958							
Clipper		4dr Sedan	525	1150	1950	2950	4225
Clipper		2dr Hardtop	975	1875	3000	5100	7075
Hawk		2dr Hardtop	1275	3125	5700	9225	12150

PLYMOUTH

MODEL	LINE	STYLE	5	4	3	2	1
1946							
Deluxe		2dr Sedan	675	1200	2025	3050	4675
Deluxe		4dr Sedan	675	1200	2000	2875	4625
Deluxe	Club Coupe	2dr Sedan	975	1625	2925	4225	6450
Deluxe	Business Coupe	2dr Sedan	900	1550	2775	3950	6000
Special Deluxe		2dr Sedan	700	1325	2350	3650	5275
Special Deluxe		4dr Sedan	650	1275	2250	3475	5075
Special Deluxe		2dr Convertible	2075	4175	7150	11225	16675
Special Deluxe	Business Coupe	2dr Sedan	875	1525	2775	4225	6075
Special Deluxe	Club Coupe	2dr Sedan	975	1700	3200	4650	6875
1947							
Deluxe		2dr Sedan	675	1200	2125	3125	4675
Deluxe		4dr Sedan	675	1200	2075	3000	4650
Deluxe	Club Coupe	2dr Sedan	975	1700	3075	4450	6450
Deluxe	Business Coupe	2dr Sedan	850	1525	2750	3975	6000
Special Deluxe		2dr Sedan	700	1375	2475	3675	5275
Special Deluxe		4dr Sedan	650	1350	2300	3475	5150
Special Deluxe		2dr Convertible	2125	4175	7250	11800	17075
Special Deluxe	Club Coupe	2dr Sedan	975	1750	3300	4700	6875
Special Deluxe	Business Coupe	2dr Sedan	875	1600	2900	4325	6225
1948							
Deluxe		2dr Sedan	675	1200	2200	3275	4700
Deluxe		4dr Sedan	650	1175	2075	3075	4625
Deluxe	Business Coupe	2dr Sedan	875	1575	2725	4050	6000
Deluxe	Club Coupe	2dr Sedan	975	1750	3150	4575	6500
Special Deluxe		2dr Sedan	775	1375	2375	3700	5250
Special Deluxe		4dr Sedan	725	1325	2250	3425	5125
Special Deluxe		2dr Convertible	2150	4350	7425	12025	17525
Special Deluxe	Club Coupe	2dr Sedan	925	1750	3350	4850	6975
Special Deluxe	Business Coupe	2dr Sedan	850	1650	2900	4400	6325
1949							
Deluxe	Business Coupe	2dr Sedan	925	1575	2900	4275	6000
Deluxe		2dr Sedan	750	1225	2350	3425	4700
Deluxe		4dr Sedan	725	1200	2175	3225	4525
Deluxe	Club Coupe	2dr Sedan	925	1475	2550	3975	5450
Special Deluxe		2dr Convertible	2175	3950	6775	11350	16350
Special Deluxe		4dr Sedan	800	1400	2400	3700	5300
Special Deluxe	Club Coupe	2dr Sedan	850	1600	2850	4375	6125
1950							
Deluxe	Business Coupe	2dr Sedan	825	1450	2675	4050	5775

PLYMOUTH

MODEL	LINE	STYLE	5	4	3	2	1
1950							
Deluxe		2dr Sedan	725	1200	2250	3500	4900
Deluxe	Club Coupe	2dr Sedan	825	1350	2350	3725	5325
Deluxe		4dr Sedan	700	1225	2200	3300	4675
Special Deluxe		4dr Sedan	800	1375	2425	3750	5200
Special Deluxe		2dr Convertible	2025	4100	7075	11475	17025
Special Deluxe	Club Coupe	2dr Sedan	850	1550	2800	4300	6000
1951							
Concord	Business Coupe	2dr Sedan	650	1175	1825	2775	4150
Concord		2dr Sedan	625	1050	1575	2600	3525
Cambridge		4dr Sedan	625	1000	1625	2950	3825
Cambridge	Club Coupe	2dr Sedan	725	1225	1875	3125	4500
Cranbrook		4dr Sedan	750	1150	1650	2800	4125
Cranbrook	Club Coupe	2dr Sedan	825	1400	2400	3625	5475
Cranbrook		2dr Hardtop	1200	1975	3475	5500	7875
Cranbrook		2dr Convertible	2000	3650	6250	11100	16250
1952							
Concord	Business Coupe	2dr Sedan	725	1150	1800	2800	4075
Concord		2dr Sedan	625	1125	1750	2575	3575
Cambridge	Club Coupe	2dr Sedan	775	1200	1975	3150	4250
Cambridge		4dr Sedan	625	1125	1775	2900	3800
Cranbrook	Club Coupe	2dr Sedan	750	1350	2275	3450	5150
Cranbrook		4dr Sedan	650	1050	1700	2775	4075
Cranbrook		2dr Hardtop	1175	1975	3525	5500	7900
Cranbrook		2dr Convertible	2000	3550	6300	11050	16350
1953							
Cambridge		4dr Sedan	625	1025	1525	2450	3375
Cambridge		2dr Sedan	650	1075	1575	2550	3500
Cambridge	Business Coupe	2dr Sedan	650	1050	1600	2650	3750
Cranbrook		4dr Sedan	625	1000	1500	2625	3625
Cranbrook	Club Coupe	2dr Sedan	650	1075	1750	3000	4075
Cranbrook		2dr Hardtop	925	1475	2450	3775	6000
Cranbrook		2dr Convertible	1875	3675	6000	10475	14625
1954							
Plaza		4dr Sedan	650	1050	1525	2550	3575
Plaza		2dr Sedan	650	1050	1575	2775	3725
Plaza	Business Coupe	2dr Sedan	750	1150	1600	2525	3625
Savoy		4dr Sedan	625	1025	1600	2500	3625
Savoy		2dr Sedan	650	1050	1675	2725	3850
Belvedere		4dr Sedan	625	1075	1825	2925	4050

PLYMOUTH

MODEL	LINE	STYLE	Relative Condition: Worse ↔ Better				
			⑤	④	③	②	①
1954							
	Belvedere	2dr Hardtop	1000	1650	3000	4700	6650
	Belvedere	2dr Convertible	1825	3575	6025	10300	14325
1955							
	Plaza	4dr Sedan	650	1125	1775	2775	3925
	Plaza	2dr Sedan	650	1175	1850	2950	4000
	Savoy	4dr Sedan	650	1150	1800	2900	3975
	Savoy	2dr Sedan	725	1200	2000	3250	4325
	Belvedere	4dr Sedan	700	1150	1900	3050	4300
	Belvedere	2dr Sedan	825	1375	2300	3600	4975
	Belvedere	2dr Hardtop	1575	2950	5600	8300	11175
	Belvedere	2dr Convertible	2175	4350	8025	12500	16900

ENGINE OPTIONS: 6cyl -10%; 260-177hp +15%

1956							
	Plaza	4dr Sedan	625	1000	1775	2725	3875
	Plaza	2dr Sedan	625	1125	1800	2875	3975
	Savoy	4dr Sedan	650	1125	1800	2800	3925
	Savoy	2dr Sedan	650	1200	2000	3225	4375
	Savoy	2dr Hardtop	1025	2100	3225	4775	6875
	Belvedere	4dr Sedan	650	1150	1825	3000	4300
	Belvedere	2dr Sedan	775	1275	2300	3475	4975
	Belvedere	4dr Hardtop	925	1775	2925	4125	6225
	Belvedere	2dr Hardtop	1375	2900	5125	7650	11000
	Belvedere	2dr Convertible	2250	4375	8025	11950	17200
	Fury	2dr Hardtop	2225	4150	7325	10475	14375

ENGINE OPTIONS: 6cyl -10%; 277-200hp +15%

1957							
	Plaza	4dr Sedan	600	1000	1625	2425	3375
	Plaza	2dr Sedan	600	1025	1650	2500	3425
	Savoy	4dr Sedan	600	1025	1650	2550	3500
	Savoy	2dr Sedan	650	1125	1925	2825	3675
	Savoy	4dr Hardtop	750	1175	1975	3000	4125
	Savoy	2dr Hardtop	1000	1675	3375	5025	6725
	Belvedere	4dr Sedan	700	1075	1725	2575	3725
	Belvedere	2dr Sedan	800	1225	2075	3075	4200
	Belvedere	4dr Hardtop	775	1225	2225	3300	4600
	Belvedere	2dr Hardtop	1175	2600	5600	7450	10150
	Belvedere	2dr Convertible	2000	4300	7975	12075	17975
	Fury	2dr Hardtop	2200	3750	7825	11025	15225

PLYMOUTH

MODEL	LINE	STYLE	Relative Condition: Worse ↔ Better				
			❺	❹	❸	❷	❶
1957							
	ENGINE OPTIONS: 6cyl -10%; 300-235hp +15%; 318-290hp(2x4v) +45%						
1958							
	Plaza	4dr Sedan	600	1000	1650	2375	3375
	Plaza	2dr Sedan	600	1025	1650	2500	3450
	Savoy	4dr Sedan	600	1025	1625	2525	3475
	Savoy	2dr Sedan	650	1150	1900	2850	3675
	Savoy	4dr Hardtop	750	1275	2000	3050	4075
	Savoy	2dr Hardtop	975	1750	3450	5025	6600
	Belvedere	4dr Sedan	675	1075	1775	2625	3600
	Belvedere	2dr Sedan	700	1200	2100	3075	4175
	Belvedere	4dr Hardtop	775	1300	2225	3350	4625
	Belvedere	2dr Hardtop	1175	2700	5600	7375	9975
	Belvedere	2dr Convertible	2000	4275	8025	12525	17625
	Fury	2dr Hardtop	1825	3350	7250	9900	14900
	ENGINE OPTIONS: 6cyl -10%; 318-290hp +35%; 360-305hp +35%						
1959							
	Savoy	4dr Sedan	600	1000	1650	2450	3425
	Savoy	2dr Sedan	650	1075	1725	2575	3600
	Belvedere	4dr Sedan	600	1050	1700	2650	3425
	Belvedere	2dr Sedan	650	1175	1925	2950	3725
	Belvedere	4dr Hardtop	750	1300	2200	3225	4325
	Belvedere	2dr Hardtop	975	1900	3525	5125	6925
	Belvedere	2dr Convertible	1950	4150	7925	11725	16725
	Fury	4dr Sedan	675	1150	1900	2775	3775
	Fury	4dr Hardtop	800	1425	2550	3650	5100
	Fury	2dr Hardtop	1325	2675	5275	7275	10300
	Sport Fury	2dr Hardtop	2050	4025	7750	10700	13625
	Sport Fury	2dr Convertible	3400	6550	12275	16650	21950
	ENGINE OPTIONS: 6cyl -10%; 318-260hp +10%; 360-305hp +35%						
1960							
	Valiant	4dr Sedan	525	950	1475	2300	2900
	Savoy	4dr Sedan	550	1000	1575	2400	3375
	Savoy	2dr Sedan	600	1075	1700	2600	3475
	Belvedere	4dr Sedan	575	1025	1700	2650	3400
	Belvedere	2dr Sedan	650	1175	1900	2950	3650
	Belvedere	4dr Hardtop	675	1250	2175	3200	4250
	Fury	4dr Sedan	600	1125	1875	2725	3725

PLYMOUTH

MODEL	LINE	STYLE	Relative Condition: Worse ↔ Better				
			❺	❹	❸	❷	❶
1960							
Fury		4dr Hardtop	775	1700	2475	3675	4975
Fury		2dr Hardtop	1300	2650	5100	6725	9600
Fury		2dr Convertible	2175	4275	8925	12900	18450
ENGINE OPTIONS: 6cyl -10%; 360-305hp +20%; 383-310hp +35%; 383-330hp +35%							
1961							
Valiant		4dr Sedan	500	975	1525	2300	3100
Valiant		2dr Sedan	600	1025	1625	2425	3275
Valiant		2dr Hardtop	775	1200	1950	3000	4175
Savoy		4dr Sedan	525	950	1525	2350	3150
Savoy		2dr Sedan	550	975	1600	2500	3275
Belvedere		4dr Sedan	550	975	1550	2450	3300
Belvedere		2dr Sedan	600	1050	1750	2600	3600
Belvedere		2dr Hardtop	725	1225	2225	3400	4600
Fury		4dr Sedan	575	1050	1725	2575	3500
Fury		4dr Hardtop	700	1175	2050	3000	4175
Fury		2dr Hardtop	975	1575	3350	4900	6900
Fury		2dr Convertible	2025	3600	6725	9800	12925
ENGINE OPTIONS: 6cyl -10%; 360-305hp +15%; 383-325hp +30%; 383-330hp(2x4v) +105%; 413-350hp +45%; 413-375hp(2x4v) +115%							
1962							
Valiant		4dr Sedan	500	925	1525	2275	3000
Valiant		2dr Sedan	600	975	1625	2300	3100
Valiant	Signet	2dr Hardtop	675	1125	1950	3050	3975
Savoy		4dr Sedan	525	825	1475	2250	3000
Savoy		2dr Sedan	575	1025	1775	2800	3725
Belvedere		4dr Sedan	575	975	1550	2375	3150
Belvedere		2dr Sedan	675	1125	1900	3100	3925
Belvedere		2dr Hardtop	750	1250	2275	3450	4675
Fury		4dr Sedan	600	975	1650	2425	3325
Fury		4dr Hardtop	650	1075	1925	2825	3775
Fury		2dr Hardtop	875	1425	2750	4075	5950
Fury		2dr Convertible	1450	2400	4675	6800	9000
Sport Fury		2dr Hardtop	1075	1950	3800	5400	7375
Sport Fury		2dr Convertible	1750	2825	5575	8450	11250
ENGINE OPTIONS: 6cyl -10%; 383-310hp +20%; 413-410hp +290%							
1963							
Valiant		4dr Sedan	500	900	1425	2200	3000

PLYMOUTH

MODEL	LINE	STYLE	5	4	3	2	1
1963							
Valiant		2dr Sedan	500	900	1450	2250	3050
Valiant		2dr Convertible	825	1375	2700	4250	5625
Valiant	Signet	2dr Hardtop	725	1100	1925	2975	4225
Valiant	Signet	2dr Convertible	875	1475	2875	4425	6025
Savoy		4dr Sedan	500	900	1450	2225	3100
Savoy		2dr Sedan	600	1075	1675	2650	3625
Belvedere		4dr Sedan	550	975	1525	2325	3300
Belvedere		2dr Sedan	650	1100	1850	2900	3875
Belvedere		2dr Hardtop	775	1225	2225	3175	4375
Fury		4dr Sedan	600	1000	1700	2600	3625
Fury		4dr Hardtop	750	1125	1900	2950	4000
Fury		2dr Hardtop	1050	1650	3325	4750	6425
Fury		2dr Convertible	1575	2600	5300	7575	9750
Sport Fury		2dr Hardtop	1275	2275	4650	6625	9025
Sport Fury		2dr Convertible	1825	3200	6475	9425	12825

ENGINE OPTIONS: 6cyl -10%; 383-330hp +20%; 426-410hp +350%; 426-425hp +375%

MODEL	LINE	STYLE	5	4	3	2	1
1964							
Valiant		4dr Sedan	500	900	1425	2200	3000
Valiant		2dr Sedan	500	900	1450	2250	3050
Valiant		2dr Convertible	800	1325	2550	3900	5400
Valiant	Signet	2dr Hardtop	725	1150	1950	3000	4175
Valiant	Signet	2dr Convertible	825	1450	3025	4450	6100
Barracuda		2dr Fastback	1200	2025	4000	6000	8250
Savoy		4dr Sedan	550	950	1600	2475	3450
Savoy		2dr Sedan	600	1050	1875	2800	3925
Belvedere		4dr Sedan	575	975	1625	2500	3525
Belvedere		2dr Sedan	675	1125	2000	3000	4250
Fury		4dr Sedan	650	1075	1675	2550	3600
Fury		4dr Hardtop	700	1200	1875	2700	3975
Fury		2dr Hardtop	775	1425	2550	3775	5275
Fury		2dr Convertible	1650	3125	5850	7600	9950
Sport Fury		2dr Hardtop	1250	2200	4575	6625	9200
Sport Fury		2dr Convertible	1925	3575	6925	9700	13375

ENGINE OPTIONS: Full size styles: 6cyl -10%; 383-330hp +10%; 426-365hp +75%; 426-400+hp 300%; 426-HEMI +375%; Valiant: 273-180hp +10%; Barracuda: 6cyl -15%

MODEL	LINE	STYLE	5	4	3	2	1
1965							
Valiant		4dr Sedan	500	875	1275	2025	2800
Valiant		2dr Sedan	525	900	1325	2100	2925

PLYMOUTH

MODEL	LINE	STYLE	Relative Condition: Worse ↔ Better				
			❺	❹	❸	❷	❶
1965							
Valiant		2dr Convertible	775	1350	2425	3750	5350
Valiant	Signet	2dr Hardtop	700	1100	1700	2850	4100
Valiant	Signet	2dr Convertible	850	1475	3000	4400	6175
Barracuda		2dr Fastback	1225	2150	3675	5575	7950
Belvedere		4dr Sedan	500	875	1275	1850	2600
Belvedere		2dr Sedan	575	1000	1550	2350	3225
Belvedere		4dr Hardtop	600	950	1375	2100	3050
Belvedere		2dr Convertible	1050	1675	2900	4600	6425
Belvedere	Satellite	2dr Hardtop	1175	1900	3225	4675	6750
Belvedere	Satellite	2dr Convertible	1700	2950	5550	7975	10875
Fury		4dr Sedan	500	850	1250	2025	2775
Fury		2dr Sedan	525	900	1350	2100	2800
Fury		4dr Hardtop	600	975	1425	2200	3225
Fury		2dr Hardtop	725	1175	1775	2850	4175
Fury		2dr Convertible	1150	2025	3925	5875	8050
Sport Fury		2dr Hardtop	875	1625	2725	4150	6125
Sport Fury		2dr Convertible	1400	2600	4675	6900	9400

ENGINE OPTIONS: Full size styles: 6cyl -15%; 383-330hp +15%; 426-365hp +75%; 426-425hp(W) +300%; **Valiant:** 273-180hp +10%; **Barracuda:** 6cyl -10%; 273-235hp +15%; **Belvedere/Satellite:** 6cyl -15%; 383-330hp +20%; 426-365hp +85%; 426(W)-400+hp +300%; 426-HEMI +400

MODEL	LINE	STYLE	❺	❹	❸	❷	❶
1966							
Valiant		4dr Sedan	500	875	1275	2025	2875
Valiant		2dr Sedan	500	875	1300	2050	2900
Valiant	Signet	2dr Hardtop	675	1050	1700	2625	4000
Valiant	Signet	2dr Convertible	775	1375	2550	3900	5625
Barracuda		2dr Fastback	1125	1925	3650	5400	7925
Belvedere		4dr Sedan	500	950	1375	2025	2875
Belvedere		2dr Sedan	650	1150	1675	2425	3500
Belvedere		2dr Convertible	1100	1925	3575	5325	7125
Satellite		2dr Hardtop	875	1550	2900	4575	6550
Satellite		2dr Convertible	1450	2800	4625	7150	9525
Fury		4dr Sedan	500	875	1275	2025	2875
Fury		4dr Hardtop	600	950	1425	2275	3225
Fury		2dr Hardtop	700	1175	1725	2750	4000
Fury		2dr Convertible	1150	2000	3975	5900	8050
Sport Fury		2dr Hardtop	950	1700	2775	4200	6350
Sport Fury		2dr Convertible	1325	2725	4750	7025	9525
VIP		2dr Hardtop	900	1450	2725	3675	5350
VIP		4dr Hardtop	750	1225	2200	3125	4350

PLYMOUTH

MODEL	LINE	STYLE	Relative Condition: Worse ↔ Better				
			5	**4**	**3**	**2**	**1**

1966

ENGINE OPTIONS: Full size styles: 6cyl -15%; 383-325hp +10%; 440-356hp +75%; **Valiant:** 273-180hp +10%; **Barracuda:** 6cyl -15%; 273-235hp +15%; **Belvedere/Satellite:** 6cyl -15%; 383-325hp +25%; 426-425hp HEMI +400%

1967

Model	Line	Style	5	4	3	2	1
Valiant		4dr Sedan	500	950	1375	2025	2875
Valiant		2dr Sedan	500	950	1375	2025	2875
Valiant	Signet	4dr Sedan	600	950	1375	2100	2975
Valiant	Signet	2dr Sedan	600	975	1375	2125	3000
Barracuda		2dr Hardtop	1125	2100	3550	5425	7875
Barracuda		2dr Fastback	1175	2225	3800	5850	7975
Barracuda		2dr Convertible	1550	2875	5025	7775	10900
Belvedere		4dr Sedan	500	875	1275	2000	2900
Belvedere		2dr Sedan	525	900	1325	2050	3000
Belvedere		2dr Convertible	1100	1825	3450	5050	7025
Satellite		2dr Hardtop	950	1525	2925	4625	6475
Satellite		2dr Convertible	1550	3275	5150	7850	10150
GTX		2dr Hardtop	2250	4450	7325	10925	15825
GTX		2dr Convertible	3250	6225	9525	14775	21500
Fury		4dr Sedan	500	850	1200	1900	2600
Fury		2dr Sedan	500	875	1275	1925	2700
Fury		4dr Hardtop	525	925	1375	2200	3150
Fury		2dr Hardtop	600	975	1550	2325	3475
Fury		2dr Convertible	900	1600	3125	4600	6675
Sport Fury		2dr Hardtop	775	1200	2050	3250	5000
Sport Fury		2dr Fastback	800	1350	2300	3425	5350
Sport Fury		2dr Convertible	1050	2025	3575	5400	7900
VIP		4dr Hardtop	775	1200	2150	3075	4675
VIP		2dr Hardtop	775	1300	2300	3350	4950

ENGINE OPTIONS: Full size styles: 6cyl -15%; 383-325hp +15%; 440-375hp +30%; **Barracuda:** 6cyl -20%; 383-280hp +25%; **Belvedere/Satellite:** 6cyl -15%; 383-325hp +25%; 426-425hp HEMI +350% (165% on GTX)

1968

Model	Line	Style	5	4	3	2	1
Valiant		4dr Sedan	500	875	1275	1925	2800
Valiant		2dr Sedan	500	875	1275	2025	2800
Valiant	Signet	4dr Sedan	600	950	1375	2025	2875
Valiant	Signet	2dr Sedan	600	950	1375	2025	2875
Barracuda		2dr Hardtop	1175	2275	3850	5675	8075
Barracuda		2dr Fastback	1300	2475	4125	6075	8525
Barracuda		2dr Convertible	1600	2950	5000	7575	10825

PLYMOUTH

MODEL	LINE	STYLE	Relative Condition: Worse ↔ Better				
			❺	❹	❸	❷	❶

1968

MODEL	LINE	STYLE	❺	❹	❸	❷	❶
Belvedere		4dr Sedan	500	875	1275	1925	2700
Belvedere		2dr Sedan	500	875	1275	2025	2700
Road Runner		2dr Sedan	1650	3325	5750	8375	12550
Road Runner		2dr Hardtop	1750	3900	6275	9500	13975
Satellite		4dr Sedan	500	875	1275	2025	2800
Satellite		2dr Hardtop	775	1175	1850	2900	4050
Satellite		2dr Convertible	1325	2250	4175	6300	8375
Sport Satellite		2dr Hardtop	1025	1900	3225	4950	6500
Sport Satellite		2dr Convertible	1550	2700	5250	7925	10175
GTX		2dr Hardtop	2300	4575	7600	11775	17100
GTX		2dr Convertible	3125	6675	10800	16300	24875
Fury		4dr Sedan	500	850	1200	1900	2600
Fury		2dr Sedan	500	875	1275	1925	2700
Fury		4dr Hardtop	600	950	1375	2200	3150
Fury		2dr Hardtop	675	1050	1450	2325	3400
Fury		2dr Fastback	700	1175	1675	2625	3875
Fury		2dr Convertible	975	1750	3200	4775	6875
Sport Fury		2dr Hardtop	775	1250	2025	3100	4600
Sport Fury		2dr Fastback	825	1250	2075	3275	5000
Sport Fury		2dr Convertible	1175	2100	3875	5775	8100
VIP		4dr Hardtop	600	1000	1550	2525	3625
VIP		2dr Hardtop	625	1025	1725	2625	3875
Barracuda	Formula S	2dr Fastback	1925	3375	5500	8350	11550

ENGINE OPTIONS: Full size styles: 6cyl -15%; 383-330hp +15%; 440-375hp +35%; **Barracuda:** 6cyl -20%; 340-275hp +25%; 383-300hp +25%; **Belvedere/Satellite:** 6cyl -15%; 383-330hp +25%; 440-4V +40%; 426-425hp HEMI +350%; **Road Runner:** 440-4V +18%; 426-425hp HEMI +200%; **GTX:** 426-425hp HEMI +175%

1969

MODEL	LINE	STYLE	❺	❹	❸	❷	❶
Valiant		4dr Sedan	500	875	1275	1925	2700
Valiant		2dr Sedan	500	875	1275	1925	2700
Valiant	Signet	4dr Sedan	600	950	1375	2025	2800
Valiant	Signet	2dr Sedan	600	950	1375	2025	2800
Barracuda		2dr Hardtop	1300	2225	3975	5950	8225
Barracuda		2dr Fastback	1300	2450	4150	6200	8675
Barracuda		2dr Convertible	1700	3125	5250	8025	11350
Barracuda	Cuda 383	2dr Fastback	2075	3450	5825	8400	11750
Road Runner		2dr Sedan	1800	3875	6075	9550	13625
Road Runner		2dr Hardtop	1800	4025	6225	9650	14100
Road Runner		2dr Convertible	3300	7200	11050	16775	23750

PLYMOUTH

MODEL	LINE	STYLE	Relative Condition: Worse ↔ Better				
			❺	❹	❸	❷	❶
1969							
Satellite		4dr Sedan	550	950	1375	2025	2875
Satellite		2dr Hardtop	675	1125	1825	2875	4100
Satellite		2dr Convertible	1200	2175	3850	5800	8000
Sport Satellite		4dr Sedan	500	950	1375	2025	2875
Sport Satellite		2dr Hardtop	800	1525	2800	4000	5875
Sport Satellite		2dr Convertible	1500	2700	4850	7050	9125
GTX		2dr Hardtop	2350	4850	7725	12000	18050
GTX		2dr Convertible	3150	6475	11075	16400	24450
Fury		4dr Sedan	500	800	1200	1900	2600
Fury		2dr Sedan	500	875	1275	1925	2700
Fury		4dr Hardtop	600	950	1375	2100	3050
Fury		2dr Hardtop	675	1050	1475	2325	3450
Fury		2dr Convertible	875	1500	3050	4425	6325
Sport Fury		2dr Hardtop	775	1175	2000	3175	4625
Sport Fury		2dr Convertible	1125	2025	3600	5125	7550
VIP		4dr Hardtop	600	975	1475	2225	3375
VIP		2dr Hardtop	600	975	1575	2400	3625

ENGINE OPTIONS: Full size styles: 6cyl -15%; 440-375hp +30%; **Barracuda:** 6cyl -20%; 340-275hp +25%; 383-300/330hp +25%; **Belvedere/Satellite:** 6cyl -15%; 383-330hp +25%; 440-4V +40%; 426-425hp HEMI +350%; **Road Runner:** 440-4V +18%; 426-425hp HEMI +200%; **GTX:** 426-425hp HEMI +175%

MODEL	LINE	STYLE	❺	❹	❸	❷	❶
1970							
Valiant		4dr Sedan	500	875	1200	1850	2600
Duster		2dr Sedan	550	950	1450	2200	3325
Duster	340	2dr Sedan	1000	1650	3200	4350	6500
Barracuda		2dr Hardtop	1350	2525	4600	6950	9900
Barracuda		2dr Convertible	2375	3975	6500	9725	14100
Barracuda	Gran Coupe	2dr Hardtop	1550	2775	4825	7250	10500
Barracuda	Gran Coupe	2dr Convertible	2350	4125	7375	10825	15150
Cuda		2dr Hardtop	2625	4300	7675	11400	15350
Cuda		2dr Convertible	3525	6900	12300	15725	22300
Cuda AAR		2dr Hardtop	4250	7200	12000	17075	22775
Belvedere		4dr Sedan	475	775	1000	1725	2500
Belvedere		2dr Sedan	500	875	1200	1850	2575
Road Runner		2dr Sedan	1800	3850	5875	9450	13250
Road Runner		2dr Hardtop	1800	3900	6175	9775	14025
Road Runner		2dr Convertible	3300	6725	10050	15575	24125
Superbird		2dr Hardtop	7225	13075	19950	31200	41825
Satellite		4dr Sedan	500	875	1275	1925	2700
Satellite		2dr Hardtop	600	1100	1750	2750	3975

PLYMOUTH

MODEL	LINE	STYLE	❺	❹	❸	❷	❶
1970							
Satellite		2dr Convertible	1350	2175	3875	5875	8000
Sport Satellite		4dr Sedan	600	950	1375	2025	2875
Sport Satellite		2dr Hardtop	800	1450	2850	4000	6050
GTX		2dr Hardtop	2025	4150	7400	11550	16525
Fury		4dr Sedan	500	800	1200	2000	2600
Fury		2dr Sedan	500	875	1275	2025	2700
Fury		4dr Hardtop	600	900	1350	2300	3325
Fury		2dr Hardtop	600	950	1450	2375	3425
Fury		2dr Convertible	975	1675	3050	4900	6400
Sport Fury		4dr Sedan	550	950	1375	2025	2875
Sport Fury		4dr Hardtop	600	950	1450	2300	3450
Sport Fury		2dr Hardtop	750	1400	2100	3350	4600
Fury GT		2dr Hardtop	950	1650	2975	4250	6200

ENGINE OPTIONS: Full size styles: 6cyl -15% 440-350hp +30%; **Barracuda:** 6cyl -25%; 340-275hp +20%; 383-330/335hp +25%; 440-350hp +45%; 440-390hp(3x2v) +85%; 426-425hp HEMI +275%; **Belvedere/Satellite:** 6cyl -15%; 383-330/335hp +25%; 440-350hp +40%; 426-425hp HEMI +350%; **Road Runner:** 440-350hp +22%; 440-390hp(3x2V) +80%; 426-425 HEMI +200%; **GTX:** 440-390hp(3x2V) +50%; 426-425 HEMI +175%

MODEL	LINE	STYLE	❺	❹	❸	❷	❶
1971							
Valiant		4dr Sedan	500	875	1275	1925	2700
Duster		2dr Sedan	600	950	1375	2025	2975
Duster	340	2dr Sedan	950	1575	2550	3975	5500
Scamp		2dr Hardtop	600	950	1450	2250	3325
Barracuda		2dr Hardtop	1450	2675	4625	6950	9625
Barracuda		2dr Convertible	2025	4150	6650	10375	14650
Barracuda	Gran Coupe	2dr Hardtop	1675	3200	5600	7950	11025
Cuda		2dr Hardtop	1925	3775	6800	9025	13575
Cuda		2dr Convertible	3050	6725	10325	15275	20225
Satellite		4dr Sedan	425	875	1200	1750	2525
Satellite		2dr Sedan	425	875	1200	1750	2525
Satellite	Sebring	2dr Hardtop	600	950	1375	2100	3250
Satellite	Custom	4dr Sedan	500	875	1275	1925	2700
Satellite	Sebring Plus	2dr Hardtop	600	1000	1500	2175	3350
Satellite	Brougham	4dr Sedan	500	875	1275	2025	2800
Road Runner		2dr Hardtop	1225	2300	4100	6675	8725
GTX		2dr Hardtop	1575	2900	5125	7450	10500
Fury		4dr Sedan	500	875	1275	1925	2700
Fury		2dr Sedan	500	875	1275	1925	2700
Fury		4dr Hardtop	600	950	1375	2025	2875

PLYMOUTH

MODEL	LINE	STYLE	Relative Condition: Worse ↔ Better				
			❺	❹	❸	❷	❶
1971							
Fury		2dr Hardtop	600	950	1375	2200	3050
Sport Fury		4dr Sedan	600	900	1300	1975	2850
Sport Fury		4dr Hardtop	600	1000	1400	2075	3375
Sport Fury		2dr Hardtop	700	1150	1800	2725	4125
Sport Fury	GT	2dr Hardtop	1000	1625	2600	4225	6100

ENGINE OPTIONS: Fury: 440-4V +25%; Barracuda: 6cyl -25%; 340-275hp +20%; 383-4V +25%; 440-3x2v +85%; 426-350hp HEMI +275%; Road Runner/GTX: 440-305hp(std. GTX) +25%; 440-330hp(3x2v) +90%; 426-350hp HEMI +250%

1972							
Valiant		4dr Sedan	500	875	1275	1750	2700
Duster		2dr Sedan	600	950	1375	2100	2875
Duster	340	2dr Sedan	950	1475	2375	3600	5225
Scamp		2dr Hardtop	600	950	1375	2100	3150
Barracuda		2dr Hardtop	1300	2575	4525	6900	9550
Cuda		2dr Hardtop	2125	3725	6075	8700	12700
Satellite		4dr Sedan	425	800	1200	1850	2525
Satellite		2dr Sedan	425	800	1200	1850	2525
Satellite	Sebring	2dr Hardtop	600	950	1450	2200	3325
Satellite	Sebring Plus	2dr Hardtop	600	975	1500	2325	3575
Satellite	Custom	4dr Sedan	500	875	1275	1850	2600
Road Runner		2dr Hardtop	1200	2025	3650	5725	8125
Fury		4dr Sedan	500	875	1275	1925	2700
Fury		4dr Hardtop	525	950	1325	2025	2800
Fury		2dr Hardtop	550	950	1375	2200	3050
Gran Fury		4dr Hardtop	600	950	1375	2100	2975
Gran Fury		2dr Hardtop	600	950	1375	2100	3050

ENGINE OPTIONS: Barracuda: 6cyl -25%; 340-4V +20%; Road Runner: 440-4V +25%

PONTIAC

MODEL	LINE	STYLE	5	4	3	2	1
1946							
Torpedo		4dr Sedan	725	1425	2550	3650	5025
Torpedo		2dr Sedan	725	1475	2600	3750	5125
Torpedo		2dr Convertible	2875	5675	10600	14550	19925
Torpedo	Sport Coupe	2dr Sedan	750	1625	2875	4025	5625
Torpedo	Business Coupe	2dr Sedan	700	1350	2450	3450	4775
Streamliner		4dr Sedan	700	1500	2750	3875	5250
Streamliner		2dr Sedan	800	1675	2950	4100	5675
ENGINE OPTIONS: 6cyl -15%							
1947							
Torpedo		4dr Sedan	725	1450	2525	3650	5025
Torpedo		2dr Sedan	725	1475	2575	3675	5125
Torpedo		2dr Convertible	2850	5675	10275	14400	19750
Torpedo	Sport Coupe	2dr Sedan	725	1600	2800	3975	5500
Torpedo	Business Coupe	2dr Sedan	700	1350	2450	3450	4825
Streamliner		4dr Sedan	725	1525	2750	3875	5350
Streamliner		2dr Sedan	775	1700	2950	4125	5725
ENGINE OPTIONS: 6cyl -15%							
1948							
Torpedo		4dr Sedan	700	1450	2525	3575	5025
Torpedo		2dr Sedan	725	1475	2575	3675	5125
Torpedo		2dr Convertible	2875	5775	10500	14550	20125
Torpedo	Sport Coupe	2dr Sedan	725	1575	2800	3950	5500
Torpedo	Business Coupe	2dr Sedan	725	1375	2450	3450	4925
Deluxe Torpedo		4dr Sedan	725	1500	2725	3850	5450
Deluxe Torpedo		2dr Sedan	725	1575	2775	3975	5625
Deluxe Torpedo		2dr Convertible	2900	5800	10550	14725	20325
Deluxe Streamliner		4dr Sedan	750	1600	2900	3975	5675
Deluxe Streamliner		2dr Sedan	775	1700	3050	4250	5900
ENGINE OPTIONS: 6cyl -15%							
1949							
Streamliner		4dr Sedan	725	1525	2675	3725	5350
Streamliner		2dr Sedan	725	1575	2750	3850	5400
Streamliner Deluxe		4dr Sedan	750	1625	2925	3950	5675
Streamliner Deluxe		2dr Sedan	800	1700	3050	4225	5925
Chieftain		4dr Sedan	775	1475	2700	3700	5275
Chieftain		2dr Sedan	825	1600	2850	3925	5550
Chieftain	Business Coupe	2dr Sedan	825	1650	2925	4000	5650

PONTIAC

MODEL	LINE	STYLE	❺	❹	❸	❷	❶
1949							
Chieftain Deluxe		4dr Sedan	825	1625	2800	3950	5575
Chieftain Deluxe		2dr Sedan	875	1750	3025	4125	5950
Chieftain Deluxe	Business Coupe	2dr Sedan	825	1650	2900	4050	5700
Chieftain Deluxe		2dr Convertible	2625	5550	10225	14200	20075
ENGINE OPTIONS: 6cyl -15%							
1950							
Streamliner		4dr Sedan	725	1500	2625	3675	5200
Streamliner		2dr Sedan	725	1550	2725	3750	5300
Streamliner Deluxe		4dr Sedan	725	1525	2850	3850	5500
Streamliner Deluxe		2dr Sedan	750	1625	3025	4100	5675
Chieftain		4dr Sedan	775	1475	2700	3750	5325
Chieftain		2dr Sedan	800	1500	2750	3775	5375
Chieftain	Business Coupe	2dr Sedan	800	1600	2725	3850	5425
Chieftain Deluxe		4dr Sedan	800	1600	2775	3925	5475
Chieftain Deluxe		2dr Sedan	850	1750	3000	4250	5925
Chieftain Deluxe	Business Coupe	2dr Sedan	825	1650	2900	4050	5700
Chieftain Deluxe		2dr Hardtop	1675	3550	6000	8275	11025
Chieftain Deluxe		2dr Convertible	2575	5300	10075	14200	19550
ENGINE OPTIONS: 6cyl -15%							
1951							
Streamliner		2dr Sedan	700	1475	2600	3625	5100
Streamliner Deluxe		2dr Sedan	750	1575	2850	3825	5500
Chieftain		4dr Sedan	800	1500	2725	3750	5350
Chieftain		2dr Sedan	825	1600	2875	3975	5600
Chieftain	Business Coupe	2dr Sedan	850	1650	2900	4000	5700
Chieftain Deluxe		4dr Sedan	825	1600	2750	3925	5525
Chieftain Deluxe		2dr Sedan	850	1650	2900	4100	5825
Chieftain Deluxe	Business Coupe	2dr Sedan	800	1650	2900	4050	5675
Chieftain Deluxe		2dr Hardtop	1650	3700	5975	8225	10925
Chieftain Deluxe		2dr Convertible	2550	5225	10025	14500	20050
ENGINE OPTIONS: 6cyl -15							
1952							
Chieftain		4dr Sedan	750	1450	2675	3675	5225
Chieftain		2dr Sedan	775	1500	2725	3900	5475
Chieftain Deluxe		4dr Sedan	775	1575	2700	3925	5425
Chieftain Deluxe		2dr Sedan	825	1650	2875	4050	5700
Chieftain Deluxe		2dr Hardtop	1500	3150	5600	8000	10975

PONTIAC

MODEL	LINE	STYLE	5	4	3	2	1
1952							
Chieftain Deluxe		2dr Convertible	2600	5025	9300	13875	19925
Chieftain Custom		2dr Hardtop	1750	3575	6300	8600	12200
ENGINE OPTIONS: 6cyl -15%							
1953							
Chieftain		4dr Sedan	750	1525	2650	3850	5350
Chieftain		2dr Sedan	775	1575	2725	3975	5525
Chieftain Deluxe		4dr Sedan	775	1575	2800	3925	5600
Chieftain Deluxe		2dr Sedan	825	1650	2900	4075	5850
Chieftain Deluxe		2dr Hardtop	1625	3250	5800	8000	11075
Chieftain Deluxe		2dr Convertible	2425	5025	9075	13625	19075
Custom Catalina		2dr Hardtop	1725	3350	6125	8500	12000
ENGINE OPTIONS: 6cyl -15%							
1954							
Chieftain		4dr Sedan	750	1525	2600	3775	5300
Chieftain		2dr Sedan	775	1550	2700	3900	5525
Chieftain Deluxe		4dr Sedan	750	1525	2700	3825	5450
Chieftain Deluxe		2dr Sedan	800	1650	2900	4100	5875
Chieftain Deluxe		2dr Hardtop	1550	3150	5675	7875	11075
Custom Catalina		2dr Hardtop	1725	3400	6050	8400	11775
Star Chief Deluxe		4dr Sedan	750	1600	2800	3950	5575
Star Chief Deluxe		2dr Convertible	2875	5625	10325	14375	20050
Custom Star Chief		4dr Sedan	950	1825	3225	4500	6425
Custom Star Chief		2dr Hardtop	1800	3475	6125	8600	12350
ENGINE OPTIONS: 6cyl -15%							
1955							
Chieftain		4dr Sedan	625	1350	2375	3325	4650
Chieftain		2dr Sedan	725	1425	2525	3525	4975
Chieftain		2dr Hardtop	1450	2900	4975	7050	9750
Star Chief		4dr Sedan	750	1475	2650	3700	5350
Star Chief		2dr Hardtop	1600	3275	6100	8800	12150
Star Chief		2dr Convertible	3775	7450	13050	17775	24350
ENGINE OPTIONS: 288-4V +15%							
1956							
Chieftain		4dr Sedan	625	1325	2325	3325	4675
Chieftain		4dr Hardtop	875	1700	3175	4525	6050
Chieftain		2dr Sedan	775	1425	2575	3575	5100

PONTIAC

MODEL	LINE	STYLE	Relative Condition: Worse ↔ Better				
			❺	❹	❸	❷	❶
1956							
Chieftain		2dr Hardtop	1375	2850	5125	7150	9775
Star Chief		4dr Sedan	750	1475	2650	3750	5350
Star Chief		4dr Hardtop	1125	2300	4025	5725	7750
Star Chief		2dr Hardtop	1650	3350	6250	8975	12250
Star Chief		2dr Convertible	3775	7400	13025	18225	25175
ENGINE OPTIONS: 317-4V +15%							
1957							
Chieftain		4dr Sedan	725	1350	2500	3525	5025
Chieftain		2dr Sedan	975	1900	3250	4475	6225
Chieftain		4dr Hardtop	975	2050	3575	4950	6875
Chieftain		2dr Hardtop	1550	3250	5975	8100	11175
Super Chief		4dr Sedan	725	1525	2750	3875	5375
Super Chief		4dr Hardtop	975	2175	3925	5550	7675
Super Chief		2dr Hardtop	1650	3225	6025	8475	11900
Star Chief		4dr Sedan	825	1650	3050	4200	5875
Star Chief		4dr Hardtop	1350	2750	4925	6875	9050
Star Chief		2dr Hardtop	1825	4050	7475	10250	14250
Star Chief		2dr Convertible	4350	8300	14725	21150	27050
Star Chief	Bonneville	2dr Convertible	13025	22500	36075	47575	60025
ENGINE OPTIONS: 347-4V +10%; 347-3x2V +60%							
1958							
Chieftain		4dr Sedan	475	1075	1850	2600	3700
Chieftain		2dr Sedan	525	1125	2025	3025	4275
Chieftain		4dr Hardtop	600	1350	2425	3525	4800
Chieftain		2dr Hardtop	975	2050	3700	5300	6975
Chieftain		2dr Convertible	3000	6125	10625	14825	20025
Super Chief		4dr Sedan	525	950	1775	2575	3600
Super Chief		4dr Hardtop	700	1375	2500	3475	4825
Super Chief		2dr Hardtop	1275	2775	4975	7075	9525
Star Chief		4dr Sedan	575	1150	2100	2875	4075
Star Chief		4dr Hardtop	925	1875	3500	4825	6575
Star Chief		2dr Hardtop	2250	4200	7575	10350	13975
Bonneville		2dr Hardtop	5075	9400	16500	23050	32550
Bonneville		2dr Convertible	11275	21425	32775	43325	58350
ENGINE OPTIONS: 370-4V +15%; 370-3x2v +55%							
1959							
Catalina		4dr Sedan	600	1100	1975	2800	4050

PONTIAC

MODEL	LINE	STYLE	Relative Condition: Worse ↔ Better				
			❺	❹	❸	❷	❶
1959							
	Catalina	2dr Hardtop	1025	1975	3775	5250	7250
	Catalina	2dr Sedan	625	1175	2125	3050	4500
	Catalina	4dr Hardtop	650	1425	2450	3475	4925
	Catalina	2dr Convertible	2225	4475	7925	10650	15325
	Star Chief	4dr Sedan	500	1025	1950	2850	4025
	Star Chief	4dr Hardtop	650	1425	2475	3375	4925
	Star Chief	2dr Sedan	525	1175	2100	3100	4375
	Bonneville	4dr Hardtop	900	1775	3275	4725	6325
	Bonneville	2dr Hardtop	1550	3125	6050	8475	11675
	Bonneville	2dr Convertible	2950	5950	10425	14550	19550
ENGINE OPTIONS: 389-315hp(3x2V) +30%; 389-330/345hp(3x2V) +60%							
1960							
	Catalina	4dr Sedan	550	1000	1900	2700	4000
	Catalina	4dr Hardtop	700	1375	2575	3575	5050
	Catalina	2dr Sedan	550	1125	2025	2875	4225
	Catalina	2dr Hardtop	875	1875	3175	4450	6325
	Catalina	2dr Convertible	2000	3850	6875	9650	13525
	Star Chief	4dr Sedan	500	1100	1975	2800	4050
	Star Chief	4dr Hardtop	675	1375	2475	3325	4850
	Star Chief	2dr Sedan	625	1150	2050	3000	4225
	Bonneville	4dr Hardtop	900	1725	3125	4425	6150
	Bonneville	2dr Hardtop	1325	2775	4850	6975	9575
	Bonneville	2dr Convertible	2325	4350	7700	11225	15550
	Ventura	4dr Hardtop	650	1325	2325	3225	4575
	Ventura	2dr Hardtop	1100	2425	4175	5900	8200
ENGINE OPTIONS: 389-318hp(3x2v) +30%; 425-4V +20%; 425-3x2v +80%							
1961							
	Tempest	4dr Sedan	500	1025	1750	2475	3575
	Tempest	2dr Sedan	525	1050	1825	2750	3775
	Catalina	4dr Sedan	500	1000	1800	2525	3600
	Catalina	4dr Hardtop	525	1050	2025	2975	4275
	Catalina	2dr Sedan	525	1050	1975	2850	4000
	Catalina	2dr Hardtop	875	1900	3450	4850	6725
	Catalina	2dr Convertible	2000	4025	7300	10075	13375
	Ventura	4dr Hardtop	725	1475	2625	3800	5350
	Ventura	2dr Hardtop	1225	2575	4550	6675	8875
	Star Chief	4dr Sedan	525	1025	1825	2550	3625
	Star Chief	4dr Hardtop	550	1175	2050	3025	4250

PONTIAC

MODEL	LINE	STYLE	Relative Condition: Worse ↔ Better				
			❺	❹	❸	❷	❶
1961							
	Bonneville	4dr Hardtop	825	1675	2975	4225	5925
	Bonneville	2dr Hardtop	1225	2750	5075	7525	10100
	Bonneville	2dr Convertible	2325	4400	7975	10875	15125

ENGINE OPTIONS: Full size styles: 389-318hp(3x2v) +30%; 389-333hp +30%; 389-348hp(3x2v) +60%; 421-405hp(2x4v) +150%; Tempest: 215-155hp +10%

			❺	❹	❸	❷	❶
1962							
	Tempest	4dr Sedan	500	925	1700	2350	3425
	Tempest	2dr Sedan	525	975	1775	2525	3650
	Tempest	2dr Hardtop	725	1350	2650	3775	5125
	Tempest	2dr Convertible	1175	2225	3975	5675	7975
	Catalina	4dr Sedan	450	975	1700	2450	3475
	Catalina	2dr Sedan	575	1125	2075	2850	4075
	Catalina	4dr Hardtop	575	1150	2125	3000	4125
	Catalina	2dr Hardtop	925	1975	3500	4950	6975
	Catalina	2dr Convertible	1975	4000	7200	10075	13275
	Star Chief	4dr Sedan	500	925	1700	2425	3500
	Star Chief	4dr Hardtop	550	1100	2025	2925	4050
	Bonneville	4dr Hardtop	800	1500	2575	4025	5350
	Bonneville	2dr Hardtop	1375	2600	4875	6850	9225
	Bonneville	2dr Convertible	2125	4475	7800	10775	15100
	Grand Prix	2dr Hardtop	1875	3550	6175	8625	12000

ENGINE OPTIONS: Full size styles: 389-318hp(3x2v) +30%; 389-333hp +30%; 389-348hp(3x2v) +40%; 389-385hp +150%; 421-405hp(2x4v) +150%; Tempest: 215-10hp +15%

			❺	❹	❸	❷	❶
1963							
	Tempest	4dr Sedan	425	850	1525	2150	3150
	Tempest	2dr Sedan	500	1025	1800	2525	3600
	Tempest	2dr Hardtop	550	1225	2250	3275	4550
	Tempest	2dr Convertible	1025	2200	3700	5350	7450
	Lemans	2dr Hardtop	775	1700	2900	4000	5825
	Lemans	2dr Convertible	1125	2300	4075	5625	8025
	Catalina	4dr Sedan	425	925	1625	2350	3325
	Catalina	2dr Sedan	550	1100	2050	2725	3850
	Catalina	4dr Hardtop	575	1125	2075	3000	4075
	Catalina	2dr Hardtop	675	1500	2850	4050	5525
	Catalina	2dr Convertible	1625	3575	6275	8675	11275
	Star Chief	4dr Sedan	500	1025	1800	2525	3600
	Star Chief	4dr Hardtop	525	1175	2025	2950	4175
	Bonneville	4dr Hardtop	700	1325	2400	3500	4975

PONTIAC

MODEL	LINE	STYLE	Relative Condition: Worse ↔ Better				
			⑤	④	③	②	①
1963							
Bonneville		2dr Hardtop	1000	2125	3975	5775	8000
Bonneville		2dr Convertible	1750	3550	6500	9150	12500
Grand Prix		2dr Hardtop	1325	2775	4950	6900	9400
ENGINE OPTIONS: Full size styles: 389-313hp(3x2v) +30%; 421-353hp +25% 421-370hp(3x2v) +40%; 421-390/405/410hp +150%; Tempest: 326-260hp +15%							
1964							
Tempest		4dr Sedan	425	925	1700	2350	3425
Tempest		2dr Sedan	550	1125	2050	2850	4025
Tempest		2dr Convertible	1050	2150	3900	5475	7600
Lemans		2dr Hardtop	1125	2300	4275	5975	8450
Lemans		2dr Sedan	850	1800	3325	4750	6775
Lemans		2dr Convertible	1650	3275	5800	8050	10950
Lemans	GTO	2dr Sedan	2850	5375	9200	12700	17500
Lemans	GTO	2dr Hardtop	2925	5550	9700	13950	19200
Lemans	GTO	2dr Convertible	3950	7375	12650	17575	23375
Catalina		4dr Sedan	500	1025	1800	2525	3500
Catalina		4dr Hardtop	525	1025	1950	2775	3875
Catalina		2dr Sedan	500	1025	1825	2650	3675
Catalina		2dr Hardtop	750	1600	2875	4000	5500
Catalina		2dr Convertible	1325	2900	5300	7300	10000
Catalina	2+2	2dr Hardtop	1200	2225	4350	6075	8050
Star Chief		4dr Sedan	500	1025	1800	2600	3700
Star Chief		4dr Hardtop	600	1125	2025	2950	4125
Bonneville		4dr Hardtop	625	1350	2325	3475	4800
Bonneville		2dr Hardtop	975	2050	3850	5575	7675
Bonneville		2dr Convertible	1700	3675	6575	9550	12800
Grand Prix		2dr Hardtop	1200	2400	4150	5925	8225
ENGINE OPTIONS: Full size styles: 389-330hp(3x2v) +15%; 421-320hp +15%; 421-350/370hp(3x2v) +40%; Tempest/LeMans: 326-250/280 +25%; GTO: 389-348hp(3x2v) +20%							
1965							
Tempest		4dr Sedan	425	925	1700	2350	3425
Tempest		2dr Sedan	550	1075	1950	2725	3875
Tempest		2dr Convertible	1025	2100	3850	5400	7525
Lemans		2dr Hardtop	925	1950	3800	5250	7050
Lemans		2dr Sedan	725	1600	3075	4275	5750
Lemans		2dr Convertible	1550	3125	5550	7950	10950
Lemans	GTO	2dr Sedan	2375	4825	8500	11825	16425
Lemans	GTO	2dr Hardtop	3050	5875	9350	13200	19200

PONTIAC

MODEL	LINE	STYLE	Relative Condition: Worse ↔ Better				
			5	4	3	2	1
1965							
Lemans	GTO	2dr Convertible	3975	7050	12075	16350	22150
Catalina		4dr Sedan	500	1025	1800	2525	3500
Catalina		4dr Hardtop	525	1025	1900	2725	3825
Catalina		2dr Sedan	500	1025	1800	2600	3600
Catalina		2dr Hardtop	625	1250	2150	3100	4400
Catalina		2dr Convertible	1000	2125	3925	5500	7750
Catalina	2+2	2dr Hardtop	1000	2025	3650	5175	7150
Catalina	2+2	2dr Convertible	1325	2975	5450	7575	10050
Star Chief		4dr Sedan	500	1025	1800	2600	3700
Star Chief		4dr Hardtop	600	1100	2000	2900	4100
Bonneville		4dr Hardtop	625	1250	2150	3100	4400
Bonneville		2dr Hardtop	725	1475	2525	3600	5150
Bonneville		2dr Convertible	1200	2575	4450	6600	9125
Grand Prix		2dr Hardtop	1000	1975	3325	4800	6775

ENGINE OPTIONS: Full size styles: 389-338hp(3x2v) +25%; 421-4V +15%; 421-356/376hp(3x2v) +45%; Tempest/LeMans: 6cyl -15% 326-285hp +15% GTO: 389-360hp(3x2v) +25

MODEL	LINE	STYLE	5	4	3	2	1
1966							
Tempest		4dr Sedan	425	925	1625	2350	3325
Tempest		2dr Sedan	525	1075	1825	2475	3500
Tempest		4dr Hardtop	525	950	1750	2500	3525
Tempest		2dr Hardtop	675	1300	2450	3625	5100
Tempest		2dr Convertible	975	2000	3775	5325	7450
Lemans		4dr Hardtop	550	1100	2000	2775	3950
Lemans		2dr Hardtop	800	1800	3225	4450	6350
Lemans		2dr Sedan	750	1425	2750	3850	5450
Lemans		2dr Convertible	1200	2375	4800	6925	9325
GTO		2dr Hardtop	2300	4475	7700	10925	15600
GTO		2dr Sedan	1925	3750	6650	9200	12500
GTO		2dr Convertible	3500	6625	11375	16000	21150
Catalina		4dr Sedan	425	925	1625	2350	3425
Catalina		2dr Sedan	500	1000	1700	2400	3500
Catalina		4dr Hardtop	525	1025	1825	2550	3625
Catalina		2dr Hardtop	600	1200	1975	2875	4050
Catalina		2dr Convertible	1025	2100	3675	5150	7250
Catalina	2+2	2dr Hardtop	1000	2025	3550	4950	6950
Catalina	2+2	2dr Convertible	1325	2800	5025	6900	9400
Executive		4dr Sedan	500	1000	1800	2700	3800
Executive		4dr Hardtop	500	1200	1975	2800	4050
Executive		2dr Hardtop	600	1275	2250	3150	4500

PONTIAC

MODEL	LINE	STYLE	Relative Condition: Worse ↔ Better				
			⑤	④	③	②	①
1966							
Bonneville		4dr Hardtop	525	1125	1950	2775	4000
Bonneville		2dr Hardtop	775	1525	2675	3800	5550
Bonneville		2dr Convertible	1325	2650	4525	6475	8375
Grand Prix		2dr Hardtop	925	1800	3125	4525	6400

ENGINE OPTIONS: Full size styles: 421-4V +15%; 421-3x2v +35%; Tempest/LeMans: 326-285hp +15%; GTO: 389-360hp(3x2v) +25%

1967

MODEL	LINE	STYLE	⑤	④	③	②	①
Tempest		4dr Sedan	425	925	1625	2350	3325
Tempest		2dr Sedan	525	1000	1725	2625	3475
Tempest		4dr Hardtop	500	925	1700	2475	3550
Tempest		2dr Hardtop	650	1350	2425	3525	4650
Tempest		2dr Convertible	1000	2050	3650	5075	7275
Lemans		4dr Hardtop	550	1100	2025	2825	4000
Lemans		2dr Hardtop	850	1825	3325	4600	6650
Lemans		2dr Sedan	600	1250	2600	3500	4600
Lemans		2dr Convertible	1275	2450	5200	7150	10075
GTO		2dr Hardtop	2350	4600	8025	11250	15600
GTO		2dr Sedan	1875	3800	6875	9650	13550
GTO		2dr Convertible	3500	6500	11125	15200	20925
Catalina		4dr Sedan	400	825	1625	2350	3325
Catalina		2dr Sedan	450	1000	1700	2400	3400
Catalina		4dr Hardtop	500	1025	1800	2525	3600
Catalina		2dr Hardtop	600	1200	2000	2900	4100
Catalina		2dr Convertible	950	1825	3275	4675	6700
Catalina	2+2	2dr Hardtop	825	1725	3025	4200	6075
Catalina	2+2	2dr Convertible	1075	2425	4300	6000	8200
Executive		4dr Sedan	400	1000	1800	2600	3575
Executive		4dr Hardtop	500	1100	1975	2800	4050
Executive		2dr Hardtop	600	1275	2250	3150	4400
Bonneville		4dr Hardtop	525	1175	1975	2800	4025
Bonneville		2dr Hardtop	800	1575	2775	3900	5550
Bonneville		2dr Convertible	1200	2425	4125	5800	7675
Grand Prix		2dr Hardtop	925	1750	3125	4375	6325
Grand Prix		2dr Convertible	1625	3150	5500	7625	10100
Firebird		2dr Hardtop	975	1925	3700	5475	7600
Firebird		2dr Convertible	1400	2700	4625	6625	9400

PONTIAC

MODEL	LINE	STYLE	Relative Condition: Worse ↔ Better				
			❺	❹	❸	❷	❶

1967

ENGINE OPTIONS: Full size styles: 428-4V +20%; Tempest/LeMans: 230ohc-6-215hp +15%; 326-285hp +15%; Firebird: 230ohc-6-215hp +10%; 400-325hp +25%; GTO: 400-360hp +15%

1968

	Tempest	4dr Sedan	325	750	1425	2050	3050
	Tempest	2dr Sedan	400	825	1500	2200	3200
	Tempest	2dr Hardtop	600	1200	2150	2975	4225
	Tempest	4dr Hardtop	450	925	1625	2350	3425
	Tempest	2dr Convertible	925	1775	3075	4300	6025
	Lemans	4dr Hardtop	525	1025	2000	2900	4000
	Lemans	2dr Convertible	1025	2050	3975	5350	7750
	Lemans	2dr Hardtop	800	1600	2725	3850	5250
	Lemans	2dr Sedan	500	1025	1950	2875	3975
	GTO	2dr Hardtop	1625	3650	6475	8925	12875
	GTO	2dr Convertible	2175	4500	7900	10950	14925
	Catalina	4dr Hardtop	400	900	1600	2400	3500
	Catalina	2dr Hardtop	500	1000	1800	2700	3700
	Catalina	2dr Convertible	800	1600	2800	4075	5725
	Executive	4dr Hardtop	450	950	1875	2675	3850
	Executive	4dr Sedan	400	800	1500	2325	3300
	Executive	2dr Hardtop	550	1000	2000	2800	4000
	Bonneville	2dr Hardtop	600	1200	2150	3150	4500
	Bonneville	2dr Convertible	850	1800	3150	4500	6275
	Grand Prix	2dr Hardtop	750	1500	2650	3700	5175
	Firebird	2dr Hardtop	925	2000	3650	5325	7525
	Firebird	2dr Convertible	1300	2600	4650	6700	9375

ENGINE OPTIONS: Firebird: 350-320hp +15%; 400-330hp +25%; 400-335hp +35%; GTO: 400-360hp +15%; 400-366hp +35%

1969

	Tempest	4dr Sedan	325	750	1525	2250	3250
	Tempest	2dr Sedan	400	875	1650	2350	3450
	Tempest	4dr Hardtop	500	1000	1800	2525	3600
	Tempest	2dr Convertible	975	1725	3150	4450	6425
	Tempest	2dr Hardtop	600	1250	2250	3075	4400
	Lemans	4dr Hardtop	500	1025	1975	2900	4000
	Lemans	2dr Convertible	1100	2150	4175	5400	7825
	Lemans	2dr Hardtop	750	1575	2775	3850	5375
	Lemans	2dr Sedan	525	1050	2025	2850	3950
	GTO	2dr Hardtop	1775	3800	6950	9300	13325

PONTIAC

MODEL	LINE	STYLE	Relative Condition: Worse ↔ Better				
			❺	❹	❸	❷	❶
1969							
GTO		2dr Convertible	2350	4975	8125	11475	15525
GTO	Judge	2dr Hardtop	3500	6450	9950	13900	17750
GTO	Judge	2dr Convertible	5500	8850	14550	19700	26750
Catalina		4dr Sedan	300	600	1200	1900	2900
Catalina		4dr Hardtop	400	775	1450	2325	3300
Catalina		2dr Hardtop	550	900	1700	2700	3575
Catalina		2dr Convertible	775	1575	2925	4050	5775
Executive		4dr Sedan	400	775	1350	2275	3300
Executive		4dr Hardtop	500	1025	1800	2525	3600
Executive		2dr Hardtop	575	1100	1975	2775	3950
Bonneville		2dr Hardtop	600	1200	2150	3150	4500
Bonneville		2dr Convertible	850	1900	3275	4600	6525
Grand Prix		2dr Hardtop	800	1600	2750	3825	5425
Firebird		2dr Hardtop	975	2000	3750	5225	7400
Firebird		2dr Convertible	1350	2850	5125	7025	9675
Firebird	Trans Am	2dr Hardtop	4000	8250	13100	18525	24500
Firebird	Trans Am	2dr Hardtop	12000	20100	26750	32050	36725

ENGINE OPTIONS: Firebird: 350-325hp +15%; 400-330hp +25%; 400-330hp(RA) +35%; 400-345hp(RA IV) +45%; GTO: 400-360hp +15%; 400-366hp +35%

MODEL	LINE	STYLE	❺	❹	❸	❷	❶
1970							
Tempest		4dr Sedan	300	625	1125	1950	3025
Tempest		2dr Sedan	400	725	1300	2125	3200
Tempest		2dr Hardtop	550	1000	1875	2700	3850
Lemans		4dr Sedan	425	825	1600	2325	3300
Lemans		4dr Hardtop	525	1000	1800	2700	3650
Lemans		2dr Sedan	550	1050	1975	2700	3775
Lemans		2dr Hardtop	625	1300	2400	3425	4850
Lemans		2dr Convertible	925	1975	3700	5150	7050
GTO		2dr Hardtop	1750	3650	6300	9025	13975
GTO		2dr Convertible	2250	4550	8050	11150	15375
GTO	Judge	2dr Hardtop	3625	6825	10150	14075	17675
GTO	Judge	2dr Convertible	5925	9125	14750	19975	27375
Catalina		4dr Sedan	325	650	1325	1950	3050
Catalina		2dr Hardtop	450	850	1700	2425	3500
Catalina		4dr Hardtop	425	825	1600	2350	3325
Executive		4dr Sedan	375	700	1500	2150	3225
Executive		4dr Hardtop	425	825	1700	2325	3500
Executive		2dr Hardtop	500	1025	1800	2425	3600
Bonneville		4dr Sedan	425	925	1625	2350	3425

PONTIAC

MODEL	LINE	STYLE	Relative Condition: Worse ↔ Better				
			⑤	④	③	②	①
1970							
Bonneville		4dr Hardtop	500	1025	1700	2425	3500
Bonneville		2dr Hardtop	525	1075	1900	2600	3700
Bonneville		2dr Convertible	700	1575	2725	3950	5400
Grand Prix		2dr Hardtop	775	1550	2800	4000	5475
Grand Prix	SSJ	2dr Hardtop	1100	2250	3975	5625	7725
Firebird		2dr Hardtop	800	1775	3375	4675	6700
Firebird	Trans Am	2dr Hardtop	1800	3950	7725	10875	15300
Firebird	Esprit	2dr Hardtop	925	2000	3500	4825	6900
Firebird	Formula	2dr Hardtop	1225	2350	4625	6900	9025

ENGINE OPTIONS: Tempest/LeMans: 6cyl -20%; 400-265hp +20%; 400-330hp +40% Firebird: 6cyl -25%; 350-4V +15%; 400-335hp +25%; GTO: 400-366hp +20%; 400-370hp(RA IV) +35%

MODEL	LINE	STYLE	⑤	④	③	②	①
1971							
Ventura II		4dr Sedan	325	750	1525	2150	3000
Ventura II		2dr Sedan	325	750	1525	2150	3050
Lemans		4dr Sedan	425	925	1625	2350	3150
Lemans		2dr Sedan	475	1000	1700	2400	3200
Lemans		4dr Hardtop	525	1100	1875	2600	3475
Lemans		2dr Hardtop	625	1250	2325	3175	4500
Lemans		2dr Convertible	925	1975	3475	4825	6775
GTO		2dr Hardtop	1500	3000	5550	7725	10550
GTO		2dr Convertible	2250	4400	7600	10600	14175
GTO	Judge	2dr Hardtop	2775	5400	8200	10550	14825
Catalina		4dr Hardtop	325	725	1425	2150	3200
Catalina		4dr Sedan	275	650	1325	2050	3050
Catalina		2dr Hardtop	400	725	1500	2225	3300
Catalina		2dr Convertible	850	1600	2875	4050	5750
Bonneville		4dr Sedan	400	825	1625	2350	3300
Bonneville		4dr Hardtop	500	1000	1800	2525	3500
Bonneville		2dr Hardtop	500	1025	1900	2700	3775
Grandville		2dr Hardtop	525	1075	1975	2700	3950
Grandville		4dr Hardtop	500	1025	1975	2600	3775
Grandville		2dr Convertible	900	1825	3225	4475	6225
Grand Prix		2dr Hardtop	675	1450	2675	3650	5200
Grand Prix	SSJ	2dr Hardtop	1025	2175	4175	5750	7825
Firebird		2dr Hardtop	825	1700	3425	4625	6700
Firebird	Trans Am	2dr Hardtop	1900	4300	7650	10325	14600
Firebird	Esprit	2dr Hardtop	875	1875	3425	4625	6625
Firebird	Formula	2dr Hardtop	1175	2325	4475	6525	8575

PONTIAC

MODEL	LINE	STYLE	Relative Condition: Worse ↔ Better				
			❺	❹	❸	❷	❶

1971

ENGINE OPTIONS: Tempest/LeMans: 6cyl -20%; 400-300hp +35%; Firebird: 6cyl -25%; 400-300hp +20%; GTO: 455-335hp +35%

1972

MODEL	LINE	STYLE	❺	❹	❸	❷	❶
Ventura		4dr Sedan	325	750	1425	2150	2975
Ventura		2dr Sedan	325	750	1425	2150	2975
Lemans		4dr Sedan	325	750	1425	2250	3150
Lemans		2dr Sedan	500	925	1625	2350	3250
Lemans		2dr Hardtop	550	1075	2075	3150	4125
Lemans		2dr Convertible	950	2075	3750	5150	6775
GTO		2dr Hardtop	1475	3025	5325	7300	10075
GTO		2dr Convertible	1875	4025	7125	9925	13150
Catalina		4dr Sedan	300	600	1300	2150	3100
Catalina		2dr Hardtop	500	925	1625	2350	3425
Catalina		4dr Hardtop	500	925	1625	2250	3250
Catalina		2dr Convertible	850	1600	3000	4175	5875
Bonneville		4dr Sedan	425	925	1625	2350	3325
Bonneville		4dr Hardtop	500	925	1700	2425	3500
Bonneville		2dr Hardtop	500	1025	1900	2700	3775
Grandville		4dr Hardtop	500	925	1700	2425	3600
Grandville		2dr Hardtop	600	1025	1850	2600	3825
Grandville		2dr Convertible	875	1675	3175	4400	6250
Grand Prix		2dr Hardtop	675	1500	2575	3550	5125
Grand Prix	SSJ	2dr Hardtop	1025	2125	3900	5250	7225
Firebird		2dr Hardtop	800	1675	3250	4600	6350
Firebird	Trans Am	2dr Hardtop	1950	4000	7175	10150	14125
Firebird	Esprit	2dr Hardtop	925	1825	3225	4575	6375
Firebird	Formula	2dr Hardtop	1075	2075	3975	5775	8000

ENGINE OPTIONS: Firebird: 400-250hp +20%; 455-300hp +35%

SHELBY

MODEL	LINE	STYLE	Relative Condition: Worse ↔ Better				
			❺	❹	❸	❷	❶
1965							
GT350		2dr Fastback	29150	47100	57325	67125	74425
1966							
GT350		2dr Fastback	11975	20325	32100	40375	46475
GT350H		2dr Fastback	11575	21725	30550	38875	46000
1967							
GT350		2dr Fastback	4950	10425	17325	22950	31425
GT500		2dr Fastback	7300	14000	25575	35600	40575
1968							
GT350		2dr Fastback	4925	10050	16475	22125	30150
GT350		2dr Convertible	16675	25700	39525	48625	58050
GT500		2dr Fastback	6475	13025	22550	31650	39875
GT500		2dr Convertible	21075	30975	43475	54175	65525
GT500	KR	2dr Fastback	6950	13625	23050	33500	42775
GT500	KR	2dr Convertible	26050	38125	51500	63400	76475
1969							
GT350		2dr Fastback	5425	11750	16925	23775	31050
GT350		2dr Convertible	12650	23650	38850	50250	59000
GT500		2dr Fastback	7975	14975	24575	32750	39500
GT500		2dr Convertible	26025	40600	49375	60250	74000
ENGINE OPTIONS: 428-KR +12%							
1970							
GT350		2dr Fastback	5600	11775	17650	23500	30725
GT350		2dr Convertible	16975	29125	40850	53325	61675
GT500		2dr Fastback	7725	15400	24475	32275	39750
GT500		2dr Convertible	24050	39550	50325	64350	74300

Appendix

For Further Reference

There are many sources for information on 1946-72 American cars. In this chapter, we will review three of them: periodicals, auctions and clubs.

Periodicals Covering 1946-1972 American Dream Cars

Many of America's general interest automotive magazines offer occasional pieces on collector cars—some are quite good. However, several publications specialize in covering 1946-1972 cars. Anyone starting in search of a collector car should consult these first.

Automobile Quarterly, P.O. Box 348, Kutztown, Pa., 19530, is a glossy hard cover book published four times a year. Covering all automobiles from the 1890s to the present day, it has good features. Subscriptions $59.95 annually.

Car Collector and Car Classics, P.O. Box 171, Mount Morris, Ill. 61054, is a monthly publication with an editorial emphasis on affordable American collector cars. Heavy in color photographs. Subscriptions $30 annually.

Hemmings Motor News, P.O. Box 100, Bennington, Vt. 05201, has a tremendous collection of car, parts and services advertisements (a recent issue contained 887 pages) covering domestic and foreign cars of all years. Subscriptions $19.95 (fourth class mail) and $52 (first class mail) annually.

Muscle Cars, CSK Publishing Co., Inc., 299 Market St., Saddle Brook, N.J., 07662, is a bimonthly covering U.S. performance cars from the Sixties and Seventies. Subscriptions $15 annually.

Old Cars Weekly, 700 E. State St., Iola, Wisc., 54990, is both a newspaper for collectors and a want ad publication in tabloid format with good coverage of events and auctions. Subscriptions $28.50 annually.

Special Interest Autos, P.O. Box 196, Bennington, Vt., 05201-9940, is a bimonthly publication covering American cars from the Twenties through the Seventies, with excellent articles on restored vehicles and restoration procedures. Subscriptions $12.95 annually.

Other publications are model-specific, providing coverage of Mustangs, Corvettes, Chrysler performance cars, and others. Look for them at newsstands.

Car Clubs for Owners of 1946-1972 American Dream Cars

One of the most important joys of being an enthusiast for older cars is being able to join car clubs. Here, you will find people who can act as technical resources for your restoration problems, suggest which models of your favorite cars are most desirable, and perhaps even provide you with someone to help you hunt for and inspect the car of your dreams.

Car clubs sponsor shows and driving events and can be a tremendous resource for finding your car or helping you sell one.

The clubs specialize by variety, make-specific, general interest and by particular period or type. Some are national in scope and may have local or regional chapters. Some are strictly local.

The toughest part of getting started with a club of your choice is to find it. After that, it is only a matter of discovering where the club is located and arranging to attend meetings and events. Once there, you can determine whether the club serves your needs and interests.

The following list is a sampling independently verified for this issue. For the most complete list we know, check Gale's Directory of Associations at your local library under the heading of **Hobbies: Automotive**.

General Interest Clubs

American Comet Club/United Spoilers of America, Route 4, Box 116, Alexandria, Indiana 46001; 371/724-7601.

Antique Automobile Club of America, 501 West Governor Road, Hershey, Pennsylvania 17033; 717/534-1910. (For cars 25 years and older.)

Buick Club of America, P.O. Box 898, Garden Grove, California 92642; 714/993-5645.

Buick GS Club of America, 1213 Gornto Road, Valdosta, Georgia 31602.

Chrysler Town and Country Owners Registry, 406 West 34th, Kansas City, Missouri 64111; 816/931-3341.

Classic Car Club of America, O'Hare Lake Office Plaza, 2300 East Devon Avenue, Suite 126, Des Plaines, Illinois 60018.

Continental Mark II Owner's Association, 26676 Holiday Ranch Road, Apple Valley, California 92307; 619/247-4758.

Corvair Society of America, P.O. Box 550, Midlothian, Illinois 60445; 708/339-6241.

Imperial Owners Club, International, P.O. Box 991, Dept. ADC, Scranton, Pennsylvania 18503-0991; 717/344-9085.

International Camaro Club, Inc., 2001 Pittston Avenue, Scranton, Pennsylvania 18505; 717/347-5839.

International Edsel Club, P O Box 371, Sully, Iowa 50251; 515/594-4284.

Judge GTO International, 114 Prince George Drive, Hampton, Virginia 23669; 804/838-2059.

Lincoln-Continental Owners Club, P O Box 549, Nogales, Arizona 85628; 602/281-8193.

Mustang Club of America, P O Box 447, Lithonia, Georgia 30058; 404/482-4822.

Mustang Owners Club International, 2720 Tennessee NE, Albuquerque, New Mexico 87110; 505/296-2554.

National Chevelle Owners Association, 7343 W. Friendly Avenue, #J, Greensboro, North Carolina 27410-6204.

National Corvette Owners Association, 900 South Washington Street, Falls Church, Virginia 22046; 703/533-7222.

National Firebird Club, P.O. Box 11238, Chicago, Illinois 60611; 312/878-5055.

Oldsmobile Club of America, P.O. Box 16216, Lansing, Michigan 48901.

Shelby American Automobile Club, P.O. Box 788, Sharon, Connecticut 06069; 203/364-0769.

Thunderbirds of America, Box 2766, Cedar Rapids, Iowa 52406; 319/364-6859.

Auction Companies

As the old and collector car hobbies have grown, the trading in them has increased—and so has the need for organized sales opportunities such as auctions.

Auctions provide a forum for displaying and selling collector cars which permits a buyer to view many cars in a single location and improve the chances of finding just the right car.

Before attending an auction as other than a spectator, a prudent collector should contact the auction management and find out what rules are in effect.

While auction rules vary from one auctioneer to another, most require that bidders prequalify financially to be able to bid. There also are usually specific requirements as to how the sales price and auction commission are to be paid. There usually are charges for admission and for bidding credential. Many of the vehicles consigned to the sales have a reserve price. this means that if the bidding does not reach the reserve figure, the owner will not sell.

Some auctions limit the opportunity for a detailed inspection of vehicles offered for sale. Many will not enable you to talk with the owners about the condition of their vehicles. So it makes sense to check what the auction's rules to see if you can cancel a purchase if the vehicle's condition is not as represented.

Several major auction companies conduct sales at many locations. Other auctions are sponsored by local promoters or car clubs. Because large sums of money change hands at these sales, be smart — check the reputation and past history of the auctioneer or promoter.

Auction dates and locations are relatively easy to find because they are widely promoted in the automotive press. Two particularly excellent sources of such information are Hemmings Motor News and Old Cars Weekly.

Here are several auctioneers who produce multiple events:

ACS International, 2277 West Highway 36, St. Paul, Minn., 55113; telephone 612/633-9655.
Rick Cole Auctions, 10701 Riverside Drive, No. Hollywood, Cal., 91602; telephone 800/347-7653.
Bob Gold Auctions (Corvette Specialist), P O Box 878, Mendenhall, Pa., 19357; telephone 215/388-7384.
Kruse International, P.O. Box 190, Auburn, Ind., 46706; telephone 219/925-5600.
Spectrum Vehicle Auctions, 5450 Tech Circle, Moorpark, Cal., 93021; telephone 800/999-2243.
Von Reece Auctioneers, 4400 Bunny Run, Austin, Tex., 78746; telephone 512/327-6800.

VALUE-TRACK:
Using Your Head To Find Your Dream Car

Have you ever looked through old price guides to see what a car was worth last year? Two years ago? Three, four or even more? Most car enthusiasts have, and for good reason — when purchasing your dream car, it makes good sense to pick one that will maximize the return on your investment.

Until recently, thoroughly researching an automobile's price history took hours of time and stacks of price guides, magazines and classifieds. That all changed when Automobile Investment Service, Inc. introduced Value-Track in early 1989. It is a computerized database featuring the current and historical market values of the cars manufactured from 1946 to 1972 by General Motors, Ford, Chrysler (excluding DeSoto), Packard, Crosby, Metropolitan and Shelby. Value-Track gives unprecedented insight into the old car marketplace.

Using your own IBM compatible personal computer, you now can perform this previously tedious and time consuming research instantly and effortlessly. You'll get:

- Market values back to 1987,
- Period to period percentage changes
- Overall percentage and dollar changes
- Price trends
- Easy to comprehend graphs
- The fastest appreciating cars in the market
- The fastest appreciating cars by manufacturer
- Index reports
- On-line information center

VALUE-TRACK PROFESSIONAL:
A New Era In Automobile Investing

In the summer of 1990, Automobile Investment services released another investment tool for the collector car marketplace — **Value-Track Professional**. Designed to assist serious investors, finance sources, insurance companies, dealer, brokers and appraisers, Value-Track